**CAHIERS
JEAN PAULHAN
2**

**CAHIERS
JEAN PAULHAN**

2

Jean Paulhan et Madagascar

1908-1910

Gallimard

*Ouvrage publié avec le concours
du Centre National des Lettres*

Société des Lecteurs de Jean Paulhan. Cahier n° 2.

© Éditions Gallimard, 1982.

JEAN PAULHAN ET MADAGASCAR
1908-1910

PRÉSENTATION
par Jacqueline F. Paulhan
INTRODUCTION
par R. Judrin

JEAN PAULHAN

LETTRES À SA FAMILLE (fragments)
INÉDITS — TEXTES ANCIENS — EXTRAIT DE THÈSE

ÉTUDES DE
E. Andriantsilaniarivo
J. Faublée
F. Ranaivo
S. Yeshua

M. Naudon, le professeur de dessin du collège, a fait un portrait de moi au crayon. Il paraît que c'est très ressemblant. Je te l'enverrai... quoique j'encombre un peu avec ma tête. (Juin 1908.)

▲
Jean Paulhan à Madagascar vers 1910.

M. Daux s'est fait photographier avec sa femme, ses boto, et ses petits chiens. Il m'a offert d'y être. (Photographie prise dans la cour du Collège. Mai 1908.) ▶

Cap. Je reviens avec quatre amis de plus... Toussaint, Cap, Riou et Autret. ▶

Moguez est vraiment très bien... Il est violent... très aimable avec les parents... Il boit énormément, il est gigantesque, très noir avec un grand nez fin... ▶▶

Jeudi, je suis allé à Ambohimanga pour la noce d'Iketaka et Rabenarivo. C'était une noce suivant la vieille coutume.

Je t'envoie une photo de mes élèves... A l'extrême droite il y a Micouin, un petit créole... qui a une imagination charmante et intelligente.

*Photos
Archives Paulhan*

Dans la rue, me voyant passer, un paysan a brusquement soulevé son chapeau.
Est-ce qu'il me salue, est-ce qu'il me demande deux sous?
Si je salue et qu'il désire deux sous, je serai ridicule.
Mais si je lui offre deux sous et qu'il ait seulement voulu me témoigner sa sympathie, je serai odieux.
A Suzanne Paulhan, le 28 juillet 1903.

Par ici au Nord
Sont deux citrons pareils.
L'un est mûr, l'autre encore vert.
Si je prends le mûr, j'ai honte devant le vert.
Si je prends le vert, j'ai honte devant le mûr.
Les hain-teny (Éditions Geuthner, 1913).

Naissance de Paulhan

Si ce cahier nous est très cher, ce n'est pas que Paulhan ait inventé Madagascar, c'est qu'il s'est inventé à Madagascar.

Il y a soixante-douze ans, un homme de vingt-quatre ans, mi-poète, mi-philosophe, voyageur, mais au-dedans, partit, sous prétexte d'y enseigner notre langue, pour une île dont il apprit la sienne, plutôt de bouche à oreille, de vieillard en vieillard, que sur le papier des collèges. Le maître singulier se mit à l'école d'une terre rouge vêtue de toges blanches, où la puissance des mots tranchait les choses, pourvu qu'un adage sacré, comme extérieur au discours, scellât tout d'un coup la dispute.

L'ascendant de la parole avait pour jamais enfermé Paulhan le Taciturne dans l'enchantement du cercle où l'on doute si l'idée est la cause ou l'effet des sons qui l'expriment. L'éloquence est-elle une querelle en l'air d'orateurs inégalement habiles, ou le combat, toujours gagné, toujours perdu, des signes profonds de l'esprit ?

Voilà l'énigme dont Paulhan, pendant une vie très longue, fut l'Œdipe sans victoire d'un sphinx sans précipice.

Restent ces espèces de poèmes qui sont des sortes de proverbes, et dont le terme même qui les désigne agite encore la controverse des Malgaches.

Il me semble que Paulhan rencontra dans un peuple subtil,

et aussi particulier dans son cœur que dans ses coutumes et ses animaux, l'occasion du génie; — Lorsque j'ai lu, sous d'autres plumes que celle de Paulhan, une version française des apophtegmes madécasses, la cruauté du rabat-joie m'avertit que l'incomparable traducteur, indubitablement porté par l'original, en était pourtant le second père.

Voici justement le miracle dont ce cahier-ci est la preuve.

Levant l'ancre pour Madagascar sous le pavillon de Durkheim et de Frédéric Paulhan, Jean n'y retourna plus, car, en trois ans, il était devenu Jean Paulhan.

Roger Judrin

Que soient remerciés bien vivement de leur aide
Gemma-Antonia Dadour,
Bakoly Domenichini-Ramiaramanana,
Camille de Rauville,
et tout particulièrement
Étienne-Alain Hubert,
Michel Léon,
M. Philippe Micouin
Louis Molet,
Sylvie Rétana,
Paule Thévenin.
  Les uns et les autres ont participé activement aux recherches nécessaires ou nous ont fait part spontanément de leurs découvertes.

NOTA BENE

Le « S » n'étant pas la marque du pluriel en malgache, l'usage s'est actuellement établi de ne pas l'ajouter aux mots malgaches employés au pluriel dans un texte français. On écrit donc : Les Hova, les Andevo... *mais les bourjanes, les filanzanes qui sont des mots francisés. Au début du siècle, il ne semblait pas y avoir de règle bien établie à ce sujet : Jean Paulhan écrivait* les Hovas *(mot d'usage très courant), mais* les hain-teny *(d'un emploi moins fréquent). Nous nous en tiendrons pour ce cahier à l'usage actuel.*

*

Les astérisques renvoient au glossaire (page 411), que nous conseillons de parcourir avant de commencer la lecture de ce cahier.

*

Dans le chapitre « Jean Paulhan à Madagascar, d'une lettre à l'autre », les chiffres entre parenthèses renvoient aux sources des extraits de lettres (dates et destinataires) regroupées en fin de partie, page 87.

On pourra également relire les lettres envoyées de Madagascar à Guillaume de Tarde : Cahiers Jean Paulhan, 1, p. 58, 67, 71, 75, 80.

JEAN PAULHAN À MADAGASCAR
D'UNE LETTRE À L'AUTRE

Jean Laborde — revenant de Bombay — fut, à la suite d'un naufrage, jeté par hasard sur la côte malgache. Jean Paulhan — espérant aller en Chine [1] *— s'y trouva envoyé en 1908, un peu moins brutalement mais tout aussi fortuitement, par le ministère de l'Instruction publique. Par deux fois le mauvais sort fit bien les choses : Laborde devint consul et Paulhan académicien.*

De Laborde, nous connaîtrons l'activité grâce au discours du jeune professeur. De Jean Paulhan « malgache », nous n'avons pendant longtemps rien su. L'écrivain ne parlait pas de sa vie à Tananarive — il parlait d'ailleurs rarement de lui-même — et seule la pensée malgache semblait l'avoir marqué. En décembre 1980, les lettres écrites par Jean Paulhan à sa famille, de 1908 à 1910, furent retrouvées. Ces lettres, d'un intérêt forcément très inégal, n'apportent certes rien à l'œuvre de Jean Paulhan. Elles sont écrites bien rapidement, souvent négligemment, cependant elles abondent en notations sur la vie coloniale, les Malgaches, l'enseignement... et sur Jean Paulhan lui-même.

Le parcours en zigzag de ces trois années de correspondance est très révélateur : Jean Paulhan y est paradoxal avec le plus grand naturel; il tire des conclusions inatten-

---

1. J. P. avait commencé l'étude du chinois.

dues, brosse des portraits en quelques lignes, saisit toujours le détail essentiel. Le style s'ébauche, la pensée évolue et pour qui pratique Paulhan, l'écrivain s'annonce.

En 1908, la personnalité du jeune homme — il a vingt-quatre ans — est encore bien fragile. Durant ces trois années, il passera progressivement, vis-à-vis de son entourage, de l'admiration confiante à la lucidité, de l'enthousiasme à la critique. Mais il restera un fils aimant, attentif, très attaché à sa famille.

A l'examen des livrets scolaires de Jean Paulhan, on constate que l'enfant et même l'adolescent manquait longuement la classe chaque année. Il n'était vraisemblablement pas très robuste, mais sans doute était-il aussi un peu trop protégé par sa mère (Jeanne Paulhan) et par sa tante (Suzanne Paulhan)[2] qui l'adoraient. Ne critiquons pas : il en était résulté une grande affection, une entente délicate entre ces trois êtres qui vivaient ensemble depuis plus de vingt ans.

Les rapports entre Jean Paulhan et son père étaient certainement plus difficiles : Frédéric Paulhan[3] écrivait. C'était un penseur, un philosophe connu de surcroît, filiation difficile à vivre qui n'excluait pas l'admiration mais créait la distance.

Les lettres aux deux « mères » sont nombreuses, affectueuses pleines de détails rassurants, de taquineries, de fantaisie, de spontanéité :

Je prends mon huile de foie de morue (1).

---

2. Suzanne Paulhan était la sœur de Frédéric Paulhan, donc la tante de J. P. Très cultivée, elle a toujours vécu chez son frère et sa belle-sœur.
3. Frédéric Paulhan (1856-1931), psychosociologue, auteur de nombreux ouvrages publiés chez Alcan. Voir Cahier n° 1, p. 14.

Peut-être, je vous reviendrai marié à une jeune fille malgache (2).

Rasoa s'est mariée ce matin. (Cela pour maman qui avait peur que je l'épouse) (3).

Je t'en prie, influence un peu maman pour qu'elle ne me cherche pas trop une fiancée, ni des cours à faire. Votre enthousiasme pour le mariage de Claire m'inquiète un peu (4).

alors que les missives destinées au père sont rares, intelligentes, parfois compassées. Les échanges épistolaires sont de toute façon malaisés : le courrier met un mois dans chaque sens; il est impossible de se répondre.

Pourquoi Jean Paulhan est-il parti? Pour se libérer de l'emprise familiale, s'éprouver, connaître l'aventure, voyager...? Un peu pour toutes ces raisons sans doute, principalement cependant, pour pénétrer une autre forme de pensée par l'intermédiaire du langage. Madagascar ou la Chine, qu'importe! Mais Jeanne Paulhan, intuitive, devine d'autres raisons, flaire un mystère. A ses questions, son fils répond de biais :

Tu crois que j'avais une raison sérieuse de partir? C'est Espinas [4] qui te l'a dit? Non, il n'y en avait pas. Simplement je voulais gagner cette année assez d'argent pour commencer à préparer ma thèse. En juillet et août, j'avais fait des démarches avec Dubois pour être nommé à Salonique ou au Caire [...] (5).

4. Victor Espinas (1844-1922), professeur de Jean Paulhan avec qui il semblait particulièrement lié. Voir Cahier n° 1, p. 28.

Un jour qu'Horace [5] est venu nous voir, en juillet-août, nous sommes sortis tous les trois avec papa. J'ai parlé vaguement de la place libre de Salonique. Papa m'a dit : « Eh bien, pourquoi ne cherches-tu pas à la prendre? » C'est aussi une des choses qui m'ont décidé. Et puis, ça me plaisait d'aller assez loin (6).

Cette conversation ainsi rapportée a sans doute été l'étincelle éclairant l'adolescent sur ses propres intentions. Il y trouva un argument rationnel. En réalité, il lui fallait aussi s'éloigner d'une jeune fille...
En attendant, Jeanne Paulhan supporte mal la séparation; son fils la console affectueusement.

Il te semble que nous sommes loin? Moi encore il ne me le semble pas trop. Des fois j'aimerais bien vous voir, mais je ne regrette pas du tout la France.

A Paris si j'avais eu des ennuis, tu aurais sans doute trouvé que j'avais tort et tu ne m'aurais pas trop plaint. Ici s'il m'arrive des choses pénibles, je te les écrirai et tu me plaindras tout à fait. Je suis content de penser à cela. Comme ce sera bien quand nous nous reverrons (7).

Je te sens plus près de moi que quand j'étais à Paris. Tu m'en voulais, quand je te disais des mensonges. Pourtant c'est si naturel de mentir (8).

Peut-être auras-tu des choses désagréables à me dire?
Il ne faut pas me les faire violemment, parce que nous sommes si loin que ça me ferait beaucoup de peine (9).

---

5. Les trois frères Georges, Roger et Horace Dumas étaient les cousins de Jean Paulhan par sa mère. Le plus célèbre d'entre eux Georges Dumas fut un des fondateurs de la psycho-pathologie. Voir p. 256, n. 3 et p. 79.

Guillaume de Tarde[6] *a toujours été très frappé par la complète indifférence de son ami pour l'inconfort, pour les difficultés matérielles de la vie quotidienne. De là à conclure que celui-ci ne savait rien faire de ses mains, il y a peu. En réalité, le jeune homme développe et tire lui-même ses photos, fait des confitures et bricole volontiers, pourvu que le résultat soit inattendu. Il n'est pourtant pas très pratique : sa première maison est sans doute celle dont personne n'a jamais voulu, tant elle est froide.*

Mais je me suis aussi trouvé une maison où j'irai habiter jeudi. Elle est tout au haut d'une colline. On voit Tananarive et ses maisons en briques rouges qui descendent et qui montent sur les collines et puis des champs de terre rouge; puis de grands champs de riz couverts d'eau où le soleil brille (10).

Dans les deux pièces que j'habite j'ai fait remettre les tapisseries, repeindre et cirer. C'est très bien parce que les deux pièces d'en bas sont pleines de blattes, d'escargots et d'araignées et ont une odeur très étrange (11).

Toute ma maison sera, il paraît, très froide en hiver. Le docteur m'a dit qu'il n'y en avait pas une autre aussi froide ici. Elle est aussi dans l'endroit le plus sain qui existe.

Ce soir les professeurs du collège sont venus me voir. Les pièces d'en bas les ont un peu inquiétés. Mais ils n'en ont rien laissé paraître. Ils m'ont tenu compagnie très gentiment (12).

La seconde maison partagée, six mois plus tard, avec son collègue Autret[7] *est plus agréable, mais elle devient rapi-*

---

6. Guillaume de Tarde fut l'ami de J. P. pendant soixante-dix ans. Voir Cahier n° 1.
7. Autret. Voir p. 45.

dement inesthétique, ce qui affecte bien plus Jean Paulhan que l'inconfort.

Il fait froid chez nous ce soir. Maintenant la nuit est venue. Tout à l'heure Autret va rentrer et nous dînerons. Notre salle à manger est devenue horrible : il y a de vieilles cordes qui traînent, une carte de Madagascar, un tableau noir avec des mots malgaches, une caisse défoncée et des assiettes sur une petite étagère : « Nous sommes très souples pour nous adapter au pays, dit Autret. Nous ne sommes pas comme tous ces bourgeois... » (13).

Décidément notre grande pièce n'est pas brillante. Il y a dans un coin une malle en fer-blanc où l'on enferme les couverts, de petites étagères, des caisses en bois vides en petit tas, un fauteuil de jonc qui penche, une chaise pas très solide et cela dans une immense salle claire, à cheminée en bois sculpté. C'est un peu dégoûtant mais ma chambre est très jolie (14).

Les maisons malgaches sont très habitées : il y a les voisins, les marchands, et surtout les domestiques — et leurs propres domestiques — silencieux, attentifs, souriants, patients, parfois incompréhensibles, rarement étonnés.
Jean Paulhan a engagé Razafy et Raiely, deux femmes.

Quand Razafy arrive, elle est surprise qu'il y en ait tant [de lettres]. Elle me dit : « Tu es marié? — Non. — Alors pourquoi on t'écrit? » (15).

[Razafy] est heureuse maintenant. Elle a pris un petit garçon pour lui faire son service. Elle s'assied et elle le surveille seulement pendant qu'il allume le feu ou qu'il pèle de petits fruits longs, vert pâle qu'il faut faire frire avec du sucre.

Elle n'imagine pas que l'on ait faim tous les jours. Hier elle m'a porté un plat de carottes à déjeuner et rien de plus. Aujourd'hui il y a un poulet, un demi-canard, des raves, du lapin, du riz, du maigre-gras, et deux œufs à la coque. Peut-être le marché était plus grand, peut-être elle a eu d'autres idées (16).

Hier Razafy m'a aussi abandonné. Elle m'a dit que ce n'était pas à cause de moi, mais parce qu'elle trouvait la maison trop froide.

Ils ne savent pas du tout supporter le froid. Ils ne songent pas à courir pour se réchauffer mais ils se serrent sous leur manteau et ils grelottent doucement. C'est leur différence d'avec les Européens : ils ne savent pas non plus à l'avance qu'ils auront un accès de fièvre. Mais l'accès les prend brusquement, au milieu d'une promenade. Ils ne s'aperçoivent jamais qu'ils vont être malades (17).

Raiely est revenue me voir hier. Elle m'a dit qu'elle était partie aussi à cause du froid. En partant au collège je lui ai offert un biscuit dans ma boîte. Mais elle n'a pas compris et a emporté toute la boîte (18).

Je ne la fais plus [ma chambre] moi-même. C'est la femme du cuisinier Bakolo. Elle cache avec le plus grand soin toutes les choses sales comme les papiers écrits ou les habits que j'ai quittés. Je les retrouve sous les malles, ou dans un coin entre le mur et le fauteuil. Des fois je ne les retrouve pas (19).

Et le temps ne leur dure pas. L'autre jour la vieille revendeuse qui m'apporte des dentelles est venue de bon matin. Elle n'entre pas, mais s'assied au milieu du jardin et elle attend que je la voie. Quand je l'ai vue elle se lève et monte l'escalier. Et je lui ai acheté 60 francs de dentelles mais je lui ai dit : je n'ai pas d'argent, reviens ce soir et je te payerai. Mais au lieu de partir elle est allée s'asseoir dans un coin du jardin. Elle avait du riz et du pain de riz. Elle a mangé tranquillement.

A 10 heures elle a fait un petit tour dans le jardin et est retournée s'asseoir.

A 4 heures le soir elle était encore là. J'ai eu l'argent et je le lui ai donné. Elle est partie tranquillement (20).

Un vieux homme tout à fait affreux est venu réparer la maison du cheval. Il est à peu près nu et couvert de boutons noirs; il a une seule dent qui est très grande, juste au milieu de sa bouche et qui le gêne pour parler.

Il ne finira pas aujourd'hui, comme il me l'avait promis. D'ailleurs il ne travaille guère et toutes les cinq minutes, il s'en va « manger » à ce qu'il dit : « C'est bien de couvrir ma maison mais c'est mieux de manger. »

Je lui ai dit :

« Alors ce ne sera pas fini ce soir!

— Peut-être que ce sera presque difficile à faire.

— Pourtant tu me l'avais promis. »

J'ai pris un air digne et froid pour bien lui montrer que j'étais fâché. Mais il n'a pas compris. Il n'était pas habitué, peut-être, à voir les gens se fâcher ainsi. Il m'a tendu sa vieille main et m'a dit : « Ne sois pas malheureux, ne sois pas malheureux » (21).

La vie s'écoule tranquillement, pleine de surprises et de petits problèmes concernant surtout les repas.

As-tu remarqué que des bas troués ou des mouchoirs déchirés font beaucoup plus d'usage que des neufs? C'est tout à fait étrange. J'avais une paire de chaussettes bien trouées en venant ici : je les ai toujours, guère plus trouées. Mais les neuves, je ne sais pas où elles ont pu passer. Elles sont dépareillées, il y en a [une] de plus épaisse que l'autre dans la paire (22).

Et notre dîner est déjà prêt. Il y a du riz, des brèdes * fraîches, du lait, et un petit morceau de pain d'avant-hier. Nous voyons tout le ciel et la campagne rouges à nos grandes fenêtres. Et c'est très beau d'être à Madagascar (23).

Il y avait aussi des araignées, de grosses araignées de Madagascar, rôties. C'est croquant et assez agréable (24).

Je ne mange plus chez moi. Razafy avait même oublié de faire des œufs à la coque et elle faisait des plats très sales. Si je recommence je prendrai un cuisinier. J'ai profité d'une fièvre qu'elle a pour me mettre en pension chez M. Daux [8] (25).

C'est bon. Tout de même, maman, tu es bien forte pour faire la cuisine (26).

Oui, je suis toujours chez M. Daux et j'y resterai tant que je ne prendrai pas un cuisinier chez moi. J'ai fait une autre expérience pour prendre mes repas chez des Malgaches. Mais c'était trop sale, vraiment.
C'est drôle, les voyages me donnent des préjugés au lieu de m'en enlever comme il arrive d'habitude. Je commence à croire sérieusement à l'hygiène et même à la médecine, même à la science (27).

Comme nous revenons d'une promenade et que nous cueillons des mangues vertes, Raiely me dit : « Si tu touches ta figure avec le jus d'une mangue, il te viendra une grande tache noire. » Or je sens brusquement que j'ai le devoir de corriger les superstitions de cette petite fille sauvage et je lui dis : « C'est une légende. »
Pour bien le montrer je me barbouille la joue de jus de mangue. Elle ne me garde pas rancune et me dit : « c'est

---

8. Daux, surveillant du Collège. Voir p. 46 et photo en tête d'ouvrage.

beaucoup trop » et elle efface le jus de mangue, ne laisse qu'une petite tache.

Mais toute la nuit ma joue m'a brûlé et ce matin j'ai une grande tache noire et rouge. Raiely n'a pas triomphé : elle a dit seulement : « C'est ennuyeux, parce que ça ne s'en ira jamais. »

Je me suis écorché et passé du coaltar (28).

Ma joue va mieux. Mais tout de même ça me fait une bonne cicatrice. Je dois expliquer : « C'est du jus de mangue, il a des propriétés caustiques... » Mais il paraît invraisemblable à tout le monde que je me sois mis du jus de mangue sur la figure, pour le plaisir.

« Et celle-là, dis-je à Raiely, pourquoi a-t-elle une tache blanche sur le front? — C'est qu'elle a mangé un œuf cru le mercredi », répond Raiely.

Et c'est justement le mercredi, mais je n'ose plus manger d'œuf (29).

Je suis devenu un peu moche à cause de la tache que m'a laissée le jus de mangue sur la joue, et maman aura une certaine peine à me trouver une femme (30).

Jean Paulhan aimait les animaux, insolites de préférence. A Boissise[9], *il suivait attentivement les ébats d'un corbeau qu'il essayait d'apprivoiser, tâchait de surprendre les grenouilles. Rue des Arènes, et à Port-Cros, il avait hébergé des singes, des serpents, des fennecs et d'autres bêtes*

---

[9]. Né à Nîmes (1884), J. P. suivit ses parents à Juvisy vers sa dixième année (voir Cahier n° 1, p. 144). A Paris, il s'installa 5, rue des Arènes à partir de 1940, dans l'ancienne pension de famille de sa mère. Il passa avec d'autres écrivains plusieurs étés à Port-Cros où sa seconde femme, Germaine, avait aménagé La Vigie. Il vécut ses quatre dernières années à Boissise-la-Bertrand, en compagnie de Dominique Aury.

étranges. Enfant, à Juvisy, il avait vécu au milieu des poules et des lapins. Et tout jeune, encore nîmois, il s'amusait avec les tortues ou les cigales. A vrai dire, Jean Paulhan observait plus les animaux qu'il ne jouait avec eux. A Tananarive, les caméléons ont les premiers attiré son attention.

Il y a des oiseaux très rouges qui volent entre les arbres. Il y a des caméléons qui changent de couleur selon leurs idées. Tout à l'heure, j'en ai trouvé un accroché au mur. Il était jaune et vert. Il avait les yeux pointus comme un entonnoir et la peau rude comme une arbouse. Puis sans bouger, il est devenu très rouge (31).

Le soir les rues sont parfois pleines de brouillard comme une ville du Nord. Le matin elles sont bien claires, et les Hova y marchent d'un pas doux, et toujours pareils. Ils ont de grands manteaux blancs à fleurs rouges ou vertes.

Le soir il pleut encore parfois. Je vois venir la pluie de très loin. Même s'il pleut les grillons et les sauterelles chantent, quand c'est la nuit. De grands papillons noirs viennent sur ma terrasse. J'ai aussi des lapins et des caméléons. Quand le lapin vient le flairer, en cassant une oreille, le caméléon est agacé et devient tout noir. Il est encore rouge ou vert suivant ses idées (32).

Je vais installer dans mon jardin un parc à caméléons. J'en aurai 100 dans le parc entouré d'une rigole d'eau. Ce sera très beau. Parfois, je pousserai un cri brutal et de frayeur, je les verrai tous, lentement, devenir gris-vert (33).

Je vois très mal la montagne parce qu'une araignée a fait sa toile devant ma fenêtre. Elle n'a encore attrapé que de la poussière. Elle attend toujours, au milieu de sa toile. Elle est grosse et dorée comme un crabe cuit et si elle voulait, elle pourrait attraper des oiseaux (34).

J'ai un petit chien. Il s'appelle Maromaso. Ça veut dire « beaucoup d'yeux ». Parce qu'il a des points blancs sur la tête. Il est sympathique. Le soir, il veut coucher à la fois près de mon lit et de mes souliers. D'abord il tire mon lit pour le rapprocher des souliers. Ça ne réussit pas trop, alors, il tire les souliers. Et il recommence tous les soirs. Il est très petit et il marche de travers. Mais il me connaît très bien et il tient à moi (35).

Je t'écris du jardin. J'y suis descendu pour avoir de l'inspiration, mais ça ne réussit pas trop. Il y a des tas de poules, comme dans tous les jardins... Il y a aussi deux lapins russes que je me suis achetés. ... Notre grosse tortue s'est réveillée l'autre jour toute seule et elle a commencé à courir partout. Elle cherche même à manger, mais elle n'y arrive pas trop (36).

Il est venu des visites ce matin, chez le propriétaire. Elles ont amené un petit chien blanc qui est souple et remuant comme une anguille. Comme il attrapait les poulets, on l'a attaché à l'arbre. Maromaso va le retrouver et grignote la corde qui se casse.
On gronde sévèrement Maromaso et on rattache le chien. Mais Maromaso retourne et mâche encore gravement la corde. Cette fois Maromaso se fait battre. On raccommode la corde et on accroche le chien de nouveau. Maromaso y va, mais cette fois il garde le bout dans sa gueule. Le petit chien bondit et veut fuir, mais Maromaso le tient ferme. Il le traîne un peu partout, le mène sous les arbres; puis il en a assez, il se couche, et le petit chien, attaché plus étroitement qu'à l'arbre, est si malheureux qu'il se couche aussi et s'endort (37).

Jean Paulhan avait préparé l'agrégation de philosophie. Il se destinait donc à l'enseignement, avec cependant une certaine réticence.

A Tananarive, en 1908, il se donne à son nouveau métier de professeur avec beaucoup d'ardeur, s'étonne lui-même de ses propres succès et du progrès de ses élèves. Ses collègues sont sympathiques, dévoués, le directeur du collège, M. Moguez [10], *est efficace, honnête, les élèves sont curieux. Bref, malgré une gorge un peu délicate, la première année est euphorique.*

Et puis tu as entendu dire que je suis professeur? J'ai environ quatre heures de travail par jour, même le jeudi. C'est beaucoup, mais je suis le seul professeur de lettres. Les onze élèves sont gentils. Il y en a deux ou trois d'intéressants et nous sommes très amis. Il y en a un que j'ai décidé à écrire pour moi une tragédie (38).

Est-ce qu'il n'y aurait pas un procédé ou un traitement pour se fortifier la gorge?... J'ai une tendance à avoir la gorge un peu fatiguée, mais ça n'a pas d'importance (39).

Je n'avais pas mal à la gorge mais j'ai essayé tout de suite le tanin. C'est extrêmement désagréable. Quand est-ce que j'aurai mal à la gorge? Il me tarde de me guérir (40).

C'est étrange de se voir considéré, seulement parce qu'on est professeur. Il y a des élèves, on les voit parler aux indigènes d'une manière insolente, grossière; mais ils deviennent tout à fait doux avec nous, et ils pleurent presque si on les gronde. A une de mes premières classes, j'ai fait une scène à un élève parce qu'il avait maltraité son boy d'une manière tout à fait bête. J'imaginais qu'il allait me dire des injures et que je serais forcé de le mettre à la porte. Pas du tout. Il

---

10. Moguez, sous-directeur de l'Enseignement. Voir p. 31.

a seulement pris un air vexé; à la fin de la classe il est venu me dire qu'en effet il avait tort et comment il devait se corriger.

Je n'ai pas encore eu à donner une seule retenue (41).

(Depuis que je suis professeur, je fais des fautes d'orthographe. Tu n'en as pas trouvé dans mes lettres?) (42).

Je suis enchanté de mes élèves. Surtout des petits, les grands sont déjà achevés. Il n'y a plus rien à y changer (43).

Je suis toujours très content de mes élèves. Surtout les petits ont de réelles qualités; ils voient bien, et ils écrivent des choses vivantes. Chez les grands, ça se perd (44).

Je t'envoie une photo de mes élèves. Ils m'enthousiasment moins qu'au début. Mais c'est qu'ils sont moins bien que les Malgaches. Ça n'est pas leur faute.

De droite à gauche il y a Micouin [11], un petit créole qui écrit de grands romans, qui est paresseux et qui a une imagination charmante et intelligente.

Puis Boyer, le fils du général, timide et sachant très bien profiter de sa timidité. Il vient dire : je n'ai pas fait mon devoir, Monsieur, d'un air si humble que je n'ose pas le punir. Mais dès qu'on joue il devient féroce et actif.

A côté en haut : Vivarès, fils d'un entrepreneur. Jusqu'ici il a seulement commandé aux employés malgaches de son père. Il marche à gros pas, a une voix énorme et m'a effrayé dès que je l'ai vu. Mais cette brute devient sentimentale et douce avec les Européens. Il ne comprend rien de ce qu'on lui dit, il sent qu'il ne comprend rien, et devient triste et gêné. Il a des éclairs de travail.

En dessous Normand, fin et paresseux, d'habitude malade (45).

11. Micouin. Voir p. 165 et *sq.*, particulièrement p. 168, photo en tête d'ouvrage.

Tout le temps des classes on vit un peu comme dans une petite ville de province. Dès qu'on a du travail, on ne voit les choses que comme on a coutume de les voir. Quand même il y a des moments où on sent brusquement comme toutes les choses que l'on voit sont belles et étranges. Alors c'est très agréable. Par exemple quand on devait avoir une classe, que votre élève est malade et qu'on sort dans la rue (46).

Renel [12] m'a donné la permission d'emmener mes élèves promener, au lieu de leur faire la classe, une ou deux fois. On ira au vieux marché et je les exercerai à faire des devoirs sur ce qu'ils auront vu. Ce sera amusant. Déjà j'en ai deux ou trois qui deviennent très bons. Mais après un an je leur aurai dit tout ce que je puis leur dire et ça sera rasant (47).

Moguez est vraiment très bien. C'est lui déjà qui est le véritable chef de l'enseignement, qui va trouver Augagneur [13], qui décide tout. [...] C'est un licencié, ancien boursier à la Sorbonne. Il est peu communicatif, violent et tout de même très aimable avec les parents des élèves. Il boit énormément, il est gigantesque, très noir avec un grand nez fin, il a l'air d'un vieil Espagnol et il paraît un peu ivre, dès qu'il ne se retient plus (48).

12. Charles Renel, agrégé de lettres, spécialiste de l'Inde et du sanscrit, était d'origine lyonnaise, comme Augagneur qui le fit venir à Madagascar pour diriger l'Enseignement. Il s'agissait principalement de contrebalancer celui qui était délivré dans les missions chrétiennes, aussi Renel créa-t-il un enseignement primaire sur le modèle de celui de la France et il en favorisa l'accès aux Malgaches.
13. Augagneur (1855-1931), médecin lyonnais, se lança rapidement dans la politique : maire de Lyon en 1900, puis député socialiste en 1904, il devint gouverneur général de Madagascar de 1905 à 1910, à nouveau député en 1911, puis ministre en 1911, encore gouverneur général de l'Afrique équatoriale en 1920, puis député de droite en 1928. Opportuniste et changeant, c'était cependant un homme honnête et un travailleur acharné.

Une bonne nouvelle : l'année prochaine, j'aurai un élève de philosophie que l'on présentera au bachot, à la Réunion, à la fin de l'année; ce sera intéressant. Et ça cale le collège.
Mais Moguez a décidé que comme il était seul, cinq heures par semaine au lieu de neuf, ce serait suffisant.
Ça prouve qu'on a une grande confiance en moi.
En ce moment 72 élèves, et encore plus de parents. Mais ils commencent à se tenir relativement tranquilles (les parents) (49).

Ce matin un élève m'a apporté une note de sa mère : « Monsieur Georges qui a dix ans et demi a encore fait PIPI AU LIT. Je crois que de le gronder publiquement, devant tous ses petits camarades, serait excellent pour lui, pour le corriger de ce défaut. Je vous prie de recevoir mes sincères salutations. »
C'est rentré dans les archives du collège (50).

Cependant, la situation du collège est bien incertaine.

Rabaté [14], le nouveau directeur de l'École normale, est venu jouer hier pour la première fois. Nous remontons un peu ensemble. Il est sympathique. Il paraît bien plus juste pour les Malgaches que [celui] qui l'a précédé. Sans doute aussi il se mettra du côté du collège.
Les instituteurs qui y venaient en ont raconté de belles sur le collège. Nous savons tout cela peu à peu maintenant. Ils avaient dit que les cours ne commençaient pas à l'heure. On a dit aussi qu'un des professeurs (C.) ne savait rien faire, et que le surveillant passait sa journée à fumer des cigarettes. Renel a fait une enquête lui-même et naturellement a trouvé

---

14. Rabaté, fonctionnaire de l'Instruction, fit paraître *La Geste de Marko* à Tananarive en 1922.

que rien n'était vrai. Mais il s'en est fallu de bien peu que le collège tombe. Quand il a ouvert, la campagne était menée contre lui dans les journaux depuis un ou deux mois. Cinq jours avant l'ouverture, il n'y avait encore que l'inscription d'un élève. Heureusement depuis les parents ont eu tout à fait confiance. Nous allons recevoir encore trois élèves.

Tout ça pour deux ou trois inspecteurs de l'Enseignement primaire qui avaient intérêt à ce que l'Enseignement secondaire n'entrât pas à Madagascar. Ils comptaient devenir directeurs et sous-directeurs de l'Enseignement (51).

Tout de même j'ai été vexé de le voir arriver. Et j'ai été naturellement assez froid avec lui les premières fois. J'ai un peu l'impression que Madagascar est maintenant à moi et qu'il me vole quelque chose (52).

En 1909, l'intérêt de Jean Paulhan pour l'enseignement faiblit, malgré de nouveaux cours : c'est que Madagascar, sous tous ses aspects, le captive. Jean Paulhan enseigne également à des instituteurs malgaches; cela lui donne à réfléchir. En fin d'année, il est désigné pour prononcer le discours de distribution des prix [15].

J'ai des cours nouveaux à préparer, un sur l'histoire de l'art à des jeunes filles. C'est très délicat. D'ailleurs, il y a toujours une dame qui assiste à la leçon, ou une mère d'élève.

La dernière fois, j'ai parlé de statues polychromes. Alors la dame est venue me demander gravement à la fin de l'heure ce que j'entendais par statue polygame; elle se préparait à ajouter que ce n'était guère une chose à dire à des jeunes filles (53).

---

15. Voir le texte du discours p. 141.

Cap [16] a été très malade, plus encore qu'avant : des coliques hépatiques. Je le remplace et je rapprends ma physique (54).

J'ai aussi un nouveau cours que je fais aux instituteurs malgaches. Je leur ai commencé des leçons de psychologie, en malgache. Ils sont assez aimables pour comprendre. Ils ont cet avantage marqué sur les autres élèves qu'on ne leur connaît pas de parents (55).

Je suis enchanté de mes élèves [instituteurs] malgaches. Ils sont 45; je leur fais lire et traduire les vieux Kabary [17] qu'ils ne connaissaient pas du tout. Cela les intéresse : ils ne se parlent guère, et regardent leurs livres sérieusement. Parfois, un d'entre eux se lève, arrange son lamba * autour de lui et me dit poliment : « Monsieur, excusez-moi, mais je crois que vous vous trompez tout à fait dans votre traduction. » Je lui donne mes raisons : il dit encore : « Monsieur, je crois quand même que vous avez tort », et il se rassied gravement.

Je prépare les textes à l'avance, avec un vieux Malgache très intéressant, l'ancien ministre des Affaires étrangères, qui est devenu pasteur (56).

J'ai terminé les classes en lisant à mes élèves Tristan et Yseut et les contes de Maupassant. Ils n'ont rien compris à Tristan, mais Maupassant les a empoignés, surtout la Vendetta, la vieille femme qui dresse son chien à manger un homme (57).

Malgré les apparences, l'existence du collège est de plus en plus menacée.

16. Cap. Voir p. 46 et photo en tête d'ouvrage.
17. Kabary signifie discours.

Eh bien le collège ne paraît pas marcher très bien. Augagneur est en train de s'en désintéresser complètement. Les bureaux seuls le renseignent, et Poiret, et ils n'ont de sympathie ni pour Renel (qui est vaguement suspect du côté protestant et n'est pas franc-maçon) et pour Moguez (qui est vaguement suspect du côté catholique et n.p.f.m) et pour Cap (qui a été élevé dans un collège jésuite et n.p.f.m) et pour moi. Alors tous les mois on supprime un nouveau cours qui se faisait au collège. On nous donne des nouveaux chargés de cours qui seront libres un mois sur deux; on chipote avec Moguez pendant deux mois sur les comptes des pensionnaires. — Nous avions songé à transformer un peu le collège colonial : il y aurait eu des cours sur les ressources de Madagascar, le malgache, la langue, les industries. Tout cela a été repoussé sans examen.

Et Renel demeure bien tranquille. Il s'en fiche. Si l'on va le voir, il dit : Ah ce sont les idées du gouverneur général. Arrangez-vous avec lui.

Imagine-toi que depuis que le collège existe, Renel ni le gouverneur n'y sont pas encore venus une seule fois, ni voir comment marchaient les classes, ni rien. Renel est un homme heureux; il ne connaît pas un mot des règlements français. Il ne sait pas le malgache. Il joue au tennis et organise une exposition d'art malgache pour pouvoir rapporter en France quelques souvenirs. Et pour le reste, il s'en remet à Augagneur qui s'en remet à Poiret (58).

Moguez a bien failli être démoli. Les primaires et l'inspecteur primaire, Devaux [18], ont fait une campagne assez fausse et méchante contre lui. Des scandales se seraient passés dans la classe enfantine; des enfants auraient reçu des leçons de français de la ramatoa * malgache qui aide à les surveiller. Les emplois du temps seraient constamment modifiés. M. Moguez ferait une foule de demandes absurdes, de profes-

---

18. Devaux, sous-directeur de l'Enseignement.

seurs nouveaux et jusqu'à des plantes grasses soi-disant pour les classes de dessin. Un peu exagéré, tout cela a fait du bruit dans les bureaux et Augagneur, qui n'a jamais fait de visite au collège, s'est laissé monter le coup. Il a traité Moguez d'hurluberlu, et le collège de pétaudière. Et Renel est venu brusquement faire une enquête.

On a trouvé tout en ordre et l'on a accordé à Moguez ses plantes grasses, réclamées d'ailleurs par le professeur de dessin, et un nouveau professeur de science qui sera ici dans un mois et demi. Et l'année prochaine un nouveau professeur de lettres. Les emplois du temps étaient en effet modifiés souvent, mais cela tenait à ce que nos professeurs à leçons supplémentaires — souvent administrateurs — nous sont envoyés par le gouverneur général avec des heures de cours imposées. Et quand il en vient un nouveau, tout est à refaire pour lui.

Cela a été tout de même grave et Moguez a failli démissionner. Le gouverneur général avait refusé de l'entendre. Renel qui venait pour la première fois au collège et n'avait rien pu répondre d'abord au gouverneur a fini, après l'enquête, par le défendre chaudement. Mais le plus net de tout cela c'est que les bureaux et l'entourage d'Augagneur et Augagneur lui-même ne nous aiment pas. Et les primaires, beaucoup au moins, ont été d'une déloyauté dégoûtante (59).

T'ai-je dit qu'une des causes des histoires qui sont arrivées, c'est Renel. Ce gros homme heureux ne nous a pas inspectés une seule fois. Il ne sait comment rien marche, ni le cours supplémentaire ni rien. Alors, quand Augagneur se plaint du collège, il ne sait rien dire. Il est incapable de nous soutenir, réduit à venir le lendemain demander des renseignements à Moguez qu'il rapporte deux jours après à Augagneur. Mais Moguez vient de demander à être reçu par Augagneur en même temps que Renel toutes les fois qu'il s'agira du collège (60).

En 1910, Jean Paulhan se trouve mauvais professeur (opinion qui sera fermement démentie en 1979 par M. Philippe Micouin, un de ses anciens élèves de 1908 à 1910). Il n'est plus sûr de l'utilité de l'enseignement — à Madagascar surtout — en tout cas celui-ci lui pèse : les élèves sont devenus ennuyeux, les collègues désagréables, Moguez, le directeur, arriviste, et Jean Paulhan est de plus en plus mal jugé par ses supérieurs. Cause ou conséquence de ceci, la santé de Jean Paulhan n'est pas brillante : les accès de paludisme se répètent et s'allongent. A la fin de l'année, le Conseil de Santé lui octroie un congé dans la Métropole.

J'ai assisté hier aux examens pour le grade d'inspecteur indigène. C'est le titre le plus haut et il y avait trente Malgaches candidats, qui sont instituteurs depuis dix à quinze ans et qui, avant, ont été élèves. C'est pénible de voir que tous leurs efforts ont abouti à être incapables de parler le malgache autant que le français. Ils parlent sans doute, et avec beaucoup d'aplomb — mais il n'y a aucune phrase correcte, ni même suivie, au point de vue idées. Il semble que, n'ayant pas de langue fixe, ils ne puissent même plus réfléchir. Cependant, on diminue le nombre des instituteurs français, par économie, et on les remplace autant que possible par des Malgaches. Peut-être tout cela est-il nécessaire au point de vue politique, mais pour la valeur individuelle des Malgaches, cela est absolument lamentable (61).

Moguez est rasé chaque jour par trois ou quatre parents qui se plaignent qu'une leçon est trop longue, ou que leur fils est tombé dans la rue en revenant chez lui, ou qu'il y avait sur le bulletin un 7 qu'on aurait pu prendre pour un 1. Il a la patience de les recevoir (62).

Je t'écris de ma classe. Mes élèves composent. Sujet :

« Nous nous tourmentons moins pour devenir heureux que pour faire croire que nous le sommes (63). »

Il s'agit d'une classe de troisième!

J'ai eu une semaine de fièvre, ennuyeuse au possible. Je ne sais plus jouir de mes maladies (64).
Moguez devient de plus en plus politicien. Il fréquente les administrateurs [...] et obtient des avancements. Nous n'avons plus rien de commun avec cet homme-là (65).

Peu séduit par l'enseignement, Jean Paulhan a cherché à plusieurs reprises à s'en libérer. Tout le monde a entendu parler de Paulhan chercheur d'or; les allusions à cette recherche matérielle sont rares.

Je n'ai pas encore trouvé de pépites d'or. Sans cela je vous en aurais naturellement envoyé. J'en chercherai (66).

Mais Jean Paulhan a bien plus curieusement essayé de distiller de l'essence de rose et finalement a mis sur pied tout un commerce de dentelles, broderies, soieries, rabanes peintes et chapeaux entre Madagascar et Paris, dans le but de procurer de l'argent à sa mère. Il espérait ainsi pouvoir la faire venir à Tananarive.
Il a même été « troubadour »!

Puis nous irons passer une semaine à raconter des contes, dans les villages. Nous en savons déjà beaucoup et cela amuse les Malgaches. En échange, on nous donnera à manger (67).

Notons que Jean Paulhan tient à rester en relation avec la France par la lecture tout au moins : il demande des livres, Darmesteter, Bréal, une Histoire de la littérature française, se fait envoyer des revues et réexpédier Le Matin.

Quand je commencerai à travailler ma thèse, voudras-tu m'envoyer quelques livres sur Madagascar ? Je pense qu'on peut les trouver partout, sauf ici. Les fonctionnaires passent leurs soirs à jouer au billard Nicolas ou au bridge, mais ils n'ont sur les Malgaches que des idées assez vagues qu'ils ont emportées de France, de leurs lectures. (Un ou deux livres de Pierre Loti — La petite Tonkinoise — d'ailleurs « toutes les colonies se ressemblent ») (68).

Je reçois le *Mercure de France*. M. Cap me passe *La Revue de Paris*, M. Naudon *La Revue Bleue* et *Le Signal* et *L'Art décoratif*. Dans *La Revue de Paris* il y a eu un article très bien : « Avec la Flotte Russe » de Bouteiller. Dis à papa de le lire. C'est vivant et très intéressant. Et de bons souvenirs de M. Harry sur Huysmans. Le *Mercure de France* est au-dessous de tout. Gaultier y a eu un mot aimable pour mon article de *La Revue philosophique* il y a trois mois environ [19] (69).

J'ai lu quelque chose de très intéressant : un savant français, après beaucoup d'expériences est parvenu à découvrir que le froid était dû à un microbe.

---

19. Dans sa *Revue de la quinzaine* (*Mercure de France* du 16 janvier 1908), Jules de Gaultier énumère plus qu'il ne critique les articles de *La Revue philosophique* de Ribot (voir Cahier n° 1, p. 114). Le mot aimable est succinct : « Enfin avec *l'Imitation dans l'Idée du Moi*, M. J. Paulhan a consigné quelques notations psychologiques dont la sécheresse volontaire laisse entrevoir la possibilité d'intéressantes déductions. »
L'article parut dans le numéro de juillet-décembre 1907; il est trop long pour être reproduit dans ce cahier, et d'ailleurs d'un intérêt très relatif, mais il commence par deux descriptions de rêves aussi fines que précises. Ceci nous rappelle que, pendant un certain temps, J. P. nota et analysa systématiquement ses rêves et confirme qu'à cette époque, celui-ci naviguait dans le sillage de son père.

Il a étudié longuement ce microbe, lui a offert des bouillons de culture variés; après de nouvelles expériences, toutes également concluantes, il est arrivé à cette conclusion que le microbe ne pouvait résister à une température de quinze degrés.

Ça réconcilie avec la science (70).

La vie à Tananarive est plaisante et pittoresque,

Tananarive me plaît énormément. Mais je ne sors pas beaucoup encore parce qu'il fait trop chaud. J'habiterai près du collège (71).

Depuis deux jours on voit venir [le courrier]. D'abord il y a un ballon sur l'Hôtel des Postes, puis deux quand le courrier passe à Brickaville, trois quand il vient à Moramanga, un drapeau quand il est à Tananarive (72).

Maintenant il est 1 heure. Toutes les petites filles sortent de l'école chrétienne en chantant des cantiques et elles montent lentement, deux par deux. Elles ont des robes blanches, et elles brillent de loin comme des petites pierres. Elles ont des airs très graves. Pourtant elles sont jolies (73).

et la société coloniale bien étonnante.

Les conventions et les mondanités qui d'abord amusent le jeune homme le dégoûtent bien vite et le poussent vers une sorte de solitude, de sauvagerie qu'encourage son goût pour l'étude et la recherche personnelle. Le tennis et la pelote basque sont une excellente diversion.

Quelle belle partie de pelote nous avons fait hier! Je suis déjà fort, plus tard j'irai jouer à Montevideo et je verrai Tahiti. Notre mur est neuf; on jette la balle de toutes ses forces et elle tape contre le mur avec un bruit d'œuf cassé.

Et quand la nuit est presque venue nous ne faisons que de petits coups, à moitié dans l'ombre; si la balle part trop haut, nous ne la voyons plus, et nous nous couvrons la tête de nos chisteras de peur qu'elle tombe sur nous (74).

Il n'y a que des fonctionnaires à Tananarive. Mais ils n'ont pas l'air humble et ironique des fonctionnaires français. Ils sont heureux et fiers quand ils parlent de l'administration (75).

Mais je ne crois pas que je fasse jamais une carrière brillante ici parce que tous les types ont été fâchés que je ne fasse pas de visites (76).

Il y a eu un grand bal masqué à la Résidence, jeudi dernier. M. Toussaint s'est déguisé en lama rouge du Tibet : il est entré en chantant des cantiques tibétains et faisant tourner un moulin à prières. Il a eu beaucoup de succès. Mais c'est tout de même un peu dégoûtant pour un type qui aime les Chinois d'aller faire le pitre comme ça. Aussi je l'ai privé de visite pendant quinze jours.

Mme Augagneur était en source. Tu vois ça.

Un administrateur était en bébé, un autre en Méphistophélès, un autre en libellule. Et c'est tous ces gens-là qui vivent des Malgaches. Quelle bourgeoisie pourrie, tout de même. Les syndicats ne sont pas bien sympathiques, mais c'est tout de même mieux que ces gens-là.

Ça ne fait rien. Il ne faut pas insister parce qu'on ouvrira peut-être ma lettre (77).

Un nouveau professeur est arrivé [...] Il a fait toutes ses visites en kaki, ce qui a choqué tout le monde (78).

Parfois nous avons à dîner des gens bien comme Cap ou Garot [20]. Avant-hier nous avions invité un administrateur

20. Garot. Voir p. 46.

Coader : mais il a tenu des propos empreints de pornographie et du plus bas arrivisme. Aussi nous l'avons privé d'invitation, à l'avenir (79).

Jean Paulhan s'est amusé à tenir une sorte de journal des rumeurs circulant autour du bal donné par M. et Mme Thérond[21], *le 1er août 1909 : on intrigue, on médite, on est choqué, on scandalise; il y a ceux que l'on invite, ceux que l'on évite, ceux que l'on oublie... et les intrus; la situation se complique : de fausses invitations ont été lancées... Tout ceci est trop long pour être reproduit ici, mais fort divertissant et témoigne de l'inanité des préoccupations d'une grande partie de la société des fonctionnaires à laquelle Jean Paulhan veut se mêler le moins possible.*

Pour d'autres raisons plus profondes, Jean Paulhan ne veut ni ne peut facilement s'intégrer à la population française de Tananarive. La franc-maçonnerie y est toute-puissante et lui-même n'est pas maçon. La Mission protestante est également très importante (son influence s'exerce souvent à l'encontre de celle du gouvernement). Il y a de ce fait une proportion élevée de fonctionnaires et de colons mais aussi de Malgaches instruits qui sont protestants. Lui-même d'origine protestante (et nîmoise), Jean Paulhan ne cache pas sa sympathie envers ces derniers. Enfin, troisième force en place, il y a encore la Mission catholique.

De toute façon, Jean Paulhan s'intéresse plus aux individus qu'à leurs options politiques ou religieuses, mais il se trouve qu'il n'est jamais du bon côté.

21. Jeanne Paulhan était née Thérond. A son arrivée à Tananarive, J. P. fut accueilli par un certain Thérond, personnage important, qui le reçut plusieurs fois et lui expliqua, plusieurs fois aussi, sa rancœur à l'égard de sa famille restée en France. Ce devait être un parent et il ne fut peut-être pas étranger au choix de Madagascar par J. P. Celui-ci cessa rapidement d'en parler, donc sans doute de le fréquenter.

A part M. Cap et moi ils sont tous francs-maçons au collège et dans toute l'administration (80).

C'est triste, mais c'est tout de même un éloge de dire d'un Malgache qu'il est protestant. Toutes ces dernières années ont passé pour eux si vite, leur imposant tant de modes et de croyances nouvelles qu'un Malgache protestant est dans la tradition. C'est encore un Malgache, il a gardé plus de vieilles coutumes que le Malgache anticlérical qui cherche à les retrouver pour avoir l'air « bien malgache » devant ses chefs. [...]
Les pasteurs ont bien volé les Malgaches, mais il faut être juste, ils les volent moins qu'Augagneur (81).

Alors, tu te mets avec Augagneur contre moi? Mais ici il n'y a que les protestants et les catholiques qui représentent quelque chose de français. Je t'assure que j'ai de plus en plus de sympathie pour toutes les religions européennes – surtout chez les Malgaches (82).

[Au sujet de détournements de fonds]
Et songe que l'école n'est qu'un cas particulier; mais dans toutes les administrations la situation est la même : et il suffira qu'un protestant y passe, pour faire des découvertes compromettantes. Il n'y a même pas de personnel pour surveiller les choses achetées par Gallieni (83).

Il y aura une très grande fête pour le Tsangambato (c'est la première pierre du monument élevé en l'honneur de la naturalisation des Malgaches). On dit : « Ce sera une fête comme sous Gallieni. » Augagneur, qui d'habitude était un peu rat, veut laisser un bon souvenir.
Et l'on voit déjà à quoi servira la naturalisation : à demander plus de services – et des services politiques – à quelques Malgaches arrivés, politiciens : ce sont eux qui ont eu l'idée d'élever le monument. Les Malgaches les plus

personnels, les plus intelligents restent en dehors de tout cela. Il est vrai qu'en général ils sont protestants ou catholiques (84).

Et puis une nouvelle histoire. Renel s'est encore fait engueuler hier à mon sujet. Et cette fois c'est Moguez qui est chargé de me faire des reproches : il paraît que j'ai encore fréquenté des protestants. Qui? je ne le sais pas. Moguez me dira ça ce soir (85).

Souvent nous sommes déguisés en Malgaches, les pieds nus dans des sortes de sandales de moines, un grand lamba*, et la figure un peu noircie. Nous avons causé quelquefois avec d'autres Malgaches sans être reconnus. Nous étions fiers (86).

Tous les soirs, près du jardin d'Andohalo, il y a de petites ramatoa* qui se réunissent. Elles font de drôles de taches blanches dans l'ombre et elles bavardent... nous leur racontons des histoires, les sirènes, les habitants de Mars qui sont descendus sur la terre avec leurs grandes jambes de fer et qui ont été mangés par les microbes, l'histoire de Fara la molle et d'Ikoto au gros ventre. Et nous sommes très amis. Mais quand il arrive des gens sérieux, elles nous quittent. Ce sont des gens qui sortent des repas, ou des soldats qui viennent de la caserne. Et nous partons aussi. Si M. Renel venait, quelle idée aurait-il de nous! Mais nous sommes tout à fait incapables de fréquenter la bonne société malgache ou européenne (87).

Jean Paulhan s'est cependant fait de bons amis.

Je reviens avec quatre amis de plus, de vrais amis, de grands types : Toussaint, Cap, Riou et Autret. Autret douteux. Ils sont tous quatre bretons. Les Méridionaux, ici, sont répugnants — sauf deux Basques cruels, costauds, pédérastes et dans l'ensemble assez bien.

Et quelques amis malgaches [...] et trois ou quatre femmes qui sont aussi de très grands types (88).

Toussaint [22], un magistrat, vient aussi nous voir. Il est grand et il marche à grands pas. Assis il enroule ses jambes comme deux serpents et, chez lui, il est toujours habillé en lama du Tibet. Il nous apporte des inscriptions chinoises ou hindoues. Il va passer là-bas toutes ses vacances. Il a oublié tout ce qui arrive en France. Il a une petite chienne chinoise, gris de cendre, et nue, sans poils avec une tache rouge sur la tête. Il est doux, il aime les Malgaches et il a une tête grise et très belle. Hier il m'a apporté un livre chinois. C'est un vieux philosophe qui parle, très longtemps, de l'être, des idées. D'une manière abstraite et un peu triste. Ça fait un gros livre. A la fin Tsaoung-Tseu dit : « Grâce à toutes les méditations que tu as lues, lecteur, j'ai connu la vérité. J'ai passé au-dessus des hommes comme la neige claire sur les pins. » Il m'a porté aussi le *Centaure* de Guérin qui est rudement bien (89).

Autret, un instituteur breton. C'est un type étrange. Il est sauvage, assez violent, mystique et très intelligent (90).

Autret est un bon camarade. Il est franc et [a] mauvais caractère. Il ne vous dit jamais de choses agréables. Mais il est sérieux, très intelligent, et on peut compter sur lui.

---

22. Gustave-Charles Toussaint (1869-1938), procureur de la République à Tananarive, spécialiste du Tibet, fut reçu membre de la Société asiatique en 1909. Poète amateur, il publia un recueil de poèmes, *Miroirs des Goules*, en 1935. Mais son œuvre majeure reste *Le Dit de Padma* (traduit du tibétain), parue en 1933. Ses activités le conduisirent en Extrême-Orient, mais il resta longtemps en correspondance avec Jean Paulhan.

[...] Il pourrait se brouiller avec tout le monde sans que cela le gêne (91).

Autret a failli assommer un Européen qui l'avait bousculé. Il est tout à fait étrange, et brusquement furieux, à oublier tout ce qu'il fait. Les jours de la seconde grève des postes, celle qui a échoué, il est resté pendant deux jours préoccupé, à manger à peine. Il aurait tué Clemenceau s'il l'avait eu sous la main (92).

Riou, ami d'Autret, instituteur indécis, a vécu chez Jean Paulhan. Quant à Cap, c'est un ancien prospecteur qui, en mauvaise santé et ruiné, est devenu professeur de physique. Il est licencié et poursuit d'incompréhensibles recherches de chimie.
*Quelques autres personnages ont encore retenu l'attention de Jean Paulhan : Garot qui a fait la traversée sur l'*Oxus *avec lui, Naudon, ancien directeur de l'école professionnelle :*

C'est un protestant petit, énergique, se lançant dans des tas d'entreprises avec le caractère d'un chef d'usine plutôt que d'un fonctionnaire (93).

M. Naudon, le professeur de dessin du collège, a fait un portrait de moi au crayon. Il paraît que c'est très ressemblant. Je te l'enverrai, si tu veux, dès qu'il me l'aura donné, quoique j'encombre un peu avec ma tête [23] (94).

M. Daux est un instituteur que l'on a nommé surveillant du Collège. C'est un type appliqué, sérieux et d'un amour-propre effrayant. J'ai voulu lui apprendre le tennis, mais sa femme a fait plus vite des progrès que lui, et il a été tellement vexé qu'il a tout abandonné.
Il n'a qu'une main. Et il s'applique à réussir dans toutes

---

23. Ce portrait a été retrouvé. Voir en tête d'ouvrage.

les choses qui demandent d'habitude deux mains. Mais il s'intéresse à beaucoup de choses avec force, et même à tout ce qu'il entend dire. Il craint de paraître ignorant [...] Il est hardi et sérieux.
Sa femme est toute petite et ne paraît pas plus de dix-huit ans. Elle est obstinée et se fâche s'il pose trop tôt sa serviette sur la table avant le dessert. [...]
M. Daux s'est fait photographier avec sa femme, ses boto*, et ses petits chiens. Il m'a offert d'y être. Je vous l'enverrai au prochain courrier (95).

et parmi les hauts fonctionnaires, Renel, directeur de l'enseignement, Devaux, sous-directeur, et bien sûr Augagneur, gouverneur général, apprécié en 1908, rapidement déprécié par la suite.

Augagneur est aimé des indigènes. Quand on a cru qu'il ne reviendrait pas, beaucoup de familles hova étaient désolées. Il est très juste et très honnête. [...]
C'est un type tout à fait bien; seulement c'est un fumiste et il s'amuse à embêter tous les gens avec les théories qu'il soutient (96).

Décidément Augagneur n'est pas un type très intéressant. C'est un politicien anticlérical à vues assez courtes, un administrateur économe et qui a, pour lui, de grands besoins d'argent. Il considère la littérature comme une fumisterie « la littérature ça conduit à Ibsen » (et Ibsen c'est tout ce qu'il y a de ridicule), avec cela fort, très travailleur d'un esprit équilibré et honnête. (Honnête scientifiquement, si l'on peut dire, avec lui-même. Le reste, je ne sais pas. Il y a beaucoup d'histoires.) Il a ici beaucoup de maîtresses, européennes ou malgaches. Il les place dans l'administration. Il aime la fête, les dîners, les bals où il danse un peu gauchement; il est passionné et un peu brute.
Il n'a rien tenté ni rien imaginé. A son arrivée il a sus-

pendu pendant un an toutes les entreprises de Gallieni, les routes, le chemin de fer. Une foule de colons ont été ruinés. Il y avait chaque jour des manifestations contre lui. Puis il a repris peu à peu : il fait empierrer les routes de Gallieni et il a conduit le chemin de fer jusqu'à Tananarive. Il a arrêté net la fantaisie et le gaspillage effrayant de Gallieni. Mais il a imposé à tous les fonctionnaires une vie austère et étroite. Il leur a retiré l'argent et ne leur a donné aucun idéal à la place. Tous les instituteurs, sous Gallieni, apprenaient le malgache, aux cours du soir. Les cours ont été supprimés, et on est mal vu si l'on apprend le malgache.

Gallieni avait des idées. Il fit un grand discours aux soldats et aux officiers leur recommandant de prendre des femmes malgaches et d'avoir beaucoup d'enfants. Il voyait la colonie aux mains des métis, rapidement, et rendue prospère par eux. C'était une idée.

Gallieni avait donné des prix aux éleveurs de lapins, de chevaux, aux cultivateurs de maïs, de blé. Tout cela est supprimé (97).

Mais les missionnaires ont publié de jolis livres : *Le Compagnon des petits enfants. L'Almanach des femmes malgaches*, en malgache. Et j'y ai retrouvé des contes de l'*Ami de la jeunesse*, les vieux livres verts. Je comprends que je me sois si bien entendu avec les enfants.

Ils leur ont appris à sauter à la corde. Ils ont donné des poupées aux petites filles qui sautaient le plus vite. Jamais Augagneur n'a songé à faire ça (98).

Est-ce qu'Augagneur fait de l'impression en France? Après tout il a de grandes qualités de gouvernant : son mépris pour tous ceux qui l'entourent, sa brutalité et ses idées simples sont nécessaires dans une colonie. Et il embête tellement des gens désagréables qu'on lui pardonne de vous ennuyer. [...] Il est très étroit d'idées et assez réactionnaire. C'est un peu triste de faire un collège colonial sur le modèle exact du collège de Pontarlier — sans enseignement professionnel, sans agriculture, sans cours sur la colonie. L'idée d'apprendre le français à tous les Malgaches pour que tous les administrateurs puissent avoir des relations avec eux est aussi fantaisiste (99).

Enfin, l'étrange Père Malzac [24].

Hier matin je suis allé voir le Père Malzac. Je l'ai cherché longtemps dans l'établissement des jésuites; puis j'ai trouvé un vieux père courbé à tête de paysan avec de grosses lèvres et une longue figure triste. C'est lui qui sait le mieux le malgache, des Français. Il a écrit une grammaire et un dictionnaire tout à fait beau. Il m'a mené dans sa petite case, peinte à la chaux, assez sale, avec, dans un coin, une bouteille d'eau, des tas de livres par terre et un beau fauteuil oriental où il s'assoit.

Mais c'est tout à fait étrange. Il n'a aucune idée sur les Malgaches. Il ne tient ni aux Malgaches, ni aux Européens. Il me parle sans ironie de la pacification du général Gallieni. Il me dit : « J'ai vu la guerre de l'autre côté, du côté malgache. C'est très intéressant. Il y a beaucoup de points sur lesquels l'histoire française se trompe tout à fait. »

Je lui dis : « Qu'est-ce que vous pensez du caractère des Malgaches? – Le caractère? Oh, c'est comme les Français, je pense. Ils n'en ont pas. »

Alors une foule de petits gosses noirs entrent dans la case. Ils tripotent les livres et lui vident la bouteille d'eau. « Allez-vous-en, enfants », dit gravement le Père. Et ils ne bougent pas, mais ils s'amusent sans bruit comme tous les Malgaches.

Voilà. Et il ne me dit guère rien d'autre. J'ai inventé un prétexte quelconque pour venir le voir. Il est arrivé ici à

---

24. Le R. P. Malzac (1840-1913), missionnaire jésuite, arriva en 1879 à Madagascar. Il se consacra jusqu'à sa mort à l'étude approfondie de la langue malgache, tout en dirigeant l'imprimerie de la Mission et assurant sa charge de curé d'une importante paroisse. Son dictionnaire fait encore autorité actuellement.

quarante ans. Il a appris le malgache, parce qu'il était à Madagascar, voilà tout. En Perse il aurait appris le persan et écrirait l'histoire persane, sans plus de joie (100).

Que faire si l'on ne sait ni danser ni se plier aux conventions mondaines sinon se tourner du côté des Malgaches. Hélas, ici aussi il faudrait savoir danser,

En général je ne fais pas d'impression sur les Malgaches parce que je ne chante pas, je ne danse pas et je ne fais pas de musique (101).

et même être marié.

J'ai couché dans une maison étrange. On avait d'abord posé le toit, par terre. Puis on avait creusé en dessous. Et de vieux Malgaches me reçoivent comme un ami. On fait cuire le poulet que j'apporte et l'on m'offre du riz. Peut-être même tout à l'heure, aurai-je des fruits. Je cause aux enfants, je leur donne même des sous, mais ce n'est pas pour eux, c'est pour la mère qui s'empresse de les prendre.
Et puis la vieille me dit : « Et où est votre ramatoa*? »
Je ne songe à rien et je réponds : « Oh, je n'en ai pas.
— Il n'en a pas », dit la mère!
Et le vieux dit : « Chose étrange.
— Et pourquoi n'en a-t-il pas? demande-t-on à Georges. Peut-être va-t-il en chercher une à Antsirabe? »
Maintenant mon boto* peut bien dire tout ce qu'il voudra, mais on ne me parlera plus et je n'aurai pas mes fruits. De loin en loin un petit mot de politesse (102).

Aussitôt arrivé, Jean Paulhan s'est efforcé de vivre le plus souvent possible au milieu de Malgaches, de fréquenter les familles les plus modestes, les moins touchées par la colonisation française, mettant à profit pour ceci ses vacances scolaires. Dès 1908, il part à pied ou à cheval, pour plusieurs semaines, loin, accompagné de jeunes Malgaches. *Il semble qu'il est toujours bien accueilli dans les villages. Il partage la vie quotidienne des habitants fort pauvres et souvent malades, observant tout, ce qui nous vaut de nombreuses notations prises sur le vif,* rapportées dans ses lettres et quelques récits de voyage [25].

Les Hova [26] sont distingués, doux et silencieux. Ils sont trop doux pour travailler en général. Mais dans la rue, ils se font passer une pioche comme s'ils s'offraient une fleur (103).
(Il est difficile de mieux décrire les Hova.)
Ce sont les femmes qui travaillent. Elles savent porter sur leur tête des cruches, ou des piles de briques. Elles ont l'air plus dur que les hommes et elles vieillissent vite. Elles roulent de petits gosses dans leur dos. Parfois elles s'asseyent et frottent leurs cheveux avec une boule de graisse blanche (103).

Ils songent à bien s'habiller; et ils admiraient les militaires français. Quand ils ont vu arriver les civils, ils les ont appelés « les militaires pauvres ». Mais Augagneur, de temps en temps, s'habille en général (104).
Plus loin je rencontre un petit gosse qui habite près de chez moi. Un jour il est entré gravement dans ma chambre où j'écrivais : il a ôté son chapeau et m'a dit : « Je vous apporte le bonjour de ceux d'Ambohimanga *. » Depuis nous sommes amis. Il s'informe gravement comment je vais et si mon pied ne me fait plus mal. Il me dit : « Vous êtes trop haut

25. Voir p. 93 et *sq.*
26. *Les Hova* représentent une division de la société merina correspondant aux roturiers, par opposition aux Andriana (nobles) et aux Andevo (esclaves). Par extension, on appelle ainsi les Merina hors de leur pays.

mais je voudrais vous serrer la main. » Je lui serre la main, et nous nous quittons cérémonieusement. Il est toujours tout petit et il a peut-être huit ou neuf ans. Il a une figure ronde et des traits fins, et toujours un beau manteau orange (105).

C'est un joli dimanche aujourd'hui. Il fait clair, toutes les rues sont pleines de soleil. Et les femmes, qui ont des robes neuves, vont doucement à la messe. Il y en a d'autres qui travaillent, elles sont allées chercher de l'eau, elles traversent les jardins et pour qu'elle ne tombe pas de leur tête elles mettent bien leurs cinq petits doigts noirs et longs sur le ventre gonflé et transparent de la dame-jeanne (106).

Les Malgaches sont beaucoup plus ingénieux que nous. Avec les boîtes de fer-blanc qui ont contenu du pétrole, ils font de petits fourneaux, des arrosoirs blancs, des pots à fleurs, des chapeaux et même des incrustations d'argent pour les cannes en bois. Ici quand Rakoto a fait le fourneau, il n'avait pas de fil à plomb. Alors pour le remplacer il s'est servi de la première branche venue.

D'ailleurs le fourneau n'était pas du tout droit (107).

Quand les Malgaches voient un caméléon sur une branche d'arbre, ils posent un autre caméléon sur un bâton et le montent vers l'autre. Quand tous les deux se voient ils se jettent l'un sur l'autre. On retire le bâton et celui qui n'est pas sur la branche reste suspendu en l'air tellement il a bien mordu l'autre.

Il y a un proverbe qui dit : l'homme doit toujours être comme le caméléon, avoir un œil tourné en avant et un en arrière (108).

Les beaux-parents ont aussi une mauvaise réputation chez les Malgaches. Un proverbe dit : « Comment feras-tu pour traire les vaches de ton beau-père? Si tu t'enveloppes de ton lamba il croira que tu veux cacher le lait que tu lui voles. Et si tu roules ton lamba * autour de ta taille, il dira que tu vas tuer le veau » (109).

Peut-être vous ai-je dit qu'il n'y avait pas de voleurs ici. Vous avez eu bien raison de ne pas me croire. A peu près tous les gens que je connais ici ont été volés, ces jours-ci — parce que c'est un des moments où l'on réclame les impôts. Le reste du temps, il n'y a pas du tout de vols. Ainsi il n'y a pas de véritables voleurs (110).

Ce soir les fillettes du propriétaire ont chanté une chanson nouvelle, que je n'ai jamais entendue :

> Nous sommes cent, vêtus de robes rouges
> Où allons-nous? Où allons-nous?
> C'est vers la joie que nous allons
> Nous sommes cent, vêtus de robes rouges.

Peut-être est-ce une vieille chanson du temps où ils allaient tous en lamba rouges chercher l'idole Rasalimalara, pliée dans de petits morceaux de bois à Faliarivo. Mais tout cela a été si consciencieusement comblé par le christianisme qu'il n'y a plus que les petites filles pour se les rappeler. Et dans cinq minutes elles chanteront :

> Ô! étoile de la mer!

D'ailleurs elles n'ont jamais vu la mer (111).

T'ai-je dit que je suis subitement devenu très mondain — chez les Malgaches bien entendu? Je danse déjà très bien la valse et la polka et même des quadrilles très compliqués. L'avantage ici c'est que l'on ne cause jamais à sa cavalière en dansant : de sorte que c'est bien plus facile d'apprendre.
J'ai aussi essayé mon « habit ». On est très bien avec ça.
Enfin j'espère que maintenant je pourrai tenir un rang

honorable dans le monde à Paris. Renel me dit que c'est la même chose sauf qu'on s'y tient un peu moins bien (112). [...]

« Comme vous avez simplifié tout cela en France, m'a dit Andriamananteno. Ah, chez vous on ne s'embarrasse guère de ces questions de mariage. On se prend, on se quitte, c'est comme ça. Les premiers temps, ça m'étonnait; un jour je vais chez un ami de mon neveu, un peintre, que j'ai connu à Tananarive. Il me dit, tout de suite, " Bon, vous restez ici jusqu'à ce soir. " Alors je reste. Le soir qu'est-ce qui arrive? Je le vois venir avec une jolie ramatoa* française. Je lui dis : " Qu'est-ce que c'est que cette demoiselle? " Il me dit : " Oh! c'est une des petites de l'atelier. Mais ça m'a coûté cher. La vie est chère à Paris. Et les petites, qui vous offrent des bouquets sur les boulevards, tout de même elles commencent bien jeunes. " »

Cette histoire a une morale. C'est qu'Augagneur a vu à Madagascar la même société qu'Andriamananteno en France (113).

Je ne sais pas si c'est tout à fait exact que les Malgaches ne croient pas à l'immortalité de l'âme. Ils n'ont pas eu de philosophes ni d'apôtres et les idées des paysans sont très vagues en général sur ces points. (Regarde les Bretons.) Pourtant ils croient qu'il ne faut pas passer la nuit près des tombeaux avec de la viande de mouton parce que les morts se réveillent et viennent la prendre. C'est une sorte d'immortalité. Je n'ai remarqué que celle-ci (114).

Ils n'ont aucune idée des questions sociales, les Malgaches, même les plus instruits. Ils n'imaginent pas qu'il y a des gens qui puissent mourir de faim, ni qu'il soit bon de changer la société sur certains points. Ils n'ont pas d'idées morales actives (115).

Ils connaissent, aussi, l'odeur de sainteté. Dieu s'appelle

Andriamanitra; cela veut dire : le vieil andriane (noble) qui sent bon, qui sent le printemps (116).

Les notes qui précèdent concernent Tananarive. Dans les villages, le ton est différent.

Je suis allé passer un jour, le 14, à Ambohidratimi. C'est un village, à treize ou quatorze kilomètres : il y a eu une grande fête. Des Hova * de tous les villages ont défilé et chacun dansait la danse de son village; puis nous avons eu les plus grands acteurs de toute l'île. Ils jouaient sur une plate-forme, au milieu d'une vallée et toutes les collines étaient blanches des gens qui regardaient. Ce sont des danses très simples, très intellectuelles. Des jeux de figures, de petits doigts minces qui s'agitent en l'air, des cris de surprise et un balancement léger de tout le corps. Seuls les Sakalaves arrivent en sautant dans leurs robes rouges; ils brandissent en l'air leurs faux cheveux, agitent des colliers de fétiches et poussent des cris. Mais on voit bien que ce ne sont que des sauvages. Et le défilé des « pères et des mères », les vieux couchés dans les lambamena (les lamba * de soie auxquels ont seulement droit les morts et les vieillards), ramène une danse douce et tremblotante (117).

Nous sommes en vacances, pour deux mois, et la pluie n'est pas encore venue. Je partirai vite, jeudi sans doute, pour ne pas rencontrer trop vite les pluies.
Je vais partir à cheval, avec Georges. Sans doute j'irai voyager vers le sud, je ne suis pas encore tout à fait décidé (118).

J'ai acheté un petit cheval malgache solide et maigre. Il n'a peur de rien, il passe sur les ponts, sur les digues. Il a des jambes un peu de travers avec quoi il s'accroche partout. Mais il est quand même fin et joli.

Déjà j'ai fait avec lui quelques courses dans les environs — deux ou trois — Georges le soigne et lui cherche de l'herbe.
Jeudi je suis allé à Ambohimanga * pour la noce d'Iketaka et Rabenarivo.
J'ai passé une journée délicieuse. J'ai dansé, j'ai vu des tas de types très sympathiques.
C'était une noce suivant la vieille coutume. A 9 heures nous étions réunis chez Iketaka, cinq ou six. Il y avait aussi un très vieux Malgache avec un lamba rouge, comme les morts. Alors Rabenarivo est entré très poliment et a demandé au vieux Malgache la main de sa petite-fille.
L'autre a refusé, poliment, mais il a refusé. Rabenarivo est parti avec un air vexé. Iketaka qui est très calme ne disait rien du tout. J'ai trouvé qu'on aurait pu attendre pour m'en parler que cela fût tout à fait décidé.
Alors personne ne s'est plus méfié. Iketaka est allée s'asseoir devant son oreiller de dentelle, Faralahy a fait cuire un gâteau de riz et je suis allé voir si mon cheval mangeait bien.
Quand je suis revenu il était arrivé que Rabenarivo avec six de ses amis (en redingote, malheureusement) avait forcé la fenêtre et emporté Iketaka. Aussitôt le vieux Malgache a décidé que c'était après tout un bon parti que ce garçon. Et nous sommes tous allés à la maison de Rabenarivo.
Mais nous n'avons plus vu Iketaka. Il y avait là des fillettes, les demi-sœurs de Rakoto, une petite fille très fine qui ressemblait à un agneau et qui avait une fourrure blanche autour du cou; il y avait aussi des familles et un autre gouverneur. Nous avons fait un grand dîner puis nous avons dansé; mais Iketaka n'est plus jamais venue.
Le lendemain matin, je suis parti à 4 heures. J'avais un cours à 8 heures (119).

Mon voyage a été tout à fait bien. Mais comme tout le pays est pauvre et désert. On peut voyager un jour autour de Tananarive, sans trouver de village. Et parfois un village c'est cinq ou six maisons à moitié démolies avec des Malgaches malades de la fièvre qui remuent à peine et ne mangent que du riz. Dans toute l'Émyrne [27] il n'y a de vie qu'à Tananarive. Je suis allé d'abord à Tsinjoarivo. De là j'ai cherché à aller sur la côte, vers Manohora, à travers la forêt; mais c'est impossible, aucun chemin n'est tracé, il y a des pentes de boue de trente mètres; et même les guides peuvent se perdre. Après deux heures j'ai dû y renoncer. Puis je suis allé à Antsirabe, de là à Betafo, puis à Ambositra. Et je suis revenu. Le tout en 23 jours.

Une fois, près de Tsinjoarivo, j'ai vu dans un champ, très loin, quelques bœufs sauvages accroupis. Ils ressemblaient à des maisons. Quand je me suis avancé un peu, ils se sont brusquement réunis tous et ils ont foncé sur moi, au galop. Eh bien je n'ai pas eu trop peur. J'ai tout de même sauté derrière mon cheval, mais il n'y avait rien d'autre à faire, parce qu'ils m'entouraient complètement. Et ils galopaient tant qu'ils pouvaient.

Eh bien, à 30 mètres de moi, à peu près, ils se sont tous arrêtés brusquement d'un seul coup. Et je suis parti.

Mon cheval a très bien marché; il est courageux et vif. J'avais aussi emmené Maromaso, mais il est revenu fatigué par le soleil, et les poils de sa tête ont blanchi. Et j'avais aussi emmené Georges pour soigner le cheval et faire les repas de temps en temps. Tout le monde me disait que c'était fou et qu'il fallait emmener au moins un lit et des vivres pour dix bourjanes*. Ce sont des bourgeois, ici. Mais ça s'est quand même très bien passé. Je suis revenu noir, barbu et maigre.

Nous sommes revenus au clair de lune, vers minuit, hier soir. En deux jours au retour, nous avons fait 130 kilomètres et chacun, même Maromaso, montait à son tour sur le cheval. Il fallait revenir vite parce que les grands orages commençaient et les rivières allaient envahir les routes. Mais cela

---

27. Emyrne. Voir p. 143, n. 1.

était si triste de rentrer ainsi à la maison, après un voyage et de n'y trouver aucun de vous (120).

Une fois à Tsinjoarivo j'ai d'abord trouvé le chef du village. C'est un homme bon et très vieux. Une fois qu'il était venu à Tananarive il a entendu dire qu'il y avait peut-être des habitants dans Mars. Depuis il n'a plus rien su et il a été très heureux de me voir parce qu'il comptait que je lui donnerais les dernières nouvelles.

Puis il m'a cherché une maison parmi celles abandonnées. Mais la pluie vient et on ne sait pas si elles sont très solides. Alors avant d'entrer il leur donnait une bourrade de coups de poing. L'une d'elles n'a pas tremblé et il me l'a offerte.

J'ai vu des hérons et des cigognes. Il y a une forêt curieuse où l'on marche presque dans la nuit sur des vieux arbres pourris. Dès qu'il fait un peu de jour on les voit. Ce sont des bananiers verts et jaunes qui se gâtent lentement. Puis l'on descend jusqu'à un fleuve : il y a une grande cascade d'eau rouge qui s'épanouit brusquement comme une fleur; et au-dessus de la cascade, de l'autre côté, il y a encore une forêt où les arbres ont des cimes blanches. Ça s'appelle la cascade de la fleur cruelle. Sur un rocher bien au-dessus de la cascade la reine avait fait construire son palais, de petites maisonnettes en bois de la forêt, des bois si lourds que jamais on n'a pu les emporter plus loin que Tsinjoarivo, des bois rouges et verts et brillants. Ranavalo [28] venait y danser avec ses courtisans dans la robe orangée qu'elle mettait à Tsinjoarivo.

Et puis j'ai traversé le fleuve. Tu ne sais pas comment on traverse un fleuve : on se déshabille, on met tous ses habits sur sa tête et on monte à cheval : et le cheval se charge de nager.

Mais cela ne peut se faire qu'ici. Ailleurs, dans l'île, il y a des caïmans (121).

---

28. Ranavalo. Voir p. 141 et *sq.*, n. 15, p. 150.

Nous avons rencontré sur la route des porteurs qui allaient à Fianarantsoa. Ils sont d'une race grande et très noire. Ils portent sur l'épaule un gros bambou qui porte de chaque côté une malle de fer-blanc. Et d'énormes bourrelets de chair se sont formés sur leurs épaules. Ils marchent deux par deux et pourtant ne se parlent jamais, même le soir au repas. Ils ne regardent non plus rien pour économiser leurs forces.

Et dès qu'ils sont arrivés, j'en ai vu qui se racontaient l'un à l'autre leur voyage avec de grands gestes et des éclats de rire. Ils jouaient au Fanorona [29], sautaient et étaient heureux pour cinq jours.

Depuis longtemps nous ne savons plus l'heure. Nous mangeons du riz, de petites pierres, et des poulets dans des chambres où l'on ne peut pas se tenir debout; nous voyons des cigognes et de grandes guêpes aux ailes roses.

Près de la route il y a parfois de vieilles femmes qui ramassent les tiges de riz vertes et en font des bouquets; quand nous passons, elles dénouent, pour nous saluer, le chiffon qui est roulé autour de leur tête.

Maromaso voit que le cheval est content dès qu'il mange de l'herbe. Quand il a faim, il veut l'inviter et avale vite cinq ou six pousses. Puis il s'écarte un peu et regarde gravement le cheval.

Pour que nous nous trompions d'une demi-journée il suffit que le soleil se cache. Peut-être allons-nous nous coucher tout à l'heure. On ne sait qu'il est tard que quand la nuit vient, et elle vient si vite que l'on a à peine le temps de se coucher.

Je t'écris d'une petite pièce en briques. Au milieu il y a un feu humide, qui siffle, une marmite noire, ronde, qui a bien du mal à se tenir sur ses trois pierres, au-dessus du feu. Et Georges, Maromaso, les souliers, un manteau noir font le cercle autour du feu et se chauffent comme ils peuvent, sans

---

29. *Fanorona* : jeu de table tenant des dames et du trictrac.

bouger. Moi je suis sec et l'on m'a mis dans un coin, à côté des soubiques de riz et de manioc.

La pluie nous a pris dès que nous avons eu passé Ambohimena. En arrivant il a fallu allumer un grand feu, nous déshabiller et nous frotter avec des bottes de foin.

La pluie tombe toujours, le vent souffle. Je voudrais bien te raconter ce que j'ai vu. Mais on ne voit pas grand-chose quand on voyage. La preuve c'est qu'on est forcé de rechercher des choses extraordinaires qui vous frappent malgré vous, des cascades ou de grands rochers (122).

Les rois de l'Imerina se sont préoccupés beaucoup de trouver à manger pour leurs sujets. Le roi qui a fondé le royaume hova, Andrianampoinimerina, faisait distribuer chaque jour mille bêches à ses sujets. Et ceux qui ne s'en servaient pas étaient punis sévèrement.

Ils finirent par s'en servir. Ils s'aidèrent les uns les autres. Et Andrianampoinimerina fit un grand discours, de la plus haute pierre de Tananarive, pour les remercier. Il leur dit : « Comme je suis heureux de vous voir réunis tous autour de moi, gonflés et gras, luisants et bien ronds. »

Il leur donna des conseils : « Vous commencerez par acheter un poulet de quelques sous, puis une oie, un mouton, et enfin un esclave. »

« Aimez-vous les uns les autres; secourez-vous. D'ailleurs je vais faire une loi qui vous y forcera. »

« Si votre voisin se repose à l'ombre de votre maison, laissez-le faire, et s'il veut vous emprunter du riz, donnez-lui ce que vous aurez. »

« Mais si votre voisin est orgueilleux et ne veut point travailler, laissez-le tout seul et moquez-vous de lui. Forcez-le à quitter le village. Il ne doit pas partager la fumée de vos maisons. »

« Voyez souvent ceux qui habitent autour de vous et secourez-les. Car si l'un d'eux meurt de misère ou de faim, c'est vous qui serez châtié sévèrement. »

« Vivez en paix avec vos voisins. Il vaudrait mieux être mal avec le roi car le roi, on ne le voit guère, mais ses voisins, tous les jours. »

« Seul, vous ne feriez rien, car un arbre ne fait pas la forêt. Un seul doigt ne suffit pas à écraser un pou. »

Et tous les Hova* écoutaient cela, écrasés sur les petits chemins de Tananarive. Leurs manteaux blancs brillaient si vivement qu'on ne pouvait pas les regarder. Les femmes avaient peigné leurs cheveux en petites tresses minces et leur tête semblait couverte d'une grande araignée.

Mais quand les missionnaires vinrent, bien plus tard, les Hova comprirent que ce n'est pas bien important de travailler. Les prêtres, qui ne font rien, sont plus près de Dieu. Ils eurent, ils ont encore une sorte d'idéal de paresse intelligente et calme. La famine qu'Andrianampoinimerina appelait « la méchante femme à la bouche grise » revint souvent quand Andrianampoinimerina fut mort et que le pays fut devenu chrétien (123).

De 1908 datent les premières observations qui conduiront Jean Paulhan à écrire Les Repas et l'Amour chez les Merina. *Par la suite, d'autres remarques viendront confirmer la première impression.*

Pendant longtemps [les Malgaches] ont eu une grande peine pour trouver à manger. La faim s'est entourée chez eux d'une foule de sentiments délicats, comme l'amour en Europe.

Ils ne dînent jamais à plus de trois ou quatre; et il est tout à fait inconvenant d'entrer dans une maison quand les gens sont à table. Ou si l'on entre, ils se lèvent tout de suite et font semblant de faire autre chose.

Même une cuisinière n'ose goûter sa soupe, que si personne ne la regarde.

Et presque tous les proverbes viennent de là. On dit d'un

méchant mari : « Quand il rentre de la chasse, il met une cloison au milieu de sa maison. Il met sa femme d'un côté et il mange de l'autre. »

Et d'un avare : « Quand il mange une anguille salée, il ne songe qu'à ses parents morts. » (Parce que l'anguille est quelque chose de très bon et que les parents vivants en désireraient) (124).

Les histoires qui sont les plus intéressantes c'est parfois difficile de les raconter. En voilà une qui est arrivée à un de mes amis, Garot, un vieux type mais un des plus intéressants d'ici. Je t'en parlerai une autre fois.

Il voulait avoir une fillette de onze ans qui était près de chez lui. Il va voir les parents et ils consentent volontiers. C'étaient des Andevo (de la race des esclaves, pas des Hova). Un jour Garot vient à 8 heures, il leur donne, je pense 1 ou 2 francs et toute la famille s'en va, en laissant la petite seule.

Il est arrivé que la fillette n'a pas voulu. Elle a déchiré la figure de Garot et lui a très bien résisté. Puis à 9 heures il lui fallait partir pour le bureau.

Un mois plus tard Garot a voulu essayer encore. Les parents sont encore partis mais ils ont laissé, avec la première, une autre petite, de six ou sept ans. Elle s'est assise sur la natte au pied du lit. Et quand l'autre se plaignait, elle disait gravement : courage Ramana, il faut bien te tenir (125).

Il faut imaginer que, comme en général ils ont eu de la peine à manger, les aliments sont devenus pour eux quelque chose de très beau et de très noble; autour des repas ils ont mis toutes les délicatesses de sentiments, les complications que l'on met en Europe autour de l'amour.

Ainsi il est affreusement inconvenant d'entrer dans une maison malgache quand la famille est à table ou même de regarder par la fenêtre. Jamais un domestique ne prendra son repas ou ne mangera rien devant vous (126).

J'ai fini ce soir *Les Repas.* C'est la seconde fois que je le finis. Ça a cinquante pages. Une fois retapé j'ai envie de l'envoyer à Georges [30] ou au directeur de *la Revue de Paris.* Ça me fera encore un article de refusé mais au moins je ne l'aurai pas envoyé à la *Revue de Psychologie sociale* (127).

En même temps qu'il étudie la culture malgache, Jean Paulhan apprend la langue, non sans peine, car c'est une langue difficile, agglutinante, avec une voix verbale déroutante, un vocabulaire riche là où le français se montre pauvre et vice versa : exactement de quoi plaire à l'étudiant qui recherche la « différence totale ».

Il est vrai que Jean Paulhan a commencé à étudier le malgache oralement, sans recourir aux grammaires et dictionnaires, en parlant avec ses domestiques, ses voisins et un instituteur malgache. Rapidement, il a su s'entourer de lettrés et d'érudits malgaches comme Ranijao (d'Ambohimanga), Rabefaniraka et surtout le pasteur Randriamifidy. Il travailla méthodiquement, avec ténacité, arrivant rapidement, d'après la rumeur publique, à une très bonne compréhension de la langue et même à une expression aisée.

J'apprends le malgache. Je voudrais me présenter au brevet dans six ou sept mois. C'est une très jolie langue, très douce...

... C'est un instituteur hova qui me donne des leçons et je lui donne des leçons de français (128).

Aux vacances sans doute j'irai passer cinq ou six jours à 20 kilomètres d'ici, avec M. Leblond [31]. Puis je tâcherai

30. Georges Dumas. Voir p. 79 et p. 256, n. 3.
31. Ce n'est ni Marius ni Ary Leblond que J. P. rencontra plus tard à Paris.

d'aller comme pensionnaire dans une famille malgache, ici ou dans la campagne. Ça sera très intéressant et je ferai bien plus de progrès pour parler. Nous en chercherons une avec Rajaona (129).

Aussi je fais des progrès en malgache. Mais c'est une impression désagréable de dire les mêmes choses dans une autre langue (130).

Je commence à devenir très fort en malgache. J'ai défendu à Razafy, à Rafarla et à Rakoto de me parler en français. C'est une langue très douce, gracieuse surtout comme je la prononce (131).

M. Renel démontre que le malgache n'est pas vraiment une langue. Augagneur aussi. Évidemment tout dépend de la définition qu'on donne d'une langue (132).
Je fais des progrès en malgache. Je commence à sentir que c'est agréable de savoir une autre langue. Et le français est une sorte de langue de luxe, une langue que je prends pour t'écrire (133).

Pour l'étudiant frais émoulu de ses examens universitaires, il est tout naturel de préparer le brevet de malgache, ce qu'il fera en deux temps.

Le soir nous travaillons le malgache une ou deux heures. Nous passerons l'examen ensemble. Nous quittons notre maison et nous allons plus haut encore, sur un rocher. La route passe loin en bas. Nous avons deux arbres pour nous seuls. Nous lisons des contes malgaches ou des journaux ou la grammaire (134).

L'examen de malgache sera en janvier. Je me présenterai, nous nous présenterons tous deux. Et comme nous sommes un peu en retard, nous travaillons sérieusement.

Mais peut-être ce sera dur. Les autres candidats sont déjà là depuis trois ou quatre ans. Ils ont beaucoup de pratique et c'est surtout cela que l'on demande (135).

Maintenant nous bûchons ferme pour l'examen. Jamais je n'ai pris un examen aussi au sérieux et dire que je serai probablement refusé. Ça doit vous paraître étrange que je ne connaisse pas encore bien le malgache. Mais c'est vraiment tout à fait difficile. Il n'y a presque pas de fonctionnaire qui le sache, et tous ont longtemps essayé (136).

J'ai passé l'examen de malgache. A la version sur un vieux texte, j'ai été très bon. Mais beaucoup moins dans le thème. J'espère tout de même être admissible. C'est aussi l'avis de Rajaona. (D'ailleurs ça ne prouve rien, parce que sur les choses importantes, il me dit toujours ce qu'il croit me faire plaisir) (137).

Cette fois il y a une bonne nouvelle. Nous sommes tous les deux admissibles au brevet de malgache. Dans toute l'île, on en a admis 13 sur 55 candidats; en apprenant cela nous avons eu une très grande joie et nous sommes descendus en ville pour nous faire féliciter.

Ça a tout à fait raté. La moitié des gens n'avait pas lu l'Officiel. Sur les autres il y en avait qui n'étaient pas sûrs que le malgache fût une langue et d'autres qui avaient commencé à l'apprendre et y avaient renoncé. Alors ça a été froid.

M. Naudon nous a dit : « Je n'avais pas douté que vous seriez admissibles. D'ailleurs en travaillant pendant six mois on doit y arriver.» C'est ça qui nous a le plus vexés (138).

Aujourd'hui c'est encore un beau dimanche. Mais il fait froid. On a froid toute l'année dans ce pays. De là vient la faiblesse des hommes, car étant trop réfléchis ils ne savent pas quand ils ont froid et ne se couvrent pas.

Je suis toujours admissible à l'examen écrit de malgache.

Mais quand passera-t-on l'oral? On ne sait pas. L'examinateur est désigné. Je le connais, il sait à peu près autant de malgache que moi. En ce moment il doit préparer son examen.

On commence à se blaser d'être admissible. J'espère que ça finira bientôt (139).

Aujourd'hui je comptais bien te donner des nouvelles de l'examen. Il est fini, l'oral passé d'une manière quelconque. J'aurais pu mieux. Enfin je m'attends tout de même à être reçu avec bien. Autret, je crois aussi.

Cette année mes cours me plaisent, mais je voudrais quand même les lâcher. Je voudrais habiter dans une case en bois, manger du riz, avoir du temps. Maintenant si je veux travailler sérieusement en dehors de mes cours je n'ai plus de temps pour ne rien faire.

Si nous devenions subitement très riches, télégraphie-moi, je ferai ça et après six mois je reviendrai avec ma thèse (140).

Et puis la nouvelle c'est que je suis reçu avec la mention bien, second de toute la liste pour Madagascar (on n'en a reçu que cinq sur quarante — à part trois de la brousse qui n'ont pas encore passé) et premier des mentions bien. Mais Autret a été refusé à l'oral et ça m'a fait beaucoup plus de peine que je n'aurais cru. Nous avions tout travaillé ensemble, nous étions exactement de la même force. [...]

Il se présentait 7 types de l'enseignement et je suis le seul reçu. Et tous les autres sont ici depuis cinq ou six ans au moins. Le premier de la liste est né à Madagascar et le troisième avait déjà eu deux fois la mention très bien. Aussi ça n'a pas fait un bon effet que j'arrive second « un professeur ça a des relations. Augagneur a voulu le favoriser ». Celui qui vient après moi a dit, solennellement : « Je ne me représenterai plus à un examen où l'on reçoit des gens qui sont ici depuis un an » devant cinq ou six types, dont Renel qui naturellement n'a rien dit.

Maintenant je vais tâcher de faire un petit article sur le double sens des proverbes malgaches. Puis je tâcherai de faire quelque chose sur Andrianampoinimerina. Puis je tâcherai d'avoir très bien à l'examen l'année prochaine (141).

ce qui semble devoir se réaliser.

Je suis admissible à l'examen de malgache avec 20 sur 20. Je m'étais peut-être un peu exagéré mon contresens. D'ailleurs à l'oral je vais sans doute être nommé examinateur (142).

Possédant bien la langue, Jean Paulhan ne se contente plus d'observer les mœurs malgaches; il recherche les vieilles légendes, les récits populaires et les contes.

Voici une histoire malgache :
— Quelle est la personne qui marche devant vous?
— Je ne sais, je ne l'ai pas atteinte.
— Et qui vient derrière vous?
— Je ne sais pas, il ne m'a pas rejointe.
— Pourquoi restez-vous debout?
— Oh, je me suis levée par hasard.
— Pourquoi avez-vous soupiré?
— J'avais envie de bâiller.
— Pourquoi votre esprit a-t-il l'air égaré?
— Mon esprit n'est pas égaré mais je réfléchis.
— Pourquoi pleurez-vous?
— Je ne pleure pas, un grain de sable s'est mis dans mon œil.
— Pourquoi êtes-vous affligée?
— Je le parais seulement, je suis enrhumée.
— Mais pourquoi votre figure est-elle si maigre?
— Ce n'est pas exprès qu'elle est maigre, mais c'est mon fils qui est mort.

Aussitôt, elle se met à pleurer et les gens sont tristes. A quoi bon cacher le malheur qui vous a frappé (143)?

Ihotity partit un jour et monta sur un arbre. Voilà que le vent vint à souffler, l'arbre se cassa et Ihotity tomba. Alors il dit : « C'est bien l'arbre qui est le plus fort, puisqu'il a cassé la jambe d'Ihotity. »

Et l'arbre lui répondit : « Oui je suis fort, mais bien plus fort est le vent qui me déracine. »

Et Ihotity : « C'est donc le vent qui est le plus fort puisque le vent a cassé l'arbre, et l'arbre a cassé la cuisse d'Ihotity.

— Ce n'est pas moi qui suis le plus fort, dit le vent, c'est la montagne qui me coupe.

— Oui, dit Ihotity, la montagne est la plus forte puisqu'elle arrête le vent, le vent qui casse l'arbre, l'arbre qui a coupé la jambe d'Ihotity.

— Et ce n'est pas moi la plus forte, dit la montagne, c'est le rat qui me ronge.

— En effet, dit Ihotity, le plus fort c'est le rat qui perce la montagne, la montagne qui coupe le vent, le vent qui casse l'arbre, l'arbre qui casse la jambe d'Ihotity. »

Il y a encore le chat, et le piège du chat, et le couteau, et le feu — et dans le livre où je l'ai relu il y a Dieu à la fin parce que les missionnaires ont fait le livre. Mais ça n'est pas vrai; dans le véritable conte Ihotity est le plus fort parce qu'il allume le feu, et cela doit le consoler un peu.

Mais c'est surtout le rythme qui est pareil aux contes du midi (144).

La semaine prochaine je vous enverrai l'histoire de Rasotolana. J'ai demandé à un peintre malgache quatre petites aquarelles pour elle [32] (145).

---

32. Rasotolana. Ce petit conte a été retrouvé. Il est écrit de la main de J. P. et illustré de quatre gouaches qui sont restées très fraîches.

C'est à la faveur de ces recherches à caractère plutôt ethnologique et après de patientes lectures d'ouvrages spécialisés que Jean Paulhan découvre la curieuse habitude qu'ont les Malgaches de régler leurs différends avec des discussions en proverbes ou « hain-teny ». Les éléments de ces étranges disputes, en voie de disparition, vont immédiatement le passionner. Et le voilà qui mobilise des instituteurs, dépêche des secrétaires dans les villages, interroge de très vieilles personnes, rassemble des manuscrits... et néglige un peu ses cours.

Je t'écris d'une petite chambre que j'ai louée à Ambohipotsy pour y travailler. Mon secrétaire est assis en face de moi, et nous attendons une vieille dame qui connaît de vieux hain-teny et nous en dira quelques-uns. Déjà, j'ai fait des découvertes fort intéressantes : mais c'est très difficile parce qu'ils prononcent très vite et mal et sans comprendre ce qu'ils disent. Ils ne savent que se répéter du commencement à la fin, sans aller plus lentement que la première fois (146).

J'ai trouvé de vieux livres très précieux; un vieux recueil de règles sur le destin des jours qui montre une curieuse influence arabe (147).

J'ai découvert deux vieux manuscrits malgaches avec des mots et des tournures qui semblent venir du sanscrit et que personne n'avait connus (142).

J'ai trouvé un vieux manuscrit sur le destin des jours. Le lundi, jour des hommes noirs, l'exorcisme se fera avec des morceaux d'assiettes noires, les fruits noirs de la morelle cuite et la terre prise dans un fossé qui n'est pas encore achevé. Parmi les femmes, il y en aura d'un peu folles. C'est-à-dire que leurs enfants seront monstrueux. Ceux dont les cheveux à leur naissance seraient déjà tressés, ou dont les ongles seraient déjà longs, on leur prendra, pour l'offrir en sacrifice, un morceau de cheveu ou d'ongle. C'est un peu plus grand que la religion chrétienne. Mais les Malgaches d'aujourd'hui oublient peu à peu tout cela (148).

Jean Paulhan recueille ainsi plus de trois mille proverbes, classés par thèmes, actuellement conservés dans les archives Paulhan. Mais il ne lui suffit plus de rassembler, il passe à l'action et tente de saisir le sens second, l'usage et la force des hain-teny ainsi que les règles des joutes oratoires.
Les premières tentatives sont encore timides (Un fady malgache[33]*), mais elles lui ouvrent les portes de l'Académie malgache, créée en 1902 par Gallieni.*

Et puis, vous allez être rudement fiers de moi : je serai reçu dans un mois à l'Académie malgache. Et j'aurai dans le prochain numéro du bulletin un article sur de vieilles poésies malgaches que j'ai découvertes.
C'est-à-dire que j'ai découvert le type qui les connaissait : c'est un vieil homme nommé Ramanampaka. Il paraît cent vingt ans et il est un peu fou, mais il semble que les souvenirs de sa jeunesse lui sont revenus brusquement avec une précision complète. Seulement, c'est tout un travail de rétablir ce qu'il dit : il parle extrêmement vite, ne sait pas qu'il y a plusieurs mots dans une phrase et parle dans un très vieux malgache.
Hier soir, j'ai passé quatre heures et demie de suite avec lui. Il marche très mal, ne veut pas se faire porter et quand il part de sa maison le matin, il arrive ici vers sept heures du soir. Alors je ne sais jamais s'il reviendra. Il est à peu près nu et a un ventre comme des toiles d'araignées. Il est petit et courbé; il porte toujours une bouteille d'eau et trois morceaux de manioc dans son salaka* (149).

33. Un fady malgache. Voir p. 193.

C'est bien précieux des vieillards ici. J'aimerais bien me faire Malgache quand je serai très vieux. Au moins on a une valeur, on peut raconter des choses. Au lieu qu'en France, si je raconte l'affaire Dreyfus, on la saura bien mieux dans les livres.
J'ai fait mes débuts à l'Académie malgache, honorableblement. Je n'ai pas très bien su remercier mais j'ai lu une nouvelle communication qui a plu parce qu'elle était très courte. Jusqu'ici le malheureux type qui lisait mes notes les tenait jusqu'à six heures du soir (150).

Jeudi, je fais une nouvelle communication à l'Académie, et ce sont déjà deux chapitres de ma thèse. Puis j'en ferai un troisième pendant les vacances. Je retaperai le tout et je l'enverrai en même temps à B. [34] et à vous (151).

Les proverbes sont minutieusement et méthodiquement analysés en compagnie d'érudits.

Je bûche toujours mes proverbes. C'est un travail. Je m'aperçois que le nombre des vieux proverbes que personne ne comprend plus est considérable. Il faut que j'aille voir de très vieux types.
A Ambohimanga * on m'avait parlé de deux Malgaches de plus de cent ans. Mais c'étaient des femmes à peu près sourdes. Alors je me suis contenté d'un vieux Hova * de quatre-vingt-quinze ans, un type joyeux et énergique, gros, qui soigne lui-même ses caféiers et va de temps en temps se promener à Tananarive ou Ambatolampy [...] (152).

34. B. Paul Boyer (1864-1948), agrégé de grammaire, enseigna le russe à l'École des Langues orientales (chargé de cours en 1891 et professeur en 1894). En mai 1908, il devint directeur de l'École et le resta jusqu'en 1936.

Je travaille toujours les vieux proverbes avec Randriamifidy[35]. J'y passe bien 2 h 1/2 chaque jour et je n'avance pas très vite. Mais c'est très intéressant. [...]
Parfois l'un [des enfants de R.] meurt. Alors tous les parents, et les amis, nous venons visiter Rand. et nous lui portons pliée dans un morceau de papier une pièce de deux sous ou de deux francs, ou de cinq francs « pour le lamba* qui suivra le mort ». Il faut prendre la première pièce que l'on voit, et ne pas choisir.
On ne dit pas, pour l'annoncer : « il est mort » mais la maladie « avance » (153).

J'ai réuni un certain nombre de vieux proverbes malgaches 700 ou 800 qui n'ont pas encore été réunis. C'est que beaucoup sont inconvenants et ils n'ont pas été connus des missionnaires. Je compte les faire paraître au début de l'année prochaine. Il y en a de très intéressants (154).

Nous sommes en vacances depuis quatorze jours et je suis toujours à Tananarive. C'est qu'il me reste à finir les proverbes. J'y travaille le matin, le soir et il m'en reste encore 1000. Mais il n'y a pas un vazaha* qui en sache autant que moi. Puis j'ai trouvé un vieux Malg[ache] qui les comprend presque tous, au moins 8 sur 10 et cela simplifie beaucoup. Seulement il est très vieux et j'ai peur qu'il meure si je m'en vais à la campagne (155).

Ces découvertes, fruit d'une recherche passionnée, pourraient faire l'objet d'une thèse. Jean Paulhan y pense de plus en plus. Il est certain que le jeune homme a quitté Paris avec l'intention d'en commencer une. Il a très rapidement songé à travailler sur Les Repas. Ceci se passait au début de 1908

---

35. Randriamifidy, pasteur protestant et érudit malgache.

alors que Jean Paulhan était encore fortement influencé intellectuellement par son père. Il était, comme lui, un observateur attentif qui décrivait et analysait les comportements individuels et sociaux. Il penchait même vers l'ethnologie. A cette époque, sa connaissance imparfaite de la langue malgache le portait tout naturellement dans cette direction.

Je crois que je prendrai comme sujet de thèse, si on le prend : *L'amour et la faim chez les Malgaches.* Il y a eu une sorte de renversement et les repas sont entourés ici d'autant de sentiments délicats que l'amour en France. Il y aurait des choses intéressantes (156).

A peine plus tard, il est aussi tenté par les lieux communs et les proverbes,

Je songe à faire ma thèse sur les proverbes et les lieux communs de la langue malgache. Je crois que ça serait intéressant, et si j'étais resté en France j'aurais voulu faire cela pour le français.

Il y a une observation fine et gracieuse qui rappelle, il me semble, celle des Japonais. D'ailleurs les Malgaches me paraissent très près des Japonais et des Chinois. Ils sont certainement de la même race (les Hova, bien entendu) et leur ressemblent aussi physiquement (157).

mais c'est en 1909 seulement que Jean Paulhan prend conscience du riche et vaste champ de travail que lui offrent les hain-teny populaires d'un point de vue philosophique aussi bien que littéraire.

Décidément, je pense que je ferai ma thèse sur les proverbes et leur rôle dans la conversation. Les Malgaches raisonnent à l'image des proverbes, si on peut dire, comme nous à l'imitation de la géométrie ou des sciences (158).

Peut-être vais-je faire quelque chose sur le double sens des proverbes malgaches. J'ai trouvé que la plupart avaient deux sens un tout à fait moral pour les pasteurs européens — et un tout à fait inconvenant, pour eux (159).

Les travaux de Jean Paulhan sur la littérature malgache, ses « mauvaises » fréquentations ne sont guère appréciés de l'Administration. Il n'est pas non plus dans la bonne ligne politique et sa « culture peu ordinaire » est embarrassante. Tout ceci devient irritant, suspect. La réputation du professeur en souffre. Un léger relâchement dans son travail servira de prétexte à un dénigrement systématique. Les rapports administratifs le concernant, fort laudatifs en 1908, deviendront franchement négatifs en 1910.

Professeur très intelligent, d'une parfaite tenue et possédant une excellente culture générale; acquerra vite l'instruction professionnelle qui dans l'enseignement secondaire est le fruit de l'expérience. A su de suite intéresser ses élèves et se faire aimer d'eux; très apprécié des familles.
Tananarive, le 16 octobre 1908.
Ch. Renel

M. Paulhan s'occupe beaucoup de la langue et des mœurs malgaches;
M. Paulhan est un bon professeur, dévoué à l'établissement et aux élèves, estimé des parents.
Tananarive, le 31 octobre 1909.
E. Moguez

Culture générale très développée, mais esprit un peu utopiste; a besoin encore de développer par l'expérience son instruction professionnelle. Fait preuve d'ailleurs de beau-

coup de dévouement envers ses élèves et est estimé des parents.
Tananarive, le 4 novembre 1908.
Ch. Renel

Moguez est allé voir Augagneur avant son départ. Il a été bien reçu. D'ailleurs il n'avait rien à demander.
« M. Paulhan...
— Foutez-moi la paix avec Paulhan. Un original. Toujours chez ses Malgaches? »
Ce sont aussi un peu les siens. Tout de même il a promis un nouveau professeur qu'il va nous expédier après l'avoir choisi lui-même (160).

M. Paulhan — qui a un esprit tout à fait distingué et qui possède une culture générale peu ordinaire — a eu le grand tort, cette année, de négliger par trop ses devoirs professionnels pour ne plus s'occuper que d'études malgaches. Ses classes ont été négligées, les devoirs n'ont pas été corrigés et les familles des élèves ont été mécontentes.
Tananarive, le 28 septembre 1910.
E. Moguez

Voilà qui est net, Jean Paulhan est devenu tout à fait indésirable. Fort heureusement, celui-ci ne tient pas du tout à revenir : il n'y a pas d'avenir pour lui à Madagascar, il est en butte à l'hostilité générale et surtout, il est séparé des siens, ce dont il souffre; il ne l'avoue pas facilement, mais cela perce souvent à travers ses lettres.

Quand je suis venu dans ma maison pour la première fois, il y avait dans le jardin un vieux marchand chinois qui vend des tapisseries. Il était assis contre le petit mur en briques rouges et il m'a dit : « Bôjour » très poliment.

Puis tout en bas de l'escalier, il y avait quatre dames noires. Il y avait les deux femmes de chambre que j'ai retenues et chacune d'elles en avait amené une autre. Toutes les quatre étaient assises sur les marches, bien repliées, le menton sur les genoux. Elles ont souri et elles m'ont toutes dit ensemble : « Bonjou micieu. »
En haut, il y avait le vieux pasteur qui m'a loué la maison. C'est un pasteur hova qui se méfie de tout le monde et qui fait exprès de rire. Il y avait aussi un boy qui frottait le parquet avec un tas d'herbes vertes. Et je me suis senti tout à coup tout à fait seul (161).
Comme tu es brave de songer que vous pourriez venir à Madagascar. Je ne sais pas trop ce qui arrivera mais jamais quand je serai rentré je ne vous quitterai encore pour trois ans. Comme ça sera bien quand je reviendrai (162).

C'est bon et c'est très triste aussi de recevoir vos lettres : comment avons-nous pu nous séparer pour si longtemps. D'habitude je n'ose pas y songer quand j'écris mais il y a encore autant de temps avant de nous revoir que nous nous sommes quittés. Et depuis un mois je n'ai pas reçu de lettres [...] (163).

Ah je voudrais quitter pendant cinq mois tous ces catholiques, ces protestants et ces anticléricaux et chercher toutes ces vieilles croyances et ces vieux chants qu'ils ont perdus. Jamais ils n'ont voulu me les dire. [...]
Je suis absolument décidé à rester en France à mon retour. Je ne veux pas me séparer encore de vous : mais il faudrait que je trouve une place à Paris, pour que nous puissions tout à fait nous voir (164).

et Jean Paulhan fait des projets fous.

Voilà ce que je veux faire : dans un an j'aurai mon brevet de malgache, dans trois ans je reviendrai avec ma thèse.

Après six mois je serai docteur. Alors je serai mineur d'abord, si Riemann [36] est encore en Belgique, puis menuisier dans les Pyrénées.

Entre-temps je serai devenu redoutable à la pelote basque. Après deux ans je partirai jouer les matches de Montevideo. Je ne resterai que huit mois, la saison, en Amérique. Je reviendrai par Tahiti.

On s'apercevra, à ce moment, que l'enseignement est très mal compris à Madagascar, qu'il est inutile d'apprendre le français aux enfants de la brousse qui passent deux ans à l'école, deux heures et demie par jour, et que cela ne leur sert qu'à oublier un peu le malgache. On inscrira le français pour les écoles supérieures de Tananarive.

Les Malgaches apprendront un peu moins le français et les Français un peu plus le malgache. On se rendra compte qu'il est absurde de demander à un enfant betsimisaraka, par exemple, d'apprendre à la fois le betsimisaraka, le hova, et le français alors que les écoliers français n'arrivent même pas en dix ans d'études à savoir une langue vivante. On ne lui fera apprendre que le hova qui est plus près de son imagination et qui lui servira seul. Par contre, on remarquera qu'un fonctionnaire qui est grand et raisonnable peut très bien passer une heure par jour à parler le hova.

On ne fera pas lire de livres français aux enfants. On comprendra qu'il est stupide de leur enseigner que toute tyrannie est insupportable et que le seul bonheur est d'être un pays libre.

On tiendra les Malgaches à l'écart, systématiquement, de la culture et des idées françaises. Mais on leur donnera toute la liberté de suivre leurs anciennes institutions, et on les y encouragera. On les perfectionnera dans l'étude de leur langue. Enfin on ne cherchera pas à en faire, comme Augagneur, des Français incomplets, mais de vrais Malgaches.

36. Riemann était un ami intime de J. P. Voir Cahier n° 1, p. 51.

Ce jour-là je serai nommé directeur de l'Enseignement à Madagascar. Nous y viendrons tous (165).

Ne crois-tu pas qu'à Paris un petit magasin d'objets malgaches sur les grands boulevards réussirait bien?

Il faudrait alors avoir ici un atelier d'ouvrières : on pourrait leur donner de nouveaux modèles, leur en faire inventer. En corrigeant un peu les rabanes brodées (les raccords des dentelles sont très mal faits), on arriverait à ces choses ravissantes.

On verra ça après. J'ai déjà été professeur assez longtemps et dans deux ou trois ans je changerais bien (166).

Aussi, tous trois Riou, Autret et moi nous rêvons d'aller coloniser la France : nous achèterons en Bretagne une ferme de 12 hectares : j'y créerai la section aviculture, et nous aurons un commerce très actif à la fois avec l'Angleterre et avec Paris. Nous gagnerons beaucoup d'argent. D'ailleurs le rapport de ces fermes est toujours sûr, la main-d'œuvre ne coûtant presque rien.

Mais elles sont chères? Cela ne fait rien parce que nous serons trois. Je pourrais te donner une campagne tout près de Paris (167).

A peine moins fou ce projet d'enseigner à l'École des Langues orientales.

Mais je t'en prie, songe un peu à moi si tu vois quelque chose que je pourrais faire à Paris. Évidemment professeur de malgache, ça serait l'idéal : mais à l'École coloniale on doit réserver ça aux vieux administrateurs; et à l'École des langues ça m'ennuierait de le demander à M. Boyer.

Enfin, j'aurai six mois pour trouver, mais si je suis en France il faut que nous soyons ensemble (168).

Je crois que le professeur de malgache est Ferrand[37] en

37. Gabriel Ferrand (1864-1938), diplômé de l'École des Langues orientales pour le malais, séjourna dix ans à Madagascar où il devint

ce moment. Il n'est pas très fort : il a écrit une grammaire remplie d'erreurs et je sais plus de malgache que lui. Mais il a une instruction générale bien plus étendue que moi : il connaît très bien l'arabe et le malais. Est-ce que cela n'est pas nécessaire pour entrer à l'École des langues orientales (169)?

Et voici qu'on lui propose officieusement, en février 1910, d'enseigner le malgache à l'École!

J'ai été très heureux de ta lettre et de la nouvelle; maintenant je m'y suis un peu habitué et il me semble que c'est tout naturel, mais j'ai passé quelques jours dans un grand enthousiasme. Rester près de vous et tout de même ne pas abandonner le malgache, c'était tout à fait inespéré (170).

Inespéré mais non miraculeux; Jean Paulhan était le fils de Frédéric Paulhan et par sa mère cousin du célèbre professeur Georges Dumas (dont il avait d'ailleurs suivi les cours). Paul Boyer, directeur de l'École depuis peu, était un ami de Frédéric Paulhan. Enfin les brillants résultats du jeune homme au brevet de malgache, ses travaux sur les proverbes ont dû jouer en sa faveur. Les difficultés venaient de ce que le poste était déjà pourvu, d'où la sombre histoire déjà évoquée dans le cahier n° 1 [38].

---

vice-consul. Travaillant sur des manuscrits arabico-malgaches, il publia en 1891 *Les Musulmans à Madagascar et aux Iles Comores*, puis soutint en 1909 une thèse : *Essai de phonétique comparée du malais et des dialectes malgaches*. Il fit également des recherches poussées sur le peuplement de Madagascar. D'après les archives de l'I.N.A.L.C.O., il n'a jamais enseigné à l'École des Langues orientales.
38. Alfred Durand (1862-1914), d'abord administrateur des colonies, fut nommé chargé de cours de malgache à partir de 1898. Il a écrit quelques manuels pratiques de langue malgache, dressé des cartes régionales de Madagascar, mais s'est surtout intéressé aux problèmes touchant les fonctionnaires coloniaux (licenciements, cures thermales, etc.). Il fut remplacé par J. P. mais reprit son poste l'année suivante.

B. m'a écrit une lettre très sympathique. Il paraît tout à fait convaincu que la linguistique est une science et me dit qu'il fait son affaire de la réception de ma thèse sur les proverbes. Pour la seconde, il me demande de prendre un sujet de linguistique; je lui en ai aussitôt proposé un : *le verbe relatif en malgache* (171).

Mais la nomination tarde et Jean Paulhan se remet au travail de plus belle.

Je me suis mis au malais et à l'arabe, mais la linguistique générale me paraît assez rasante (172).

En août, j'irai à Antsirabe, en automobile, et je m'installerai à l'hôtel. J'ai également l'intention de ne rien faire, sauf préparer l'impression de mon livre de hain-teny : *Hain-teny ny ntaolo nango-nina sy nalahatry* J. Paulhan (réunis et ordonnés par). Ça fera très bien sur la couverture. Puis c'est honorable d'avoir publié un livre (173).

Nouvelle lettre de B. toujours très sympathique. Une grande affiche de l'École. Une demande de programmes détaillés pour l'annuaire et résumés pour l'affiche. Je les établis définitivement aujourd'hui : ils sont très bien.
Cela réussit trop bien et je commence à être un peu inquiet. J'épuise toutes les chances de la vie en un seul coup. J'ai une sensation de ce que l'on appelle la Providence. Toussaint qui est plus enthousiaste que moi me crie de sa fenêtre quand je le quitte : « C'est un don des dieux! » (174).

Je ne sais pas encore quand je vais revenir. Peut-être, je ne serai pas nommé et je ne viendrai qu'en février. Ce serait rudement dur (175).

Il n'est encore rien arrivé [...] Et serai-je encore nommé? Cela commence à me sembler douteux [...] Si je ne suis pas nommé, cela m'aura toujours fait travailler un peu plus. Ma thèse avance, et une fois docteur, je trouverai bien moyen de rester en France. Mais comme il y a encore longtemps, alors, avant que je vous revoie (176).

La nomination officielle a dû arriver en octobre, peut-être accompagnée d'une demande de répétiteur. Un journal malgache signale le fait aussi conventionnellement que possible.

Nomination
M. Paulhan, professeur à Tananarive, est nommé professeur de langue malgache à l'École des Langues orientales.

M. Paulhan est ce que l'on peut appeler dans toute la force du terme un bûcheur et la nomination dont il bénéficie est le fruit d'un labeur persévérant.

M. Paulhan prépare une thèse sur les proverbes malgaches : Hay-teny qui recevra, à n'en point douter, l'accueil qu'elle méritera.

Nous lui adressons nos bien sincères félicitations.

M. Moguez perd un excellent collaborateur.
[...] (177).

J'apporterai à Boyer, comme répétiteur, un nommé Rakototovao qui est peintre, bruyant, naïf et assez sympathique et sauvage. J'aurais bien préféré emmener une ramatoa*, mais Devaux dit que cela ne peut pas se faire avec les mœurs européennes actuelles (178).

L'accord étant enfin général, il ne reste plus pour Jean Paulhan qu'à passer devant le Conseil de Santé, lequel avance le départ de deux mois.

Certificat du conseil de santé
M. Paulhan est atteint d'anémie palustre (affection endémique). Temps de séjour 33 mois.

En conséquence, il est dans la nécessité de rentrer en France pour y rétablir sa santé et y jouir d'un congé de convalescence de trois mois. Pourra revenir dans la colonie à l'expiration de son congé.
Tananarive, le 24 octobre 1910.

Ce n'est pas fini; on craint tant de voir revenir le loup dans la bergerie que Moguez est chargé, en 1911, de rédiger un rapport sur Jean Paulhan auquel Renel ajoutera une note confidentielle définitive.

Rapport de M. Moguez
[...]
M. Paulhan, à cette époque [en 1909], m'a paru plein de zèle. Il défendait énergiquement en paroles les intérêts de l'établissement auquel il était attaché.
[...]
Les classes de M. Paulhan, dans cette année scolaire [1910] ont uniquement consisté en conversation entre maître et élèves, sur des sujets intéressant l'histoire et les mœurs malgaches, matière dans laquelle étaient pris les textes de compositions françaises qui, comme je l'ai dit, n'étaient pas corrigées, je dis par principe, parce que M. Paulhan a émis la théorie que les devoirs de français ne devaient pas être corrigés.
[...]
Enfin l'état de santé de M. Paulhan a été tout à fait déplorable, au moins pendant les dix derniers mois de l'année 1910.
[...]
En réalité, dès septembre, M. Paulhan ne faisait plus qu'un service intermittent au collège. Tout le personnel, au début, s'est efforcé de le suppléer dans la mesure du possible. M. Paulhan a abusé de la bonne volonté de ses collègues

inférieurs dans la hiérarchie, tels que les répétiteurs et le professeur des classes élémentaires.
[...]
Tananarive, le 19 février 1911.
E. Moguez

A noter que les « fréquentes absences de M. Paulhan » se ramènent, d'après le rapport même, à 20 jours en 10 mois et que M. Philippe Micouin, élève de Jean Paulhan en troisième, en 1910, parle avec plaisir de la qualité des cours de français et ceci, avec un ton de sincérité qui ne peut tromper [39].

Confidentiel
Comme suite à notre entretien du 27 courant, j'ai l'honneur de vous adresser un projet de décision licenciant de ses fonctions M. Paulhan, professeur au collège de Tananarive. Il serait à désirer que le département fût avisé par câblogramme de cette décision. Car si M. Durand, prédécesseur de M. Paulhan à l'École des Langues orientales vivantes, était réintégré dans ses fonctions, M. Paulhan songerait sans doute à revenir à Madagascar.
Tananarive, le 28 février 1911.
Ch. Renel

39. Extrait d'une lettre de M. Micouin du 20 février 1981. « Je puis assurer que dans la classe où je me trouvais en 1910, celle de troisième, les devoirs de français étaient très intelligemment et très consciencieusement corrigés par notre professeur Jean Paulhan et qu'aucun de nous n'a jamais eu le soupçon qu'il pouvait en être autrement dans les classes voisines. En classe de français, il n'était question que de français : littérature et grammaire. Si l'on désire à tout prix adresser un reproche à Jean Paulhan, ce serait plutôt le reproche inverse : celui d'être allé au-delà du programme et de nous avoir élevés à un niveau supérieur au niveau moyen de la troisième, ce dont nul d'entre nous ne se plaignait.
« A mon avis, M. Moguez a eu tort de prendre à la lettre certaines boutades de Jean Paulhan qui, sauf erreur de ma part, ne détestait pas les délices du paradoxe. »

Outre la version administrative du départ de Jean Paulhan, il y a celle de l'intéressé relatée par son ami L. Chevasson.

Un jour Jean Paulhan m'a raconté (ce devait être à propos de la publication des poèmes malgaches) comment il avait dû quitter Madagascar. Je ne sais plus exactement dans quelles circonstances il avait été amené à tuer un homme dans une lutte. Celui-ci était méprisé par les Français et haï par la population indigène qui a aidé à maquiller le meurtre en suicide. Mais il était trop flagrant pour tromper la justice. Étant donné la personnalité de la victime, la haine qu'elle avait suscitée par ses actes, le gouverneur convoqua Paulhan et lui dit que l'affaire n'aurait pas de suite à la condition expresse qu'il quitterait le territoire sans le moindre délai.

J'en parlai un jour à André Malraux qui me confirma le fait, qu'il tenait sans doute de Paulhan lui-même.

L. Chevasson [1979].

Ce témoignage de Louis Chevasson au sujet d'une affaire que Jean Paulhan avait racontée à ses plus proches amis laisse rêveur.

D'une part la lecture factuelle des lettres de 1910 ne laisse percevoir aucun trouble dans les événements, aucune précipitation anormale du départ. Tout se passe très « réglementairement ». D'autre part, la lecture psychologique de ces mêmes lettres ne révèle pas le moindre changement de ton. Ces lettres accusent très progressivement la fatigue due au paludisme, le dégoût pour une société médiocre, mesquine et arriviste, l'ennui venant de la routine et des tracasseries administratives et enfin le désir de plus en plus pressant de se retrouver à Paris.

Et pourtant Jean Paulhan a écrit « Aytré qui perd l'habitude ». Aytré, Autret, deux noms bien proches! Jean Paulhan s'est-il libéré d'un secret, quelque peu transposé, par le biais d'un récit? S'est-il attribué, comme il le faisait parfois, les actes de son camarade, sur lequel il émettait quelques réserves? A-t-il fini par y croire? Ou bien voulait-il, en racontant cette histoire, éprouver son interlocuteur, jauger sa confiance, apprécier ses réactions? Nous ne le saurons pas. C'était son « petit bagage personnel » [40].

40. C'est en voyant le film de Chabrol (1962) que Jean Paulhan découvrit — et apprécia fort — cette ultime réplique de Landru.

CHRONOLOGIE

Novembre 1907 : J. P. est recruté par le gouverneur général de Madagascar, Augagneur.
10 décembre 1907 : Embarquement à Marseille sur l'*Oxus*.
5 janvier 1908 : Débarquement à Tamatave.
9 janvier 1908 : Arrivée à Tananarive.
1908, 1909, 1910 : Professeur de lettres (français, latin, morale et philosophie).
Juin 1909 : Reçu au Brevet de langue malgache avec mention Bien.
Mai-août 1909 : Chargé de faire une série de cours en langue malgache aux professeurs et instituteurs malgaches de Tananarive.
24 février 1910 : 1re communication à l'Académie malgache.
24 mars 1910 : Élu membre correspondant de l'Académie malgache.
28 avril 1910 : 2e communication à l'Académie malgache.
26 octobre 1910 : Reçu au Brevet de langue malgache; mention Très bien.
3 novembre 1910 : Départ de Tananarive.
10 décembre 1910 : Arrivée à Marseille.

DATES ET DESTINATAIRES DES EXTRAITS DE LETTRES.

J. : Jeanne Paulhan
S. : Suzanne Paulhan
F. : Frédéric Paulhan

J. D. : Jean Dumas
C. D. : Charles Dumas
D. : Dumas

1. 01 06 08 J.
2. 19 09 09 J.
3. 20 03 10 S.
4. 20 03 10 S.
5. 13 02 08 J.
6. 13 02 08 J.
7. 15 04 08 J.
8. 15 04 08 J.
9. 06 08 J.
10. 15 01 08 S.
11. 02 03 08 S.
12. 02 03 08 S.
13. 07 06 09 J.
14. 10 03 09 J.
15. 15 02 08 S.
16. 15 02 08 S.
17. 15 05 08 S.
18. 15 05 08 S.
19. 11 03 09 J.
20. 02 06 08 J.
21. 16 11 08 S.
22. 28 12 08 S.
23. 14 09 08 S.
24. 01 06 08 J.
25. 01 06 08 J.
26. 16 04 08 J.
27. 16 07 08 J.
28. 11 09
29. 12 09
30. 30 07 10 S.
31. 15 01 08 S.
32. 01 02 08 S.
33. 20 03 08 S.
34. 15 02 08 S.
35. 17 08 08 J.
36. 01 11 08 S.
37. 28 12 08 S.
38. 01 02 08 S.
39. 18 03 08 J.
40. 01 06 08 J.
41. 26 03 08 J.
42. 16 04 08 J.

43.	01	07	08	S.	82.	20	10	09	J.
44.	16	04	08	J.	83.		11	09	J.
45.		05	08	J.	84.	02	10	08	S.
46.		06	08	F.	85.	01	09	08	S.
47.		06	08	J.	86.	07	06	09	S.
48.	01	11	08	S.	87.	02	05	09	S.
49.	02	10	08	S.	88.	20	10	10	S.
50.	16	10	08	J.	89.	17	02	09	J.
51.	01	07	08	S.	90.	17	08	08	J.
52.	01	07	08	S.	91.	01	11	08	J.
53.		02	09	S.	92.	07	06	09	J.
54.	01	09	09	J.	93.	15	05	09	J.
55.		02	09	S.	94.	01	06	08	S.
56.		02	09	J.	95.	16	05	08	S.
57.	01	12	09	S.	96.	01	14	08	S.
58.	10	04	09	J.	97.	01	04	09	S.
59.	31	05	09	S.	98.			08	
60.	16	06	09	S.	99.		01	10	F.
61.	01	01	10	S.	100.	16	10	08	J.
62.	20	02	10	J.	101.	01	04	08	S.
63.		08	10	S.	102.	16	02	08	S.
64.	14	09	10	S.	103.	15	03	08	D.
65.	20	05	10	S.	104.	13	03	08	D.
66.	18	04	08	J. D.	105.	01	07	08	S.
67.	12	09	08	J.	106.	01	07	08	S.
68.		06	08	F.	107.	14	09	08	S.
69.	01	07	08	J.	108.	18	04	08	C. & J. D.
70.	01	04	09	J.	109.	01	07	08	J.
71.	15	01	08	S.	110.	16	04	08	J.
72.	12	02	08	S.	111.	20	10	09	J.
73.	18	03	08	S.	112.	20	11	09	S.
74.	01	07	08	S.	113.	15	04	08	J.
75.	15	01	08	S.	114.	01	05	08	J.
76.		06	08	F.	115.		06	08	F.
77.	31	03	09	J.	116.	15	01	08	D.
78.	01	01	10	J.	117.	16	07	08	S.
79.	17	02	09	J.	118.	16	11	08	J.
80.	01	06	08	J.	119.	15	11	08	J.
81.	20	10	08	S.	120.		12	08	J.

121.		12	08	J.	150.	02	03	10	S.
122.	16	02	08	S.	151.	20	03	10	J.
123.		12	08	J.	152.	19	08	09	S.
124.	15	03	08	D.	153.	19	09	09	J.
125.		06	08	F.	154.	20	10	09	J.
126.	16	12	08	S.	155.	30	11	09	J.
127.	16	06	09	J.	156.	01	06	08	J.
128.	01	02	08	S.	157.	16	07	08	J.
129.	01	04	08	S.	158.	01	02	09	J.
130.	16	04	08	J.	159.	07	06	09	J.
131.	16	04	08	J.	160.	01	11	09	S.
132.		06	08	F.	161.	01	02	08	S.
133.	16	10	08	J.	162.		06	08	J.
134.	14	09	08	S.	163.	07	06	09	J.
135.	01	11	08	J.	164.	20	10	09	J.
136.	19	12	08	J.	165.	16	07	08	J.
137.		02	09	J.	166.	21	10	09	S.
138.	02	05	09	J.	167.	20	09	10	J.
139.	15	05	09	S.	168.	20	11	09	J.
140.	30	05	09	J.	169.	20	10	09	
141.	16	06	09	J.	170.	20	02	10	F.
142.	01	09	10	J.	171.	20	02	10	S.
143.	15	04	09	S.	172.		06	10	J.
144.	01	06	08	J.	173.	30	07	10	J.
145.		08	18		174.	30	07	10	J.
146.	20	03	10	J.	175.	01	09	10	S.
147.	19	09	10	S.	176.	20	09	10	J.
148.	20	10	10	S.	177.	sans	date.		
149.	20	02	10	F.	178.	20	10	10	S.

VOYAGES — LA VIE QUOTIDIENNE

Ambohimanga [1]
14-24 avril 1908

Ces notes de voyage, sans doute prises au jour le jour, ont été retrouvées en désordre. Un récit analogue envoyé à Jeanne ou Suzanne Paulhan a permis de remettre un peu d'ordre dans le texte.

Le soir, quand je rentre, l'air est couvert de corbeaux qui crient « Rra RRaaaa ». On dirait qu'ils s'étranglent. Ce sont les corbeaux qui ont sauvé Andria [2].
Je redescends lentement au palais. Il y a toute une forêt à traverser pour venir chez moi. L'air est sombre. Il y a des Malgaches qui montent doucement dans leurs manteaux blancs. Ils passent près de moi et disent quelques mots.
Un vieux travaille encore. Il est assis au bord d'un fossé et

---

1. *Ambohimanga*, ville royale, est située au nord de Tananarive, à une quinzaine de kilomètres.
2. Les assaillants chargés par Andrianzafy de tuer le roi Andrianampoinimerina réveillèrent, au bruit de leurs pas, des *corbeaux;* ceux-ci, tournoyant et croassant, réveillèrent à leur tour le roi qui fut sauvé.
On raconte également que les corbeaux, par leurs cris interprétés par les devins royaux, avertirent Andrianampoinimerina de l'arrivée d'une armée...
Par reconnaissance pour les corbeaux ses amis, le roi défendit de les tuer.

avec sa longue angady *, qu'il a du mal à remuer, il coupe les herbes à sa droite et à sa gauche, tout autour de lui, autour de ses pieds.

Le chemin est long. Et c'est étrange d'être frôlé par tous ces gens blancs et silencieux qui ont seulement l'air de se réveiller un peu quand ils sont près de moi.

Et maintenant je suis bien installé. J'ai sur la chaise un grand pot rouge plein d'eau fraîche. Et mon lit, et même une table. Mais Rabenarivo reste là. Il s'est assis sur le petit escalier qui mène à sa chambre; il me regarde paisiblement et si je le regarde à mon tour, il détourne lentement les yeux.

Je ne sais pas pourquoi il reste et il faut bien que je lui parle. Je lui parle malgache, je m'applique à chercher mes mots, et de temps à autre, je regarde dans mon dictionnaire. Il me répond et je comprends très bien. Puis il me demande en français : « Peut-être vous voulez apprendre le malgache? — Oui. »

Il réfléchit un peu et me dit : « Moi je voudrais bien apprendre le français. »

Et il reste encore assis longtemps sur sa marche, aussi tranquille que s'il était seul.

Encore je n'ai guère vu Iketaka. Des fois elle vient me regarder par-dessus l'épaule de sa mère ou de son père. Elle a un grand nez droit et des yeux mous et tranquilles.

Ils m'ont reçu comme s'ils m'attendaient depuis deux ans. Le soir nous mangeons tous ensemble, sur une grande natte que l'on a allongée à terre. Nous nous asseyons. Il y a une grande assiette pleine de riz épais et blanc, de la viande cuite dans une sauce noire et des brèdes * dans de l'eau verte et jaune.

Nous mangeons deux à deux dans la même assiette. La viande on la prend avec les mains. On met dans l'assiette, ensemble, le riz, la sauce et l'eau des brèdes. On prend une grande bouchée et l'on donne sa cuillère au voisin. Il se sert aussi. L'on mâche doucement le riz qui ressemble à de la colle amère et parfumée aux herbes. Puis la cuillère vous revient.

Et quand le repas est fini, Iketaka porte une assiette pleine d'eau. D'abord nous nous lavons les doigts, puis du doigt mouillé nous nous frottons les dents de devant.

C'est fini et tous les repas sont pareils. Il n'y a plus qu'à rouler la natte et à la mettre dans le coin où elle restera jusqu'au soir.

Elles sont habillées d'une grande chemise de nuit blanche. Ce matin elles sont venues écosser des pois avec moi.

Iketaka, dès que je lui parle, a l'air toute perdue. Elle est toute repliée dans son grand manteau, elle est assise sur ses pieds et on ne voit que sa tête qui a l'air très grosse. Mais elle se cache aussi la tête dans son manteau.

Mais dès qu'elle me répond, elle relève la tête naturellement. Elle me parle d'une manière si posée et si tranquille que, à mon tour, je me sens intimidé. Et je me dépêche de recommencer à parler.

Elle a une petite sœur. Elle l'emmène partout, au marché et au jardin. Quand elle veut la caresser, elle lui passe la main sur la figure.

Sa mère est douce et tranquille. Elle a de bons yeux jaunes, une figure ronde et deux grandes taches noires sur les joues un peu roses.

Ce matin Ratsibe a pris la valiha* dans un coin de la chambre. Il la prend entre ses jambes serrées. C'est un long roseau. Et nous allons tous l'écouter.

Il y a là sur la natte un homme que je n'ai pas encore vu. Comme il a l'air triste et humble je le prends d'abord pour un mendiant. Mais son lamba* est neuf.

Nous sommes tous couchés sur la natte. En haut, contre le toit, le dîner se prépare. On voit les bras nus et la tête penchée de Rafotsibe. Un rayon de soleil qui traverse les tuiles est plein de fumée.

Ratsibe joue tranquillement. Puis l'autre homme lui demande la valiha et se met à jouer. Il touche les fils de ses ongles longs, avec précaution et la valiha pousse de petits cris aigus.

Les fillettes arrivent. D'abord elles s'asseyent l'une à côté de l'autre et se regardent. Mais elles s'ennuient vite. Elles se fâchent et l'une donne une tape à l'autre. Aussitôt toutes deux ensemble se mettent à pleurer.

Rafotsibe descend de la cuisine par l'échelle. Ratsibe fume et regarde par la fenêtre, la route rouge. Mais le joueur de valiha n'entend rien. Il joue seulement pour lui. La valiha pousse des cris plaintifs. Il a l'air plus misérable et plus pauvre que tout à l'heure.

Ratsimanana caresse d'abord sa petite fille. Il lui passe sa grosse main sur la figure et il tire ses petits cheveux qui sont coupés en chemins de rat.

Puis il voit que les ongles de ses doigts de pied sont trop longs. Il prend son pied dans la main et coupe les ongles avec son couteau. Chaque fois la petite crie : encore un de fini. Encore un.

Et quand c'est tout à fait fini, l'autre petite fille noire qui est là sur la natte prend dans ses mains les pieds de Ranainina et les regarde curieusement.

Nous sommes allés chez le menuisier demander des raquettes en bois. Une petite fille, nue jusqu'à la taille, est mise sagement à l'ombre d'une colonne. Et quand nous passons elle nous crie : Akory kory [3].

Nous avons vu le menuisier et quand nous revenons elle est toujours là, mais le soleil a bougé un peu et elle a tourné avec l'ombre. Et maintenant elle s'est un peu endormie.

Ce matin il n'y a encore que la vieille natte par terre. Elle est pleine de trous noirs et elle se creuse aux trous du sol.
Un petit paquet blanc est assis devant le fourneau. C'est Iketaka. Il ne sort de son lamba qu'une touffe de cheveux et deux petites mains qui balancent lentement un carton devant la porte du fourneau de terre rouge.
La chandelle est une mèche trempée dans de la graisse de bœuf. Elle est en haut d'un chandelier de bois à la tige mince.
J'ai découvert qu'Iketaka avait une grande sœur, et ce soir on lui demande : Veux-tu chanter Faralahy?
Elle regarde sa mère, puis moi. Elle a honte et se cache vite la tête dans le manteau d'Iketaka. Puis elle crie : Oh une belle, je la sais.
Et elle commence à chanter : Maraina dia maraina [4]... mais son frère rit et elle éclate aussi de rire.
Alors elle va vite dans l'escalier. Puis elle revient avec trois petites filles : elle les range autour de la bougie. Et elles vont chanter sérieusement toutes les trois.
Elles sont assises sur la natte, en rond. Leurs pieds nus s'appuient au chandelier [5]. Et la plus petite que Faralahy

3. *Akory kory* : comment allez-vous?
4. *Maraina di maraina* : de très bon matin, à la pointe du jour...
5. *Le chandelier de pierre* est de grande taille et stable.

est allée chercher bâille et ne regarde rien. Toutes sont nues sous leurs manteaux blancs. Quand il fait froid, elles se serrent davantage contre l'étoffe.

La flamme est pâle. Et dans leur ombre il fait si noir que la pièce a l'air profonde.

C'est la mère qui ouvre le livre. Et toutes, quand elle a commencé, chantent doucement des cantiques. Deux petits garçons qui sont venus sur l'escalier écoutent et passent leur tête entre les barreaux.

Il fait froid le soir. Une sonnette traverse tout le village. Et les enfants savent qu'il ne faut plus sortir jusqu'à demain.

Il fait nuit. Rafotsibe est allée se coucher en emportant son livre. Ratsibe dort sur la natte, tout habillé. Mais Iketaka et Faralahy, dans la cour, dansent avec une bande de petits garçons. Ils crient et frappent dans leurs mains. Ils font de grandes rondes et se tiennent par leurs lamba. Seulement Iketaka rentre vite parce qu'elle est fatiguée.

Iketaka a une figure ronde, des yeux très blancs et très noirs et de longs sourcils minces. Elle fait de la dentelle.

Maintenant le col est fini. Iketaka voudrait rester assise encore. Elle n'aime pas changer. Elle prend encore les épingles et les pique sur la natte et sur le mur. Et elle songe qu'elle va faire un col encore plus grand.

Mais Faralahy a une figure longue. Elle montre toujours ses dents, elle rit ou elle parle. Et on ne peut pas se rappeler sa figure.

Elle est forte et vive et on l'appelle : Faralahy. « Le dernier garçon qui est né. »

Aux jonchets, elle regarde vite tout le jeu et crie : « Où est mon sakafo ? où est mon sakafo *? »

Elle dit : ces deux-là dorment, il ne faut pas les bouger.

Toute petite elle est tombée dans l'escalier, sans se faire mal. Elle a été la première, à la course à la corde du pasteur.

A l'ombre de la maison, ces deux petites filles, les pieds contre le mur, bien assises par terre, creusent des trous avec leurs doigts.

Trois élèves passent dans leurs lamba neufs; comme ils en rencontrent un autre qui descend, ils se font de grands saluts de leurs chapeaux de paille.

Il fait soleil. Mais la terre est terne et rouge sombre. Pourtant des feuilles mouillées çà et là brillent un peu trop.

Brusquement une femme passe et sa robe est si éblouissante et si blanche que je ne vois plus rien. Mais je ferme les yeux et je vois maintenant, bien nettement, sa robe qui tombe sans plis jusqu'à terre, sa nuque courbée et même ses cheveux noirs, tressés comme une corbeille.

J'ai revu la petite fille qui s'ennuyait l'autre jour, quand Faralahy l'a menée chanter. Elle a une tête fine, des lèvres minces et de grands cheveux. Elle était couchée dans des broussailles.

— Qu'est-ce que tu fais là, petite mince? Elle ne dit rien.
— Est-ce que tu joues?
— Oui Monsieur.
— Qui es-tu?

Elle dit gravement : « Raketa à la jolie figure. »

Puis elle se couche tout à fait dans le buisson.

Pendant trois jours nous avons fait de grandes courses. Les montagnes sont pareilles. Il y a de grandes herbes blanches et presque pas d'arbres. A midi nous nous arrêtons, et nous faisons cuire des patates sous un feu de branches sèches.

Il y en a un qui lave son lamba dans un ruisseau. Rakoto chante et regarde les collines. Celui-là a la fièvre. Il se couche contre une pierre et se couvre de son manteau. Sur ce manteau il y a des corbeilles de fleurs roses et des oiseaux qui volent.

En entrant dans ce village, nous avons rencontré une vieille femme, qui allait au marché. Nous la saluons. Alors elle nous parle. Elle nous dit bien où se trouve sa maison. Il faut y aller. Nous nous assiérons sur la natte et quand elle rentrera, elle nous fera cuire le riz et les brèdes.

Presque tous, l'un après l'autre, ils souffrent de la fièvre. Alors ils ne parlent plus. Ils ont froid et ils marchent moins vite. Et ils ont l'air très délicats et perdus dans ces montagnes.

Nous allons sortir et le petit homme qui jouait hier de la valiha nous demande : « Où allez vous? — Au bois. » Il songe un peu et dit : « Alors je viens avec vous. » Il glisse mieux que nous entre les fougères. Tantôt les racines des arbres nous barrent le chemin. Ou les branches viennent si bas qu'il faut nous coucher à terre. Il n'y a guère de chemin et la terre est couverte de feuilles noires qui pourrissent. Mais dans une clairière est une belle table de pierre brillante et neuve qui était au roi.

Dans la forêt sombre un tronc d'arbre blanc a l'air d'une porte entrouverte par où viendrait un rayon de lumière.

Et nous nous perdons. Nous sommes descendus le long d'un grand rocher qu'on appelle la pierre qui a un enfant. Nous ne pouvons plus remonter et devant nous est le fossé profond qui entoure toute la ville.

Mais Raiedra est content et fait un chalet pour la nuit. Il coupe d'abord les fougères en rond. Puis il réunit en couronne les branches les plus hautes des fougères qui restent. Et le chalet est fait. Nous n'avons qu'à nous asseoir.

Il enfonce bien ses pieds noirs dans les feuilles mortes. Il rit doucement. Et il écrit sur une feuille : « Ici sont morts deux jeunes Malgaches et un Vazaha* qui s'étaient perdus dans le bois. »

La nuit tombe. Dans la plaine on voit rentrer les femmes blanches, deux à deux, lentement, dans les maisons tranquilles.

Les sentiers sont pleins de papillons blancs, qui volent sans presque changer de place. Ils ne cherchent pas de fleurs, mais un autre papillon. Et quand ils l'ont trouvé, ils volent un peu ensemble, se regardent.

Le grand arbre aux feuilles couvertes de coton guérit de la fièvre. Et cet autre aux fleurs jaunes des maux de tête.

Cette grosse pierre était là, juste au bord. En la poussant un peu, elle aurait roulé jusqu'au fond du fossé. On l'aurait entendue tomber dans l'eau.

Mais aucun d'eux n'a eu l'idée de la pousser. Ils n'attirent pas non plus, pour les casser, les branches d'arbre.

On dirait qu'ils connaissent depuis longtemps les sentiers et les plantes.

AMBOHIMANDROSO [6]

C'est un village de terre rouge, en haut d'une colline. Aux temps de la guerre civile, il était entouré d'un fossé profond. Maintenant le fossé est à demi comblé et il y pousse des grenadiers et des manguiers. De petits cochons noirs s'y promènent.

6. *Ambohimandroso* : gros bourg à 90 kilomètres au sud de Tananarive.

Des bœufs énormes que l'on engraisse dans des fosses se lèvent lourdement quand nous passons et nous menacent de leurs cornes. Ils vivent six mois dans la fosse au soleil et à la pluie. Et tous les matins les paysans leur jettent des tas d'herbes fraîches.

Il n'y a pas d'hommes dans les sentiers du village. Tous sont venus sur la place, entre le Temple et la maison de Rabe. Ils sont assis le long des murs, graves, enveloppés de leur manteau blanc. Et de l'autre côté, ce sont les femmes. Elles ont leurs plus beaux lamba. Elles ont porté leurs enfants qui se tiennent sages, jouent avec la poussière et ne disent rien.

Le gouverneur du village arrive dans son filanzana*. Il descend brusquement et, dès qu'il est à terre, tous murmurent : « Akoho... Koho... ho... ho [7]. » Mais le gouverneur parle tout de suite.

« Je suis heureux de vous voir tous. On m'a dit que beaucoup d'entre vous étaient malades. Il faut voir le médecin dès que vous vous croyez malades. »

Il est gros et vif. Il imagine qu'il a une maladie. Il devient sourd. Il fait une affreuse grimace, porte la main à son oreille et les regarde tous d'un air surpris. Ils sourient sérieusement.

« Il faut nettoyer vos maisons. » Justement il y a une maison derrière lui. Il écarte deux ou trois femmes et y entre.

« Voilà, la pierre est sale. Il n'y a pas d'air. Il faut prendre de l'eau et laver toutes les pierres de vos maisons. Il faut laver en même temps tous les enfants. »

« Manger bien. Cela est le meilleur contre toutes les maladies. Je préfère le pauvre qui mange à sa faim au riche qui se prive et ne songe qu'au lendemain. »

Il parle encore longtemps. Il dit qu'il faut envoyer les enfants à l'école et même les petites filles.

C'est fini. Il s'arrête brusquement et reste immobile au

---

7. *Akoho koho...* C'est ainsi que l'on appelle les poulets.

milieu de la place. Il est en plein soleil et il a chaud. A l'ombre, le plus vieux du village se lève lentement et ôte son chapeau :

« C'est bien. Maintenant nous connaissons la loi qui est juste. Et nous ferons ce que tu nous a dit. » Puis il va serrer la main du gouverneur.

Le gouverneur remonte dans son filanzana* et part. Il va dans un autre village. Tous se lèvent. Ils ne parlent pas. Les femmes se dressent avec peine et serrent mieux leurs enfants contre leur dos.

AMBOHIMANGA

J'ai été invité à dîner par un parent de Rabenarivo.

Il n'y a rien dans toute la salle que la natte ou nous nous asseyons. Les femmes apportent le riz et les brèdes * Rafidy a l'air triste et renfermé. Il a une figure assez vulgaire et mal rasée.

Mais quand le repas est presque fini, il me dit qu'il me remercie d'être venu chez lui. Il me demande de manger une bouchée dans son assiette. Et comme j'accepte, il a un sourire très bon et très doux qui change toute sa figure.

Les femmes ont une tête fine et mince et la voix plus dure que celle des hommes.

Rakoto, les cheveux ébouriffés sous son petit chapeau de feutre, son lamba tout déchiré et gris de poussière, s'assied sur le rocher. Il a l'air doux et grave et ressemble à un petit berger.

Comme elle est la seule femme, Ikala, quand nous revenons, marche loin derrière nous. Mais elle suit notre pas. Et si nous nous arrêtons pour cueillir des fruits, elle s'arrête aussi et tresse ses cheveux.

Un chemin couvert d'eau sale où a pataugé tout un troupeau d'oies. Sur une natte, au soleil, du riz bien étalé qui sèche et l'on voit la trace des doigts de Faralahy qui l'ont étalé.

Et un petit gosse qui s'enfuit derrière la maison dès qu'il m'aperçoit.

Rakoto crie : « La voilà! J'ai retrouvé la balle. » Et nous nous redressons tous peu à peu.

Seule Iketaka cherche encore et gratte négligemment les herbes de son pied.

Raketa est assise au seuil de la porte. Elle regarde le jeu de tennis et pousse de petits cris de joie. Elle surveille aussi le petit boto * noir qui a cherché tout à l'heure à mettre une araignée sur sa robe. Mais Rabe qui regarde ses cheveux voit par hasard un pou. Aussitôt il s'assied près d'elle et cherche encore. Il en trouve encore un, puis un autre. Raketa reste immobile sur sa pierre et ne voit plus rien. Elle a pris un air résigné et doucement heureux.

Ce soir on chante encore des cantiques : mais Faralahy ne sait jamais s'arrêter quand il faut. Elle recommence le même couplet ou elle prend sans rien voir la chanson suivante. Et Iketaka qui était contente d'avoir fini la regarde avec mépris et veut la gronder.

Elles écoutaient à la porte. Mais Rakoto est allé les chercher; l'une a un grand manteau orange et l'autre un manteau bleu à fleurs vertes. Elles entrent sans regarder. Il y avait un petit garçon avec elles. Son manteau blanc cache sa bouche et son grand chapeau son front. Il ne quittera pas son chapeau. Il reste droit et il ne dit rien.

Faralahy s'est encore trompée et comme son frère se moque d'elle, elle se jette à la porte et saute dehors. Par la porte ouverte on voit la route et les arbres, l'air bleu. Et Faralahy crie de toutes ses forces, de sa voix de garçon, le mauvais couplet. Bientôt les autres fillettes partent et le petit garçon qui n'a rien dit. Ils chantent tous et le cantique n'a plus l'air que d'un chant de guerre.

Iketaka est restée et elle allume la bougie de sa mère qui va se coucher.

Encore un petit garçon que je n'ai pas encore vu. Il est assis sur la natte et paraît tout à fait chez lui. Mais je viens sans bruit, je le prends aux épaules et je le renverse tout à fait sur la natte.

Il n'a rien dit. Mais dès qu'il s'est assis de nouveau, il tourne la tête et me regarde, de ses grands yeux fixes, aussi longtemps que je reste.

Je vais à ma chambre. Et tout à l'heure il y vient encore; de la porte il me regarde toujours, de ses yeux étonnés. Il est immobile et tient le mur de ses deux mains serrées.

Ils entrent, l'un après l'autre, très graves. Ce sont des petits garçons que l'on voit tout le jour sur les routes : celui-ci n'a qu'un costume rouge tout déchiré qui laisse voir sa poitrine. Celui-là porte une vieille robe de dame. Celui-ci a un nez très petit et une tache noire au milieu du front et celui-là est très noir. Ils sont assis par terre et chantent :

>Il y avait une vieille femme
>Un jour, un jour, un jour
>Qui avait trois cents petits cochons

Nous frappons dans nos mains. Faralahy crie de joie, tire la langue et fait voler ses cheveux de tous les côtés.

Mais elle ne leur donna rien
Un jour, un jour, un jour
Rien pour faire le sakafo

Un grand silence.

Et les petits cochons crièrent

Ils se lèvent tous. Et ils poussent un cri, un vrai cri de trois cents petits cochons. Et puis un grand coup de pied sur les planches.
Ils agitent leurs doigts minces, l'un après l'autre, comme des sonnettes. Ils balancent lentement leurs épaules et ils roulent de grands yeux. Et ils crient : « Roa vorona-ou-ou-ou — Roa-loha-ou-ou-ou [8]. » Et celui-là imite le taureau enragé et veut se jeter sur un de ses camarades. Et celui-là dans un coin, tapi contre le mur, fait le chat qui miaule au bord d'un toit. Et Iketaka même se lève, accroche un petit garçon par la jambe et cherche à le faire tomber par terre.
Puis il y en a un qui ouvre la porte. Tous les petits sauvages s'enfuient.

Est-ce que vous voulez faire une partie de fanorona [9] tous les deux, avec mon père, dit Rabenarivo.
Ravena sourit un peu et répond : « Moi je m'engage seulement à donner toujours à manger à mes trois enfants. »
Aux poutres du toit pend de la suie noire et soyeuse comme du velours. Il fait sombre. Iketaka et Faralahy, assises de chaque côté d'une assiette pleine de riz blanc, achèvent de dîner.

---

8. *Roa vorona, roa loha...* Deux oiseaux, deux têtes... Il s'agit probablement d'une comptine, accompagnée de mouvements des doigts.
9. *Fanorona :* jeu de table tenant du trictrac et des dames.

Ikoto.
Quel temps qu'il fasse il est habillé d'un sac de rafia à raies noires. Sa tête, ses bras et ses jambes sortent par les trous.
Il se balance sur les branches d'un arbre, ou bien il court en soufflant de toutes ses forces et il effraye les petites filles de la route.
Un jour il est allé travailler aux champs avec ses parents mais à onze heures on l'a envoyé à la maison en lui disant « fais cuire du riz ».
Il a fait cuire le riz. Ensuite comme il s'ennuyait, il a tout mangé, et il est parti se promener. Et quand ses parents sont rentrés fatigués du champ, ils n'ont rien trouvé.
Son métier c'est de garder les bœufs. Tantôt il les poursuit avec un fouet en feuilles de bananier, tantôt il les oublie, s'assied dans un fossé et fait de petits bœufs en terre glaise.
Il me les apporte. Ils se ressemblent tous, mais ils deviennent de plus en plus gros et je ne sais plus qu'en faire.

Le dernier jour Rakoto m'a dit qu'Iketaka est mariée. Elle est mariée à Rabenarivo. Pourtant je les ai vus tout le jour. Et la nuit aussi couchés à côté sur la natte, près des parents. Je n'avais rien pensé.
Je n'ai guère parlé de ceux que j'ai aimés le plus. De Rabena, de sa femme. Et notre maison qui était à l'entrée du village, près de la porte de pierre.

Pages de carnet

Parmi ces notes de voyage, on trouve quelques passages qui ont été repris dans le texte intitulé Les Repas et l'Amour chez les Merinas, *publié par les soins de Bruno Roy, aux éditions Fata Morgana, en 1970 (p. 51 à 54).*
On pourra relire également la lettre de J. P. à son père p. 62.

15 octobre (Ambohimitsimbina)[1] [1908]
Il est déjà tard, 9 ou 10 heures; pourtant tout est encore couvert de brouillard. On n'entend rien qu'un menuisier qui fait un bruit d'insecte.
Le brouillard couvre tout ce que l'on voit d'habitude. Il ressemble à un ciel nuageux. Il est blanc et obscur ensemble. Les gens qui passent sur la route ne parlent pas et paraissent à peine vrais.
Puis le soleil se lève, très loin une petite ville sort du brouillard et fait une tache rouge : d'abord il n'y a qu'une église mince en briques, puis, derrière elle des maisons basses et rouges, deux arbres et même une longue rizière qui brille.
Et c'est tout. Le brouillard ailleurs est toujours aussi épais et aussi blanc. La ville a l'air dans le ciel.

1. Quartier de Tananarive.

Le petit esclave noir, Lita, vient s'appuyer à la fenêtre et cause, à travers la vitre, avec Rasoa qui coud sur le rebord intérieur.

Lita a les jambes malades et peut à peine marcher. D'habitude il ne songe guère qu'à se chauffer; et aujourd'hui il attend depuis longtemps le soleil. Mais le soleil ne viendra pas.

Il parle à Rasoa, à travers la vitre. C'est une sorte de chant très bas, et je ne comprends rien. Rasoa entrouvre la vitre et lui montre une étoffe blanche où elle coud des dessins rouges. Il sourit et tous deux me regardent.

Rasoa n'a que sept ans. Elle a des mains presque blanches, des bras minces et très noirs : elle se cache la figure dans ses mains. La fenêtre est maintenant fermée.

Puis elle embrasse Lita à travers la vitre. Et tous deux se mettent à rire. Lita s'en va à petits pas, courbé, comme s'il souffrait.

Sans doute, dans deux ou trois ans ils seront amants. Et personne ne songe que cela puisse être mal.

A la campagne les vieilles femmes font asseoir à côté l'un de l'autre les gosselines et les petits garçons et leur apprennent à se caresser.

Il fait tout à fait jour et Lita dort au soleil. La tortue traverse la cour à petits pas. Des rivières jaunes et vertes brillent.

Les Hova passent sur la route. Lentement et habillés comme des princes de lamba* blancs et orangés. Même dans leurs cases étroites et (sales) noires, la nuit, ils ne se sont pas salis; ils n'ont pas l'air de voir la vie qu'ils mènent, leur pauvreté, leur mauvais riz où il y a de petites pierres, le mépris des Européens.

Pour se saluer, ils s'inclinent un peu et sourient. Ils se saluent plusieurs fois mais quand ils s'éloignent, ils s'inclinent un peu moins.

Peut-être disparaîtront-ils un jour; leur nombre diminue et beaucoup d'enfants meurent. Peut-être les Japonais et les

Chinois conquerront un jour l'Europe et ses colonies. Ils reconnaîtront les Malgaches et les feront venir dans une grande ville neuve où il n'y aura que des palais. Ils auront pour eux une grande estime et leur donneront des esclaves européens.

Ces Européens qui s'agitent tellement, qui ne peuvent pas rester un moment sans creuser des trous dans la terre, ou planter des légumes ou faire quelque chose, feraient de bons esclaves, travailleurs et sérieux, en les surveillant.

1er novembre (Ambohipotsy) [2].

Voici ce que racontent les anciens : « Un jour toutes les terres se réunirent, et elles décidèrent d'aller combattre le ciel. Demain toutes se soulèveront ensemble : les arbres seront des sagaies, et les pierres seront des balles.

« Mais, quand le lendemain arriva, l'instant choisi pour monter vers le ciel, le soleil était si clair et le jour si tiède que l'on se sentait doux et que l'on ne songeait à rien faire. Et les vallées et les plaines se couchèrent à l'ombre et mangèrent des fruits.

« C'est pour cela que la terre n'a pas rejoint le ciel et que les montagnes sont loin des plaines. Un jour, peut-être, quand tous les fruits seront mangés, les vallées et les terres basses viendront, elles s'uniront aux montagnes et la terre sera une grande chose qui montera dans le ciel. »

C'est Razafy qui raconte une histoire. Et nous l'écoutons tous, assis sur la natte. La natte est neuve et on l'a déroulée pour moi. C'est ainsi toutes les fois que vient un étranger. Les nattes montent les unes sur les autres, et déjà, en cherchant, la plus basse est toute mangée par les insectes, et pourrie.

Il fait sombre. C'est que le tombeau [3] est devant la fenêtre;

2. Quartier de Tananarive.
3. Près de la maison, se trouvait le *tombeau* qui abritait les ancêtres et les parents décédés. L'on désirait y honorer les morts et y reposer soi-même par la suite, on en soignait donc la construction qui était onéreuse

il est aussi haut que la maison, et creusé plus profond. Il est tout en pierres taillées, que l'on va chercher loin dans les carrières. Et il ne reste pour les maisons des vivants que des briques rouges, mal cuites, qui s'émiettent.

Une petite fille dort sur une natte verte, dans un coin. Elle a la fièvre; mais quand elle m'a vu, elle se redresse et ne veut pas avoir l'air malade.

Et comme le conte de Razafy est fini, elle vient même danser. Rakotovo joue de la valiha*; c'est une danse violente qu'il joue; la valiha tourne entre ses doigts, les notes sonores et dures sont comme un orage qui vient; et de temps en temps, il pousse un cri dur. Mais la petite, très droite et très grave, s'incline à peine; elle lève les mains en l'air; ses doigts s'ouvrent et se ferment très vite, puis un seul doigt reste levé.

Elle avance un peu; il semble qu'elle marche entre des animaux méchants; elle se dresse sur la pointe des pieds; elle est pâle, elle se penche un peu à gauche; on ne voit plus que ses yeux fixes au-dessus de son lamba * blanc qui l'enveloppe. Et la valiha joue toujours une sorte d'air de guerre; et c'est peut-être ce qui l'effraye.

Demain matin, je continuerai mon voyage. Il y a près d'ici des pays de collines et de vallées rouges où l'on peut voyager cinq jours sans voir un village, ni un homme. Le soir je dresse mon lit sur une colline, je me couvre la figure et les mains d'un masque de mousseline de peur des moustiques qui bourdonnent toute la nuit.

L'on ne voit guère d'animaux; parfois, un caïman dans une rivière, et des bœufs sauvages qui vont en grands troupeaux. Mais les forêts, au sud, sont pleines de rats blancs : il y a cinq ans, un jour, toute une armée de rats blancs vint vers le nord; mais elle fut emportée par un fleuve débordé.

---

et se faisait souvent aux dépens de la demeure des vivants. Construit pour durer (pour la vie éternelle), le tombeau était massif, robuste et comparable dans ses dimensions à la maison. Il était un signe de richesse et servait également, dans les temps anciens, de coffre-fort.

J'ai couché à côté de la chambre où dorment Razafy et sa sœur. Vers neuf heures, un Européen est entré chez elles. Il marchait en faisant claquer ses souliers. De la porte, il leur a crié : « Bonjour, mes petites. » Sans doute, avait-il donné de l'argent aux parents. Je l'entendais se déshabiller; il jetait ses habits l'un après l'autre sur la natte; puis quand il a été couché il a appelé Razafy.

Je n'ai plus rien entendu — et puis après quelques instants, un gémissement très long; puis Razafy s'est mise à sangloter, mais à sanglots coupés, comme si elle cherchait à se défendre. Peut-être était-ce la première fois.

Elle sanglotait plus fort encore. Alors à travers la cloison de zozoro*, j'ai vu la plus petite se mettre à genoux, tout près du lit. Elle levait la tête et répétait doucement : « Razafy, Razafy, il faut avoir du courage, il faut bien te tenir. » Et Razafy pleurait encore; et l'autre, l'homme lui parlait pour la calmer; mais la voix de la fillette était si nette que je l'entendais très bien.

L'Européen, je ne l'ai vu que le lendemain, au moment de partir. Il avait passé la nuit là. C'est un commis des affaires civiles, un grand qui a une grande barbe et de bons yeux. Il avait l'air fatigué. Plus tard, j'ai su qu'il avait laissé deux francs à Razafy; deux francs, cela n'a pas l'air de grand-chose, mais c'est beaucoup pour une fillette qui est contente avec deux sous de riz par jour.

15 décembre (entre Antsirabe et Ambatolampy) [4].

Quand le clair de lune vient, les enfants vont de maison en maison : « Koto viens-tu chanter? » Koto ne demande rien à sa mère; ici les enfants sont libres, mais ils sont aussi plus sérieux et font semblant de réfléchir. Koto vient à petits pas. Ou encore, il crie, de la cuisine : « Je ne puis pas, j'ai la fièvre », et les enfants disent : « Oh c'est l'ami de la marmite de riz. Il a peur de la laisser seule. » Ils vont sur

---

4. *Ambatolampy* est environ à 60 kilomètres au sud de Tananarive.

la grande place et ils chantent, très haut, dans la nuit qui est plus claire, ce soir, que le jour. Leur chant monte comme un feu de joie. D'autres enfants leur répondent, de très loin peut-être, d'un village que l'on n'a jamais vu. Et ce soir ils peuvent se dire beaucoup de choses. Il faut faire vite. Dans trois jours, la lune aura disparu.

Quand je passe dans les villages, près d'eux, ils se taisent brusquement, comme des grenouilles. Puis ils vont se coucher, sans doute, et toute la campagne devient silencieuse. La lune se couvre de nuages. Et j'arrive dans un village de quelques maisons, au bord de la route : tout près l'on entend une rivière qui coule; puis il y a sans doute des montagnes. La lune verte et pâle brille au fond des nuages; elle s'éclaire à peine elle-même dans sa cachette blanche.

J'ai couché dans une maison neuve; la porte était fermée par un mur de briques sèches. J'ai enlevé les briques et je les ai remises de l'intérieur. Ainsi personne ne saura que je suis là.

Le matin j'ai entendu partir les hommes. Leurs femmes les saluaient gravement : elles souhaitaient que leur travail ne fût pas dur. « Si Andriamanitra* le veut, le soleil restera caché. » Ils répondaient à peine; car les hommes, pendant le sommeil, oublient tout, et ont de la peine le lendemain à recommencer à vivre. Trop matin, ils ne trouvent pas les mots qu'ils veulent dire. Les femmes, elles, ne dorment pas tout à fait, et écoutent leurs enfants.

Sans doute un homme très vieux venait de la dernière maison du village. A chaque porte, la femme de la maison lui disait : « Tu boiras avec moi l'eau d'argent[5] et tu goûteras le riz, entre. » Il répondait : « Je ne fais que passer maintenant » d'une voix un peu tremblante. Et sans doute ses pas étaient hésitants comme ses paroles.

Ils sont partis et tout est devenu silencieux.

5. *L'eau d'argent* est un thé de riz brûlé, obtenu en faisant bouillir de l'eau dans une casserole où le riz a « attaché ».

Plus tard, je suis sorti. Alors, tout l'air était lumineux et trouble. Des nuages descendaient et traversaient le village; et le soleil brillait à travers comme un rayon dans une chambre sombre. Le bruit de la rivière semblait plus lointain.

Une femme tout près de moi était assise à terre avec ses deux filles. Elle était sortie et croyait qu'elle aurait chaud, puisque le soleil venait. Mais son lamba* était humide de brouillard. Elle m'a vu sans surprise : « D'où viens-tu? Mon mari est parti aux champs. Mais peut-être le verras-tu en route. »

Elle m'a montré ses fillettes :

« La plus grande est fiancée à un jeune malgache, du village voisin. Et l'autre je la marierai à un Vazaha*.

— Pourquoi, à un Vazaha?

— Pour qu'elle soit heureuse. Nous, nous avons du mal à vivre. »

Elle a hésité et m'a dit :

« Es-tu marié? Veux-tu la prendre pour toi, plus tard?

— Mais tu ne me connais pas. Je la battrai peut-être.

— Si tu la bats, elle reviendra, je n'ai pas peur. »

Puis je suis parti. J'ai une petite fiancée de quatre ans. Elle est dans un village que j'ai à peine vu. Mais je le reconnaîtrai au bruit de la rivière.

Il y a dans les marais des cigognes et de grandes guêpes aux ailes roses. De vieilles femmes, près de la route, coupent des tiges de riz et en font des bouquets. Et quand je passe, elles dénouent, pour me saluer, le chiffon enroulé autour de leur tête.

De grands bourjanes* maigres et noirs vont sur la route. Ils ont sur l'épaule une tige de bambou qui porte une malle lourde à chaque bout. Des bosses de chair se gonflent autour de leur cou. Ils vont deux par deux, mais ils ne se parlent jamais : et le soir même, quand ils vont s'endormir ils ne se disent rien. Ils gardent toutes leurs forces.

Encore un village; une petite fille se réveille de son fossé

Voyages — La vie quotidienne

et s'enfuit en criant : « Je suis morte, je suis morte! » Elle a accroché quelque part son lamba *, et elle court nue. Mais dès qu'elle a touché une marche du petit escalier rouge qui conduit à sa maison, elle devient brusquement audacieuse : elle se tourne et me crie : « D'où viens-tu? Veux-tu t'en aller! »

Le brouillard a disparu. Le soleil qui vient tout à coup éclaire très loin les collines pâles, l'arc-en-ciel, les nuages transparents, et une femme vêtue de blanc, éclatante, qui se penche, à côté de son ombre, vers la porte basse d'une hutte.

15 décembre [1908] — (Vers Tsinjoarivo) [6]
Mariages

C'est une maison qui paraît creusée dans la terre. Le toit seul est à la hauteur de la route et nous sommes entrés en rampant. Au milieu de la chambre un petit feu humide, qui siffle, une marmite noire, ronde, qui a bien du mal, sur ses trois pierres, à rester au-dessus du feu. Et Maromaso, Ikoto, les souliers, un manteau noir font le cercle autour du feu et se chauffent comme ils peuvent, sans bouger. Moi, je n'ai plus froid et l'on m'a mis dans un coin, sur la natte neuve, à côté des soubiques * de riz et de manioc.

Depuis longtemps nous ne savons plus l'heure : pour que nous nous trompions d'une demi-journée, il suffit que le soleil se cache. On ne sait qu'il est tard que quand la nuit vient.

Deux vieilles femmes nous ont reçus; elles nous ont porté du riz et des brèdes *. Chacune a cinq ou six gosses nus qui se roulent sur les nattes, ou courent après les cochons. Et la plus vieille me dit :

« Où est votre ramatoa? »

Je ne songe à rien : « Je n'en ai pas.

— Il n'en a pas, dit la vieille femme.

— Et pourquoi n'en a-t-il pas? demande l'autre.

[6]. Quartier de Tananarive.

— Sans doute, il va en chercher une à Antsirabe; on dit que celles de Tananarive aiment trop l'argent.
— C'est bien étrange », dit la plus vieille.
Et elle s'écarte un peu de moi. Pourquoi n'ai-je pas de ramatoa? Elle est surprise et elle sent un danger vague. Je puis bien rester sur ma natte neuve; j'aurai du riz et des brèdes quand ils seront cuits; mais on me méprise et l'on ne me dira plus que, de loin en loin, un petit mot de politesse.

Quand j'arrive à sa maison Raonivo est prêt à partir au marché du lundi. Et je pars avec lui. Toute la semaine, ce marché est pareil à un petit village vide. Mais le lundi, dès que la nuit s'en va, on lui apporte de tous les côtés des cannes à sucre, de petits morceaux de savon noir, et les gourdes incrustées de fer-blanc, où l'on enferme le tabac. Tout cela se place dans les maisons; des bougies et des mouchoirs rouges, comme pour une fête, sont suspendus à des fils. Les marchands qui arrivent trop tard, quand toutes les maisons sont prises, s'asseyent sous un grand parapluie blanc.

Il y a aussi des animaux enfermés dans les soubiques *. On ne les voit pas; mais les marchands retirent parfois, les tirant par la patte ou par la tête, un chien, un chat, un cochon d'Inde. Et Raonivo parcourt tout le marché, à petits pas. Il cause avec les plus vieux marchands; et l'on tire pour lui, d'une corbeille, une chatte grise et maigre, les deux pattes liées.

Il est tard quand Raonivo s'en va. Les vieux marchands se penchent déjà sous leur grand chapeau et touchent du doigt, sous la natte, les sous qu'ils ont gagnés depuis le matin.

« Elle est pour mon chat, me dit Raonivo. Sa première chatte est morte.

— Mais il en aurait trouvé une dans le village.

— Oh non, il n'y en a que dans le village voisin, et c'est trop loin pour lui. Il était malheureux d'être seul.

— Et toi, tu n'es pas marié, Raonivo.

Voyages — La vie quotidienne 117

— Oh je me marierai aussi, bientôt. »
Il est jeune, dix-sept ans peut-être. Il est gros et plus blanc que les Hova. Il a mis pour aller acheter la chatte son lamba bleu et rose.

Au retour, je suis entré dans la case de Raonivo. Une fillette noire, assise sur la natte, lavait des assiettes. Elle m'a dit gravement : C'est moi qui suis la femme de Raonivo. Il lui fait balayer la pièce et conduire les bœufs. Il la soigne bien mal : elle est habillée d'une vieille robe déchirée, et sans doute, elle n'a jamais d'argent.

Elle court après les bœufs, leur offre à la main une poignée d'herbe et est surprise de voir qu'ils ne savent pas manger. Ou bien elle se couche au soleil et ne bouge plus. Un petit chien noir et maigre, qui la suit, regarde les bœufs; il est surpris de voir qu'ils mangent de l'herbe et il essaie aussi : mais quand il en a goûté, il hésite, s'éloigne un peu et regarde encore longuement les bœufs.

Rasoa va encore chercher de l'herbe pour les lapins. Penchée, elle interroge longuement les herbes et ne prend que les meilleures.

« Tu as déjà été mariée, Rasoa?
— Non, Raonivo est le premier.
— Et tu n'as pas d'enfant, encore.
— J'en ai un, mais je n'ai pas encore accouché. »

Ce sont des paroles polies. Les femmes sont fières d'avoir des enfants. Et Rasoa pense qu'elle doit en avoir un puisqu'elle est mariée.

Mais Raonivo me dit : « Oui, nous avons le même lit, mais elle n'est pas tout à fait ma femme. Bientôt, si elle se conduit bien, nous nous marierons, je lui donnerai un lamba neuf et la fille de Razafy viendra balayer la chambre. »

C'était vers 6 heures que le Vazaha revenait de son bureau. En passant il leva brusquement la tête et vit sur sa terrasse de terre rouge une ramatoa dans un lamba blanc, à demi penchée vers la rue. Il demanda : « Comment allez-vous, madame? »

Elle répondit sans gêne et seulement par politesse : « Mais vous, comment allez-vous? »

Le Vazaha leva encore la tête et dit : « Vous êtes très belle. » C'étaient les seuls mots malgaches qu'il connaissait. Il aurait pu parler français et Iketaka étant instruite aurait compris. Mais il ne savait pas. Il s'en alla à petits pas, regardant d'autres femmes, dans la rue.

C'était le soir et le Vazaha trouvait poétique d'avoir parlé à une femme blanche, sur un balcon si haut. Il se disait aussi : « Si j'avais voulu, elle aurait été bien contente de marcher. »

Déjà les rues étaient noires. Deux autres femmes se tenant par la main allaient au milieu de la rue.

Deux lanternes brillantes sous leurs manteaux blancs les rendaient presque transparentes.

Le Vazaha monta l'escalier de sa maison et entra.

1er janvier [1909]

Le Vazaha m'a envoyé une lettre, dit Iketaka.

Et Rabenarivo lut : « Je vous ai vue passer souvent devant ma maison et je voudrais vous connaître. Voulez-vous venir me visiter demain? »

Il a l'esprit simple, comme tous les Vazaha, pensa Rabenarivo.

Ce soir-là, Rabenarivo qui avait gagné un peu d'argent à donner une leçon de danse put faire venir un musicien : il jouait de la valiha et chanta :

> C'est Imanga que j'ai appelée
> Hay Hay Hay
> Et c'est Rasoa qui a répondu
> Hay Hay Hay

Une petite fille qu'on avait invitée sortit gravement parce qu'elle était protestante et n'aimait que les chants religieux. Mais Iketaka toute joyeuse s'était mise sur l'appui de la fenêtre et battait des mains, riant, se souvenant de toutes les danses d'Ambohimanga, des jours où elle était fiancée. Et Rabenarivo très grave s'inclinait devant les danseuses, les conduisait par la main à travers des danses étranges et lentes, comme dans l'allée d'un grand jardin. Elles avaient aussi des yeux brusquement graves et ne regardaient pas leur cavalier : une de leurs mains serrait sur leur poitrine le lamba blanc et l'autre se retenait d'un doigt, balancé en l'air, à la main de leur cavalier.

Et le musicien chantait encore :

> Quand elle est partie je n'ai point eu de peine
> Hay Hay Hay
> Mais que celle qui viendra après elle ne parte pas trop vite
> Hay Hay Hay

Et cette joie profonde qui prenait Rabenarivo venait sans doute de ce qu'un Vazaha* avait remarqué sa femme.

Mais le Vazaha venait : « Ramatoa, Ramatoa. » Les Vazaha ont des manières étranges de faire l'amour; parfois même ils le font avec les hommes. Iketaka se dépêchait un peu plus. Elle se glissait entre deux vieilles femmes arrêtées qui se saluaient avant de se séparer. L'enfant surpris se retourna, et la regarda longtemps.

Elle était si habile que le Vazaha la laissa fuir, mais dès qu'elle fut en sûreté, une grande peur la prit et elle courut se cacher dans le grenier à riz derrière une immense corbeille. Elle y resta quelques instants, puis elle vit que la corbeille était percée : et elle ne songea plus qu'à aller chercher des joncs nouveaux pour effacer la déchirure.

Rabenarivo partit sans joie pour Tananarive. Il n'y connaissait personne et n'avait guère d'argent. Quand il y fut, il restait assis tout le jour sur la natte. Il essayait parfois de jouer de la valiha, mais ses ongles n'étaient pas assez longs pour atteindre toutes les cordes de roseau. Quand on lui portait une assiette de riz il la mangeait d'un air rêveur.

Iketaka, sa femme, partait tous les matins à l'école. On

l'avait nommée professeur de couture de l'école d'Ambohimanga, et elle gagnerait 7,50 francs par mois. Mais il fallait d'abord qu'elle suive un mois l'enseignement donné à Tananarive. Elle avait pour la première fois une maîtresse européenne : c'était une dame un peu boiteuse qui vous causait, demandait votre nom et votre âge. On lui répondait et elle écoutait en souriant. Mais elle devenait brusquement bien plus sévère que l'on ne s'y attendait.

Rabenarivo l'accompagna d'abord jusqu'à la porte. Les rues de Tananarive sont pleines d'Européens qui cherchent à prendre les femmes. Il y a aussi des femmes malgaches qui leur parlent dans la rue et les décident à venir le soir. Iketaka avait seize ans et Rabenarivo l'ayant épousée la trouvait jolie.

Puis il ne songea plus à s'inquiéter. Il songeait : « Si un Européen me la prend, je changerai de femme, pour lui montrer que je suis fâché. » Il voyait de sa fenêtre passer doucement les gens dans la rue : les Européens passaient vite, pressés sans raison. Ils étaient mal habillés de gris ou de blanc. Mais les Malgaches qui savaient porter les souliers et la cravate passaient à petits pas.

Une femme de la race esclave lui portait alors le repas. Il l'invitait à manger avec lui mais elle refusait, par politesse. Alors il mangeait seul, d'un air rêveur et elle détournait la tête.

Le repas fini il la prenait parfois, lui caressait les seins et la prenait entière. Ce n'était pas par goût, mais c'était qu'il souffrait d'être seul toute la journée. Il y a des Hova qui ont gardé l'habitude de prendre des femmes esclaves : Rabenarivo craignait cela, et ne regardait plus guère la femme.

Vers 11 heures des fillettes descendaient la rue en courant. Elles avaient des lamba blancs, verts ou rose pâle qui les couvraient tout entières, leurs cheveux, ramenés derrière la tête comme une petite main, brillaient; et elles parlaient si bas qu'on ne les entendait pas.

Voyages – La vie quotidienne

Rabenarivo aurait voulu savoir ce que pensaient les gens de Tananarive. On dit qu'il y en a de tout à fait pauvres et que souvent d'une maison à l'autre les gens ne se connaissent pas et ne s'aident pas. Mais il y en a d'élégants qui savent jouer du violon et porter des cravates. Rabenarivo craignait un peu, comme une sorte d'intermédiaire entre les Européens et lui, ces gens qui pouvaient être si pauvres ou si riches.

Et parfois, il montait voir le parent chez qui il logeait. C'était un vieux Hova, qui avait été ministre. Le nombre de ses esclaves alors était de 500. Ils travaillaient ses terres et lui les nourrissait et les logeait dans de petites maisons à toit d'herbes sèches. Puis ses esclaves avaient été libérés par le gouvernement français. Il s'appelait Ranijao et il savait parler comme les anciens rois, et connaissait les proverbes des anciens Hova.

Rabenarivo entrait avec timidité dans sa chambre. Il se levait et lui prenant la main, le remerciait d'être venu. « Car une visite est un cadeau, où l'on se donne soi-même. »

Ranijao déroulait la natte neuve, ils s'asseyaient et goûtaient l'un après l'autre, la même tasse, l'eau d'argent et le café.

« J'ai vu aujourd'hui une chose étrange, dit Ranijao. Les Européens changent constamment et parfois ils font des progrès. J'ai vu une automobile traînée par un cheval. Ainsi ne peut-elle guère aller vite. Elle n'est un danger pour personne et permet de profiter de ces grandes routes qu'ont faites les Européens. »

« Les automobiles que l'on a apportées d'abord, dit Rabenarivo, étaient mal faites et bruyantes. De plus on ne savait arrêter leur vitesse. Le gendre du général Gallieni qui allait, en un jour, à Tamatave, écrasait cinq ou six Malgaches. »

« Ce que j'ai vu aujourd'hui, dit encore Ranijao, était plus gracieux qu'une automobile. Deux longues tiges de bois la dépassent, entre lesquelles on peut attacher un bœuf ou un cheval. Cela peut servir à quelqu'un qui voudrait réunir le riz de toute une région et en faire le commerce... »

« L'on dit que les Européens vont faire produire bien plus de riz aux rizières, dit Rabenarivo. Puis ils nous en achèteront et l'emporteront en France. »

« Ils sont de bons travailleurs, dit Ranijao. Mais ils font trop de choses et ne savent pas en profiter, malgré qu'ils se pressent. Ils songeaient à peine à regarder la nouvelle voiture. Je crois aussi qu'ils ne se font guère de visites et ne sont pas heureux. »

« Ils ne se font des visites qu'à des jours fixés à l'avance, dit Rabenarivo. »

Ranijao se pencha vers la tasse et demanda à Rabenarivo la permission d'aller chercher un peu plus de café et de l'abandonner un instant. En revenant :

« Je pense que les Européens sont comme la fourmi qui emporte un papillon mort. Elle ne peut le manger et elle fait cela seulement par orgueil. Les Européens sont aussi orgueilleux. »

« Ceux qui gouvernent les autres, dit Ranijao, sont à l'ordinaire méchants et égoïstes. C'est qu'ils gouvernent et ils sont seuls. Alors ils doivent chercher d'autres plaisirs que les visites et l'amitié qui ne sont agréables qu'entre égaux. Quand tu as causé avec un riche, dit un proverbe, il te faut, en rentrant, brûler le bois de ta porte.

« Mais nous devons être reconnaissants que les Français veuillent bien gouverner à notre place et s'occuper des impôts, des comptes et de toutes ces choses sans intérêt.

— On dit bien souvent que la France est notre père et notre mère, dit Rabenarivo.

— C'est vrai, dit Ranijao, mais les enfants seuls ont une vie noble et gaie. Il nous faut être heureux d'avoir trouvé un père et une mère. »

Ils ne parlèrent plus. C'était l'heure où l'intérieur de la grande marmite [7], près de la porte, est obscur. Rabenarivo

---

7. *L'heure où l'intérieur de la marmite est obscur :* la porte de la maison était orientée à l'ouest et laissait entrer le soleil l'après-midi; près du

se leva, et Ranijao le conduisit à la porte le tenant par la main : « Je vous remercie de m'avoir visité. Il y a longtemps que je ne vous avais vu et j'étais pareil au poussin tombé dans le fossé. S'il veut appeler sa voix est trop faible, s'il veut grimper, ses pattes glissent. S'il reste il a peur du chat sauvage. Mais vous êtes venu et je suis calme. J'ai un père et une mère, j'ai un protecteur dès aujourd'hui. »

Ils se remerciaient, s'éloignant en s'inclinant un peu :
« Misaotrotompokooo
— Tompokooooooo. »

Rabenarivo descendit regardant quelques instants encore la porte de Ranijao.

pilier central se trouvait le foyer dont les pierres dressées soutenaient une marmite. L'intérieur obscur de la marmite indiquait que le soleil venait de se coucher.

PREMIÈRES APPROCHES :
RÉCITS LÉGENDAIRES

Pour qui est simplement curieux de Madagascar, ces récits sont familiers. Ce ne sont pas des découvertes de Jean Paulhan. Pour un certain nombre de lecteurs, ils seront une première approche de la culture malgache, selon la progression même de Jean Paulhan, car nous pensons avoir reconstitué dans les grandes lignes l'ordre dans lequel celui-ci les a recueillis.

S'intéressant d'abord au quotidien du peuple, il en a rapporté les relations précédentes; puis il a compris et noté par écrit les grandes légendes (Ikotofetsy, p. 128, La Colère et l'amour, p. 135, Rasotolana, Rachrysalide...) et en a cherché la signification. Peu à peu, il s'est tourné vers les textes courts (Un Fady malgache, p. 193, La Canne à sucre...), les proverbes pour arriver aux hain-teny dont le double sens et la complexité l'ont captivé.

Ikotofetsy et Imahaka

Ce texte a été noté d'une écriture très rapide sans surcharges ni corrections, mais avec beaucoup d'abréviations — sans doute à peine après avoir été entendu et sans avoir été retravaillé. Il s'agit d'un conte fort connu à Madagascar, mais la relation en est bien paulhanienne [1908].

Les noms des deux compères Ikotofetsy et Imahaka signifient Le Chenapan et Le Luron.

Ikotofetsy habitait à l'est et Imahaka à l'ouest du village d'Analakely[1]. Un jour, ils se rencontrèrent sur la place; Ikotofetsy portait une corbeille de jonc et Imahaka une pioche neuve.

Ikoto dit : « Que portes-tu là Imahaka?
— C'est une pioche que je voudrais bien échanger contre une poule.
— Et moi c'est une poule que je voudrais bien changer pour une pioche. »

Cela va bien; ils font l'échange, et Ikotofetsy va partir avec la pioche et Imahaka avec le panier.

---

1. *Analakely* : « La petite forêt », petit village devenu actuellement place principale de Tananarive où se tient le célèbre marché du Zoma.

Premières approches : récits légendaires

Ikotofetsy dit : « Seulement, prends garde, la poule est sauvage comme un vieux corbeau, et si tu ouvres le panier avant d'être rentré chez toi, elle s'envolera.
— Toi, fais attention, dit Imahaka, la pioche vient d'être forgée et si tu veux t'en servir trop tôt, elle se brisera. »
En arrivant dans sa maison, Imahaka ouvrit la corbeille, mais il n'y avait qu'un vieux corbeau qui secoua ses ailes et s'enfuit. Ikotofetsy voulut creuser un trou dans son champ, mais la pioche était en terre noire et se brisa.
Alors ils se sont assis tous deux et se sont mis à rire, à rire, en disant : « Ah, nous sommes bien aussi malins l'un que l'autre. »
De ce jour, Ikotofetsy et Imahaka furent amis.

Ce jour, le prince de l'Est, Ramahaimanana, travaillait dans son champ. Ce champ était un grand fossé jadis, quand le village était en guerre. Maintenant le fossé est à demi comblé; des manguiers y poussent et de petits cochons noirs s'y promènent en soufflant. Ramahaimanana creusait de sa pioche un trou pour enfouir les songes [2].
Ikotofetsy devint tout à coup triste et lui dit : « O Ramahaimanana, comment se fait-il que vous travailliez seul? Donnez-nous à chacun une pioche et nous vous aiderons, car vous n'êtes plus jeune.
— Que je suis content, dit le prince, on dirait que j'ai beaucoup d'enfants. Mes enfants, allez à la maison, elle est la première du village, et ma femme vous donnera ces pioches. » Et quand les deux amis furent partis, il se remit au travail, ayant soin de se donner moins de peine.
Ikotofetsy et Imahaka entrèrent. Rasoa vint à eux : « Mon mari est aux champs. Qui êtes-vous? Voulez-vous manger? » Ils saluèrent et dirent : « C'est votre mari qui nous envoie. Il veut que vous nous remettiez pour lui

---

2. *Le songe* est une sorte d'arum dont on mange les tubercules. C'est le taro polynésien.

les deux lamba* rouges qui sont rangés près du lit[3].
— Mon mari n'est pas fou », dit Rasoa et elle refusa.
Alors Ikotofetsy monta sur le battant de la porte et cria :
« Oh, oh, Ramahaimanana. Oh, oh, elle ne veut pas les donner! » Et le prince, de son champ, fut indigné et cria : « Mais voyons Rasoa donne-les vite! » Rasoa dut alors donner les lamba; ils étaient en soie et plus beaux que tous ceux que l'on tisse maintenant.

Ikotofetsy et Imahaka retournèrent vers Ramahaimanana. Les lamba étaient cachés sur le chemin et Ikotofetsy dit : « Elle n'a pas voulu les donner. Pourtant, comme nous voulions t'aider! Adieu Ramahaimanana. » Et ils partirent.

Ils s'enrichirent ainsi et de bien d'autres manières qu'il vaut mieux ne pas raconter. Mais celui à qui ils avaient pris un lamba ou trois mesures de riz se disait : « Maintenant, c'est fini pour moi, et j'aurai bientôt la joie de les voir attraper d'autres gens du village. » Et celui à qui l'on n'avait rien pris se disait : « Sûrement Ikotofetsy et Imahaka m'aiment et je suis de leurs amis. » Il devenait plus confiant et plus aimable avec eux.

Ainsi, personne dans le village ne leur voulait du mal. Lorsque le chien emporte la viande, les enfants lui jettent des pierres, et les hommes le frappent parce qu'il porte fièrement la queue et qu'il vient les narguer. Mais Ikotofetsy et Imahaka étaient polis, ne faisaient de tort à personne et ne se moquaient pas.

Mais le chef du village dit qu'Ikotofetsy et Imahaka étaient des voleurs. Aucun homme ne devait plus les recevoir dans sa famille et ils étaient indignes de partager la fumée des repas qui flotte le soir autour des huttes. Les amis partirent.

Ils revinrent, un an après. On les avait oubliés très vite. D'ailleurs, ils avaient compris qu'il est souvent mauvais de

---

3. C'est *près du lit* que l'on rangeait les objets les plus précieux.

Premières approches : récits légendaires

prendre ce qui appartient à un autre et ils ne volaient plus guère.

Ils vivaient heureux, ayant de quoi acheter le riz et les brèdes *. Le matin, ils allaient chanter à l'église. Le soir, Imahaka buvait du toaka [4] et souvent s'enivrait. Mais Ikotofetsy descendait vers le lac, sa ligne sur l'épaule.

L'eau était froide. S'il avait voulu, il aurait pu sauter d'un bond, peut-être jusqu'à l'autre bord du lac brillant, ou vers la cabane noire où le vieux marchand vendait ses rabanes. Mais il se sentait trop doux et ne savait que faire. Il restait assis au bord du lac et si les poissons ne mordaient pas, il souriait sous son grand chapeau de paille et regardait l'eau d'un air étonné.

Le soir, pour remonter chez lui, il frôlait des jardins verts, rouges ou blancs où des femmes en robes blanches, silencieuses, portaient de petits enfants dans leur dos.

Ikotofetsy souffrit des dents. Il restait couché tout le jour sur sa natte et le mal avait pris toutes ses idées, ses jambes et ses bras. Il n'avait pas de plaisir à toucher son corps. Parfois, il se levait très vite et tournait autour de la chambre. Un instant, il s'échappait mais la douleur se levait aussi et courait après lui. Alors, il s'étendait à terre et ne cherchait plus qu'à l'endormir. Il se disait aussi : « Pourquoi n'ai-je pas ici une femme pour me plaindre ? Elle me raconterait un conte. » Mais la douleur se taisait près de lui comme une femme méchante.

Quand Imahaka rentra : « Imahaka, je suis malade et je souffre beaucoup.

— Ah moi, je n'ai jamais eu mal aux dents ; mais je crois que tu dois souffrir, car en général, les gens craignent cette maladie. » C'est afin de l'éviter qu'ils se passent les dents, le repas fini, sur les feuilles de l'anamamy [5]. Et Imahaka s'occupa

4. *Toaka* : alcool.
5. *Anamamy* : brède-morelle *.

aussitôt de jouer de la valiha*. Elle était restée dans un coin de la chambre et une araignée grosse et solide comme un crabe l'avait habillée de sa toile. Imahaka prit la valiha entre ses genoux et ôta gravement les fils. Parfois, pour être sûr que l'araignée ne l'avait point abîmée, il touchait une corde du doigt. Et la corde poussait un cri plaintif.

Mais Ikotofetsy dit brusquement : « Laisse cela, je suis malade et je ne veux pas entendre de bruit. » Et il songeait qu'une femme l'aurait plaint et aurait paru, par politesse, souffrir autant et même bien plus que lui.

Il n'y eut rien d'autre à dire. Ils se quittèrent ainsi comme des époux jaloux. Depuis qu'ils étaient riches, ils avaient moins de plaisir à vivre ensemble.

Quand il fallut partager les nattes, le riz et les lamba, ils ne purent s'entendre. Pour que la part de chacun d'eux fût juste, ils décidèrent de faire appel à tous les gens du village.

Ils se réunirent tous, comme pour une fête, et les vieux entrèrent d'abord. Sur la natte propre étaient les mortiers noirs où l'on pile le riz et les corbeilles de poivrons rouges et secs que bordent des œufs blancs. Il y avait les lamba rouges que seuls les vieillards et les morts peuvent porter. Il y avait des tranches d'anguille séchées et noires, pareilles à des amulettes. C'était un marché silencieux et triste où personne n'achetait rien.

Ikotofetsy et Imahaka, comme des marchands, se tenaient derrière les nattes et disaient : « N'est-ce pas que ceci doit être à moi et cela aussi. » Alors les vieux du village les regardaient de leur œil doux et disaient : « Sans doute il est juste que cela t'appartienne. »

Rasoa vint aussi et ce fut un grand malheur pour Ikotofetsy et Imahaka. Tout de suite, elle reconnut un des lamba que les amis lui avaient volés un jour. Or cela fut étrange : elle n'y songeait guère, mais elle revenait toujours près de ce lamba et n'imaginait pas qu'elle pût partir sans l'emporter.

Premières approches : récits légendaires

Et comme elle passait près de Rabena, elle lui dit : « Comme te voilà beau aujourd'hui! Veux-tu aller à la fête? Il y a là un manteau qui t'irait mieux encore. » C'était un manteau de soie orange où poussaient des fleurs blanches. Rabena l'avait un jour pendu à sa varangue [6], le lendemain d'une grande pluie, et le manteau était parti. Rabena le revit tout à coup et ne dit rien.

Rasoa revint encore vers son lamba. C'était maintenant un lamba sale et bien usé. Elle n'aurait pas osé sortir avec lui. Était-ce Ikotofetsy qui l'avait porté? A l'ordinaire, il soignait mal ses habits et ce n'est pas Imahaka qui aurait pu le surveiller.

Ranaivo élevait en l'air les deux pilons et les soupesait en disant : « Oui, chacun de vous peut en prendre un, car leur poids est le même. » Mais Rasoa vint près de lui : « Ne crois-tu pas que celui-là est le meilleur. Te souviens-tu, il écrasait le riz que tu mangeais chez Ramavo quand vous étiez fiancés. Les repas étaient bons et tu étais invité le premier. »

Elle prit Iketaka par la main et l'embrassa. Puis elle lui montra, dans un coin de la chambre, le coussin de dentelle qu'Imahaka lui avait volé. Pourtant qu'est-ce qu'un homme peut faire d'un coussin de dentelle?

Iketaka alla parler à Rabena. Elle lui parlait à voix basse. Et Ranaivo vint aussi près d'eux. Voici qu'ils parlèrent de plus en plus haut... Tous ceux qui étaient là pensèrent qu'ils avaient raison et se mirent à menacer Ikotofetsy et Imahaka.

Ikotofetsy prit peur. Il eut une grande honte. Il voyait tout à coup sa vie devenir difficile et pénible et il ignorait pourquoi. Il aurait voulu prendre dans ses bras les corbeilles et les lamba et les leur jeter. Il se haïssait.

Rasoa vint aussi près de lui : « Que veux-tu faire Ikotofetsy? Ils croiront que tu peux encore les voler demain. Va, tous sont en colère contre toi. Tout ce que tu feras, ils le

---

6. *Varangue* : véranda.

regarderont avec des yeux mauvais. Tu es pareil au gendre qui va traire les vaches de sa belle-mère : il s'enveloppe de son lamba et la belle-mère croit qu'il cache le lait volé; il s'enroule son lamba autour de la taille, la belle-mère se dit : sûrement, il va tuer le veau. »

La colère et l'amour

Ce texte assez fragmentaire, qui confronte la tendance légendaire et la tendance historique expliquant le peuplement de Madagascar par les Hova, est encore plus rapidement jeté sur le papier que le précédent. [1908]

Le soir.
Une lumière jaune et grise, presque éteinte, tombe sur les mangues et les ananas du marché de paillotes. Et l'on ne sait qui voudrait acheter des fruits aussi tristes.
Deux femmes vont au théâtre; elles se donnent la main, elles montent de minces sentiers de terre rouge. Des branches frôlent leurs têtes; deux lanternes brillantes, sous leurs lamba * de soie jaune, les font presque transparentes.
Un joueur de valiha * s'assied sur une pierre. Le sentier est raviné et creux comme si un torrent y avait passé. Il chante; il dit qu'il est orphelin; il aurait voulu connaître ses parents. Peut-être étaient-ils méchants et durs; alors il n'aurait voulu les connaître qu'un jour ou deux. Maintenant, il s'en souviendrait; au lieu qu'il n'a point de souvenir.
Et quand il a fini de parler, son violon de roseau pousse deux cris si tristes qu'on se rappelle tout ce qu'il a dit.

La nuit vient. Il parle encore. Il raconte aussi ce que furent les premiers Hova de Madagascar.

Crépuscule.

Il n'y avait alors sur terre que les Vazimba [1]. C'étaient des animaux pareils à des hommes. Leurs bras étaient longs et leur voix criarde. Leur corps était couvert de poils; ils savaient manger et courir, mais ils ne connaissaient pas le feu. Depuis ils sont tous morts, chassés par les rois hova, à coups de sagaie. Ils sont enterrés sous des rochers blancs et dans les marais où poussent les joncs. La nuit, ils sortent encore et effraient les enfants et les femmes.

L'on suspend à leurs rochers, pour les apaiser, du miel dans des roseaux et des colliers de perles blanches ou rouges. Ainsi, les Hova ont gardé à travers le temps le remords de la seule action violente qu'ils ont accomplie.

Il y eut, parmi les Vazimba, un homme et une femme qui n'étaient point courts et criards, mais élancés et graves. L'homme était à Tananarive et la femme à Ambohimanga [*]. Tous deux, le soir, surent allumer du feu. La femme vit la fumée qui montait de Tananarive et l'homme la fumée d'Ambohimanga, et ils partirent pour se retrouver.

Ils se retrouvèrent à Ambohimanga [2].

1. *Les Vazimba* sont ce qu'en Afrique on appellerait les « maîtres de la terre ». Ils étaient, selon les légendes, les premiers habitants de l'île, les premiers occupants du pays. Idéologiquement, ils sont le soubassement sur lequel se sont établis la civilisation, l'État, le royaume. C'est par leur anéantissement ou leur expulsion que le présent a pu exister. D'avoir été les premières victimes de fondation de l'Imerina, les victimes émissaires, leur donne rétrospectivement le droit à la vénération. Affectivement, aussi sauvages et primitifs qu'ils aient pu être, les Vazimba sont le passé fabuleux, l'état de nature d'où le progrès que l'on continue à adorer, est issu. Comme les rochers, comme les tombeaux négligés dans les campagnes, ils affleurent encore dans la conscience des jeunes générations éprises de modernisme et qui ont une honte coupable de leurs origines, qu'elles ne peuvent ni renier totalement ni oublier tout à fait.
(D'après Louis Molet : *La Conception malgache du monde du surnaturel et de l'homme en Imerina*, p. 406, Édition l'Harmattan.)
2. *Ambohimanga* est un sommet situé à une vingtaine de kilomètres au nord de Tananarive. C'était autrefois un sanctuaire païen.

Premières approches : récits légendaires

D'où viens-tu et comment as-tu songé à allumer du feu? dit l'homme. Mais elle ne répondit pas et se détourna. Pourquoi ne réponds-tu pas, es-tu fatiguée? dit-il encore. Ainsi, il l'imaginait pareille à lui[3]. Quand ils s'allongèrent côte à côte, sur la terre, il la serra dans ses bras de peur d'avoir froid. Il fut surpris de voir que son corps était aussi grand. Il dormit avec une sorte de gêne et fit des rêves étranges.

Car lorsqu'on voit beaucoup de femmes, il en est toujours une que l'on méprise un peu.

Le lendemain, au réveil, il se sentit fatigué et lourd : Quelle chose étrange avaient-ils faite? [Une sorte de joie obscure venait de lui et il semblait en présence de la conscience de son corps[4].] Il partit, passa deux jours dans la brousse à chercher des hérissons et des tandraka* ou bien, il se couchait sur l'herbe et restait à penser. Puis il revint près de la femme.

[Ils dormaient ensemble. Et son mépris par habitude, lui ayant assez servi, avait disparu[4].] Bientôt, ils eurent des enfants — un garçon et une fille qui partirent vers le Nord, puis d'autres garçons, puis d'autres filles qui allèrent vers l'Est, le Sud, l'Ouest. Et leurs enfants furent les Hova.

Le joueur de valiha s'en va. Il croit cette légende; mais il est peu instruit. Les sages et les Ombiasy[5] ne croient guère cette légende. Ils disent que le vent dissipa la fumée. L'homme et la femme se cherchèrent sans jamais se voir, puis moururent de fatigue, au milieu des herbes blanches qui couvrent les champs d'Asabotsy[6]. Les Hova vinrent bien plus tard, conduits par un naufrage dans l'île. Et ils avaient appris depuis longtemps la colère et l'amour.

3. *Pareille à lui*, en ce qui concerne l'esprit, l'intelligence.
4. [ ] Notes marginales non repérées dans le texte.
5. *L'ombiasy* est un devin-guérisseur.
6. *Asabotsy* est actuellement l'emplacement destiné au marché du samedi.

JEAN PAULHAN PROFESSEUR

Deux discours

Au terme d'une deuxième année d'enseignement à Tananarive, Jean Paulhan se vit chargé de prononcer le discours de la distribution des prix, obligation bien banale en soi; mais il se trouva que ce discours fit impression. On en parlait encore trente ans plus tard et même beaucoup plus récemment, paraît-il.
On comprendra mieux la raison de cet effet en lisant le discours de M. Garbit[1] *qui suivit celui de Jean Paulhan, au cours de la même cérémonie. Il est certain qu'en 1909, le colonial éclairé protégeait, soignait, éduquait, aimait sans doute les Malgaches. Il était bienveillant... nous le dirions actuellement paternaliste.*

Pas de bienveillance chez Jean Paulhan, mais beaucoup de curiosité. Ce qui transparaît à travers ce qu'il a retenu de la vie extrêmement remplie de Jean Laborde, c'est ce qu'il pense de la civilisation malgache. Culture étrange en vérité, bien différente de la culture européenne, mais dont l'inhabituel est précisément ce qui attire, ce qui émerveille le jeune homme. Il ne craint pas, dans son récit (plutôt que discours), d'employer les mots de raffinement, d'intelligence, d'artiste, d'intellectuel, en parlant des Malgaches. Il ne cherche pas le

1. Voir p. 158.

paradoxe, bien au contraire, ces mots lui viennent tout naturellement, parce que c'est ainsi qu'il ressent l'esprit malgache.

Le texte de ce discours a été retrouvé sous forme d'une page de journal photographiée, considérablement réduite et difficilement lisible. Sans doute pris en notes par un journaliste malgache — à qui l'on ne saurait reprocher une connaissance imparfaite du français — le texte présente de très nombreuses fautes. Force nous a été d'assagir une ponctuation un peu turbulente, de corriger fautes de grammaire et coquilles trop insupportables en français comme en malgache.

Ces deux discours ont été publiés dans le « Supplément à l'Indépendant » du 26 novembre 1909, à Tananarive.

DISTRIBUTION DES PRIX
AU COLLÈGE ET AU COURS SECONDAIRE

Discours de M. Paulhan, professeur de philosophie.

Il est un Français, Jean Laborde, qui est venu en Emyrne [1] quand régnait la souveraine la plus cruelle et la plus dure aux étrangers. Laborde sut se faire accepter d'elle; il fut, à Tananarive, le conseiller aimé et ami de quatre souverains; mais il sut être aussi le protecteur généreux des Européens et des intérêts de la France. Et l'on sait toute la grandeur du rôle politique qu'il a joué.

Ce n'est pas de ce rôle politique que nous voulons parler. Mais nous raconterons quelle fut la première vie de Jean Laborde au milieu des Malgaches. Il se fit aimer de ce peuple, si profondément raffiné et intelligent mais si susceptible et si facilement inquiet; et, ayant acquis l'affection des Malgaches, il ne lui fallait plus guère, pour toute la grandeur du rôle qu'il a rempli, qu'un peu d'amour pour la France.

Un commerçant français, M. de Lastelle, s'était établi vers 1825 sur la côte de Madagascar. Il avait à Mahanoro [2], à Mananjary [2], à Tamatave [2] des propriétés plantées d'arbres à pain, de cocotiers et de caféiers. Lastelle, décidé, correct et simple, était ce que les Malgaches appellent un bon

---

1. *L'Emyrne*, c'est l'Imerina (ce qui domine, ce qui est visible de loin), province centrale de Madagascar, où se trouve la capitale, Tananarive. Au début du siècle, les Français disaient Emirne, suivant ainsi les Anglais qui prononçaient Imaïrne.
2. *Tamatave, Mahanoro, Mananjary* sont des villes de la côte est.

travailleur. Ceux de Tananarive, d'ailleurs, le connaissaient à peine et seulement de réputation; il venait parfois en Emyrne visiter la reine et les officiers du palais. On lui donnait alors des commissions pour la France; il repartait, et quelque temps après, envoyait ses cadeaux à Tananarive; c'étaient des carafes, des glaces, des filanzanes * recouverts d'or et des robes de soirée. La reine recevait de lui les fusils que l'on donnait aux troupes sûres. Ainsi on ne le connaissait guère que par ses cadeaux et Jean Laborde fut l'un des cadeaux qu'il fit à Ranavalona I.

Jean Laborde était né à Auch. Il était fils d'un sellier; il paraît avoir eu un esprit fort mobile et changeant tant qu'il n'eut pas trouvé Madagascar. Il avait servi quelques années dans un régiment de cavalerie, puis était allé à Bombay où il avait créé une sellerie et des ateliers d'armes.

Il revenait de Bombay quand un naufrage le jeta sur les côtes de Madagascar. Il avait alors vingt-cinq ans. Lastelle le recueillit et l'envoya à la reine : « J'ai trouvé, disait-il à Ranavalona, l'homme dont vous avez besoin. Il a beaucoup d'intelligence, et aime les sentiments de famille. Vous voulez avoir des manufactures d'armes et de canons; il vous les installera. » Laborde partit donc pour Tananarive; comme il convient, il fit dès son arrivée une visite au Premier ministre et lui demanda la permission de voir la reine. La reine le reçut : elle lui expliqua qu'elle n'avait pas besoin de Français dans son royaume, mais elle désirait des fusils et des canons et Laborde, s'il voulait lui en fabriquer, pourrait rester cinq ans à Madagascar. Il irait s'installer à Ilafy [3], vers le Nord, où travaillait déjà un ouvrier français, M. Droit, et il lui serait permis d'acheter des esclaves.

Laborde accepta et quitta Tananarive pour Ilafy. Après quelque temps le bois lui manqua et il vint s'installer à Mantasoa [4], près de la forêt.

3. *Ilafy* est au nord de Tananarive. C'est le lieu de sépulture de Radama II qui fut étranglé en 1863.
4. *Mantasoa* est à une cinquantaine de kilomètres de Tananarive.

Laborde ne donnait aux Malgaches qui travaillaient sous ses ordres aucun enseignement théorique; mais il était lui-même au travail du matin au soir, courant de tous côtés, donnant des conseils brefs, précis; les Hova que la reine avait appelés là lui obéissaient, sans beaucoup s'intéresser à leur travail, et seulement parce qu'ils savaient que la reine voulait des armes et que ceux qui échappaient aux corvées était sévèrement punis.

Mantasoa, quand Laborde y vint, était une colline inculte; les ouvriers durent d'abord construire un rova* où viendrait habiter la reine, quand il lui plairait de visiter les travaux; puis ils bâtirent la maison de Jean Laborde, les maisons des officiers qui accompagneraient la reine à ses visites. C'étaient des cases en terre, bien alignées, peu hautes, entourées de pêchers. Une rivière coulait au pied du village.

Laborde appela ce village Soatsimanampiovana, c'est-à-dire : le bien qui ne changera pas. Il fit construire un haut fourneau en pierres de taille, de vastes bassins à écluses et une manufacture de canons. Quand le Père Finnaz[5] passe à Mantasoa, il trouve vingt canons de campagne prêts à être remis à la reine. A côté de la fabrique d'armes et de poudre, Laborde a établi une verrerie, une poterie, une fabrique d'indigo[6], une savonnerie, une distillerie de rhum. Plus loin, l'on trouve encore une magnanerie et un arsenal de fusées à la congrève[7]. Les jardins qui les entourent sont plantés en légumes de France.

Qu'est-il resté du travail fait à Mantasoa? Les fusils au moins et les canons répondirent tout à fait aux désirs de la reine. Ils servirent dans les guerres de Ranavalona contre les peuples du Sud. D'autres canons furent placés à Tana-

---

5. Le révérend-père *Finnaz* était un missionnaire jésuite du XIXe siècle. Ce fut un des premiers arrivés à Madagascar.
6. Madagascar exportait la teinture végétale bleue fournie par l'*indigo*.
7. *Les fusées à la congrève* étaient destinées à la Marine.

narive : on les tirait le jour du bain de la reine [8], et quand elle entrait ou sortait de sa capitale. Dès que Laborde avait achevé un canon, les officiers du palais venaient le prendre en grand secret et allaient l'essayer à Ambatoroka [9]. Le savon qui se faisait à Mantasoa était un savon rude, jaune, à peu près semblable au savon de Marseille. Il y a cinq ans, un ancien ouvrier de Laborde, qui habitait aux environs d'Ambohimanga *, en fabriquait encore. Il est mort sans apprendre à personne le procédé qu'il employait.

Mais les assiettes et les carafes en terre faites à Mantasoa eurent tout d'abord un très grand succès. Vers la fin du règne de Ranavalona I, on les trouve dans toutes les maisons des officiers du palais et même chez beaucoup de Hova pauvres. Les assiettes de porcelaine sont alors chez les Malgaches de l'Emyrne d'un usage aussi fréquent que le sont aujourd'hui les assiettes de fer-blanc émaillé. Ida Pfeiffer [10], qui visite l'Emyrne à ce moment, est surprise de voir combien les Malgaches sont déjà avancés en toutes sortes de travaux industriels.

Le verre était un verre très épais, peu clair et rugueux; il était assez semblable à celui que l'on plaçait en guise de plafond, en France, dans certaines gares. Il ne semble pas que Laborde s'en soit servi.

De tout l'enseignement de Laborde à Mantasoa, une seule chose est restée aux Malgaches d'aujourd'hui : la fabrica-

8. *Le Fandroana* ou bain royal, cérémonie rituelle primitivement d'ordre familial, marquant la fin de l'année et le début de la suivante, devint une suite de fêtes monarchiques pour tout le royaume. Destinées à renforcer le pouvoir du souverain, ces fêtes étaient très populaires car elles s'accompagnaient d'un repos de deux semaines et de nombreux repas de viande de bœuf. C'était une période d'exception, avec un mélange complexe de licences, d'obligations et d'interdictions. Il était interdit, par exemple, de tuer, et tout à fait déconseillé de mourir pendant cette période au cours de laquelle tout devait concourir à éloigner de la mort, sanctifier et régénérer le souverain régnant.

9. *Ambatoroka :* quartier est de Tananarive où s'était installée la mission catholique.

10. *Ida Pfeiffer*, voyageuse et exploratrice autrichienne, visitait Madagascar en 1861. Elle en rapporta des récits de voyages fort précis.

tion des cigares. Avant lui, le tabac était prisé ou chiqué; il apprit à ses ouvriers à rouler les feuilles et à les fumer.

Ainsi, l'œuvre de Laborde à Mantasoa, si elle répondit aux désirs de la reine, fut une sorte d'échec au point de vue malgache. Des vingt mille ouvriers qui passèrent là, un an, deux ans, quelques-uns à peine ont su remporter dans leur village une recette, un procédé de travail qui pût leur être utile. Tous, sans doute, travaillèrent sans plaisir.

L'on sait que leurs proverbes sont pour les Malgaches l'équivalent de ce qu'est pour nous une idée abstraite; de plus un proverbe des anciens entraîne avec lui une certaine autorité; comme nous invoquons dans une discussion la liberté ou la justice, les Malgaches qui discutent font appel à leurs vieux proverbes, et celui qui en rattache le plus à sa cause est le vainqueur. Or plusieurs de ces proverbes font allusion aux travaux de Mantasoa : « Comme la besogne de Mantasoa, dit l'un d'eux, celui qui demande à s'absenter perd quinze sous; celui qui s'en va sans rien demander est à l'amende de deux francs cinquante; mais celui qui reste à travailler perd son lamba* et son salaka[11]. »

Un autre proverbe dit : « Partager le riz comme le fait Ikirijavola : ceux qui vont chercher des escargots ont leurs assiettes pleines; mais ceux qui iront à Mantasoa peuvent bien partir sans manger. » C'est que les ouvriers de Mantasoa ne sont pas payés, au lieu que les chercheurs d'escargots rapporteront toujours le soir quelques escargots pour récompenser Ikirijavola de son riz. Le proverbe s'applique aux gens qui ne donnent un bienfait que pour qu'on le leur rende.

Pour comprendre le mauvais souvenir qu'ont laissé aux Merina[12] les travaux de Mantasoa, il faut se souvenir de quelle manière avaient été recrutés les travailleurs. Les Merina comprenaient trois classes : les Andriana, descen-

---

11. *Salaka* : ceinture-tablier, cache-sexe.
12. *Merina* : habitants de l'Imerina.

dants des premiers rois, les Hova* et les esclaves. Or, sous les rois, la vie des esclaves était parfois très douce : on ne pouvait les employer aux corvées publiques ni aux travaux de l'État; mais ils vivaient chez leur maître, cultivaient ses terres, gardaient ses bœufs et recevaient en retour de lui leur case, leurs habits et leurs repas. Un Hova de richesse moyenne avait jusqu'à cinquante esclaves; mais ces esclaves n'étaient tenus de se trouver dans sa maison qu'au moment de la fête de la reine, du travail de la terre à l'angady*, de la plantation des semis de riz et de la récolte. Le reste du temps, beaucoup d'entre eux étaient libres; il y en avait parfois qui abandonnaient quelques mois leur maître, allaient faire du commerce à la côte, et, en revenant, rapportaient un lamba aux enfants de leur maître.

La vie des Hova était parfois bien plus dure : ils ne payaient guère d'impôts, mais était soumis à la corvée selon le bon plaisir du roi. Les travaux de Mantasoa furent une corvée; les ouvriers, au nombre de quinze cents, furent choisis parmi les tribus en qui la reine avait toute confiance; ils venaient presque tous des Avaradrano [13], au nord de Tananarive. Une fois à Mantasoa, ils durent fournir un travail fort dur, continuel, d'abord sous la surveillance de Laborde, puis sous la surveillance des officiers du palais, plus sévères que lui, qui les frappaient parfois. Ce travail qu'ils ne connaissaient pas encore les fatiguait; ils n'étaient jamais payés, puisqu'il s'agissait d'une corvée. Sans doute Laborde leur avait fait donner des terres et leurs esclaves les cultivaient, mais cela suffisait à peine à les faire vivre. Ils devaient en plus, à chaque absence, à chaque maladie, payer une forte amende à l'un de leurs surveillants. Ils ne pouvaient se reposer qu'une fois par an, à l'époque du bain de la reine.

Leur vie était encore compliquée par toutes les exigences des officiers du palais qui vinrent vivre à Mantasoa, et par les

---

13. *Avaradrano* : l'un des six territoires de l'ancienne Imerina, celui situé « au nord de la rivière » Andranobevava, le plus prestigieux et favorable, d'où furent originaires les principaux rois d'Imerina.

visites de la reine. La reine, les officiers avaient besoin d'assiettes, de carafes, de cigares; ils en réclamaient sans cesse et punissaient si on ne les leur remettait pas aussitôt.

Pourtant Laborde a su échapper à l'impopularité; c'est aux officiers du palais que les ouvriers de Mantasoa gardent rancune — et non pas à celui qui a tout organisé et décidé. Peut-être comprennent-ils que Laborde n'a fait que subir un état de choses que l'on ne pouvait transformer en un jour. L'on dit aussi que Laborde, s'il avait à se plaindre d'un ouvrier, le faisait punir par un officier du palais, n'apparaissant, lui, que pour donner des conseils ou des éloges.

Maintenant, dix ans après la création des usines, il habite à Mantasoa une maison en bois, grande et élégante. Il est marié à une femme andriana dont il a des enfants. Il a, comme un prince malgache, plus de cent esclaves : les uns le servent à Mantasoa, d'autres gardent ses maisons de Tananarive et d'autres conduisent ses bœufs dans le désert ou cultivent ses rizières.

Laborde a aussi ses dekans [14] : ce sont vingt officiers attachés à sa personne, qui l'accompagnent quand il visite la reine ou qui surveillent l'usine. Ce sont eux qui interviennent quand il y a un ouvrier à punir; ne recevant aucun traitement, ils doivent, de temps en temps, infliger des amendes.

Laborde donne des fêtes à ses ouvriers; il les encourage, les conseille et plaisante avec eux. Parfois il leur fait des cadeaux : quand un canon est terminé, la reine envoie à Laborde cinq mille francs pour lui montrer sa joie. Laborde achète alors des bœufs qui seront partagés entre tous les ouvriers, et, aux plus pauvres, il donne des lamba et du riz. Il a changé en quelques années; il ne donne plus, comme au début, des ordres précis et secs; mais il fait à ses ouvriers de longs discours, à la manière des souverains. Il leur rappelle l'histoire des anciens rois de Madagascar. Et lui-même, n'est-il pas aussi un roi? « Du temps d'Andrianam-

---

14. *Dekan* : déformation malgache de « aide de camp ».

poinimerina [15], dit-il, nous, les hommes sous le ciel, étions forcés de vendre jusqu'à la barre de bois qui fermait notre étable à bœufs, et les femmes arrachaient leurs riches pendants d'oreilles pour que le roi puisse acheter des fusils et de la poudre de l'autre côté des mers.

« Or voici qu'aujourd'hui, nous nous trouvons dans nos maisons achevées; nous avons des canons et des fusils. Enfants de l'Avaradrano, vous êtes la tête de la nation : ce travail que vous accomplissez est l'aîné des travaux; car les fusils sont pour un royaume ce que les cornes sont pour un bœuf. Soyez donc appliqués et sages, car j'en ferai un beau récit à la reine et au Premier ministre. »

Il se comparait aussi au roi Andriamanelo qui inventa la sagaie à pointe de fer. Il parlait dans une langue très pure et très courte. On ne le vit jamais en colère. Quand il se montrait, les figures des travailleurs devenaient riantes : ils s'attendaient à entendre les paroles qui leur feraient plaisir. L'on dit que la reine elle-même, qui était cruelle et méfiante, revenait de Mantasoa douce pour quelques jours.

Or, à côté de la vie de travail que menait Laborde à Mantasoa, avait commencé pour lui, assez vite, une vie de fêtes. Il avait senti le goût profond des Malgaches pour les visites polies et les réjouissances. Il avait compris qu'on le mépriserait un peu, tant qu'il ne serait qu'un bon ouvrier.

Il avait d'abord visité la reine, un jour de loin en loin. Plus tard, il prit l'habitude de venir fréquemment passer une semaine à Tananarive. Un officier du palais, Ralaisomay, le remplaçait à Mantasoa. Ainsi, il montait au palais chaque matin et allait parler à la reine. Sans doute, comme le devait la coutume, parlaient-ils ensemble des affaires du pays, longuement, plutôt par allusions, et pour le plaisir de causer.

---

15. *Dynastie royale malgache :* Andrianampoinimerina (1778-1810); Radama Ier (1810-1828); *Ranavalona Ire* (1828-1861); *Radama II* (1861-1863); *Rasoerina* (1863-1868); *Ranavalona II* (1868-1883); Ranavalona III (1883-1897).
Les souverains que connut Laborde sont en italique.

Et les jours de fête, avant de se retirer, Laborde offrait à la reine le hasina [16], la pièce d'argent ou d'or qui montrait qu'il la reconnaissait bien toujours pour sa seule souveraine.

Laborde possède maintenant à Tananarive dix maisons habitées par sept personnes libres et environ quarante esclaves. La plus belle est celle d'Andohalo [17], à l'endroit où se trouve aujourd'hui la place de la poste et le jardin des pères. L'on voyait de ses fenêtres le champ de Mahamasina, le lac de la reine, l'immense plaine de l'Ikopa [18]. Les Malgaches qui passaient s'arrêtaient pour sentir le parfum qui venait des cuisines. Parfois, ils voyaient Laborde se promener à pas lents dans sa cour, un cigare à la bouche, et l'on disait : « Il n'y a personne qui sache être heureux comme Monsieur Laborde. »

Laborde fut nommé Andriana par la reine. Il était grand et fort. Il marchait avec gravité, très droit, les pieds, suivant l'expression malgache, ouverts comme des ailes. Il portait un chapeau haut de forme et des habits de drap bleu ou marron qui venaient de France. Il se parfumait. Quand il descendait de son filanjana * pour monter au palais de la reine, des enfants groupés autour de la porte le regardaient avec attention; une fois rentrés chez eux, dans leur case de bois, ils se raidissaient, les mains sur les hanches, s'appliquant à marcher comme Jean Laborde. Les trois dekans qui le suivaient, portant sa canne ou son manteau, le rejoignaient à la porte du palais et veillaient à ce que son habit ne se fût pas froissé dans le filanjana.

La reine donna des fêtes plusieurs fois; Laborde vit qu'elle aimait la danse; il entreprit alors de lui apprendre les danses européennes. D'abord il les enseigna aux jeunes officiers du palais et aux servantes de la reine; il vint tous les jours leur

---

16. *Hasina* : gage d'allégeance remis à la reine sous forme d'une piastre d'argent non coupée.
17. *Andohalo* est un quartier du centre est de la haute ville de Tananarive, près du palais de la reine.
18. *L'Ikopa* est une importante rivière qui coule non loin de Tananarive.

donner de longues leçons dans le palais, et, quand ils surent assez bien, il y eut chaque dimanche un bal où dansaient ceux de la cour. Tous ceux qui le désiraient entraient dans le palais et regardaient les danses. Quand Laborde et le prince héritier, Rakoto, se levaient pour danser, ils étaient acclamés, tant étaient grandes leur élégance et leur souplesse.

Ces danses s'appelaient l'avéma [19], le kotordanitra [19]; il y avait des sortes de quadrilles pareils au toamasina [20] d'aujourd'hui, il y avait aussi la polka et la valse.

Et c'est ici, sans doute, que l'influence de Laborde fut la plus vive. De toute l'œuvre de Mantasoa, il n'est resté que quelques proverbes malveillants. Mais c'est Laborde qui a enseigné le premier aux Malgaches ces danses graves et fines que l'on fait sans parler, ces suites lentes de saluts où l'on se penche, dans les lamba blancs. Vraiment, il semble qu'il lui ait suffi de marcher et de causer pour faire aimer la France; dans un peuple aussi profondément artiste et intellectuel que les Malgaches de l'Emyrne, sa politesse, sa science des danses devaient laisser plus de traces que des canons ou des fusils.

Il y avait une sorte de serment dans lequel on invoquait le nom de sa sœur ou de sa mère; Laborde, quand il parlait devant la reine, ne manquait jamais de jurer en son nom. On dit que cela la flattait beaucoup.

Aux questions qu'on lui posait, il ne répondait jamais tout de suite, mais disait seulement : « Voilà une affaire embarrassante », ce qui est une réponse très malgache. Quand il guidait la conversation, il parlait des dernières nouvelles de France, des gazettes qui étaient arrivées; ou bien, il disait

---

19. *Avena et Kotordanitra* : ces deux mots semblent ne pas exister et n'éveillent aucun souvenir chez les Malgaches même instruits du passé. Ils ont sans doute été mal retranscrits. Les mots les plus proches seraient *Kotrodanitra* (Tonnerre du ciel) et *Avana* (Arc-en-ciel)!

20. *Toamasina* : nom malgache de Tamatave, port le plus important de la côte est, habité par les Betsimisaraka et une forte colonie merina. Ce devait être une figure de danse provinciale introduite à Tananarive.

comment les Européens avaient acquis lentement, par leurs efforts patients, toute leur civilisation. « Il ne serait pas difficile aux Malgaches de se développer comme nous, ajoutait-il. Ils sont trop intelligents et trop adroits pour ne pas nous suivre; peut-être, dans cent ans, seront-ce les Malgaches à leur tour qui feront des découvertes. »

Laborde ne parlait point de questions morales; mais sa conduite et sa réflexion suffisaient à enseigner ceux qui l'approchaient. Rainiharo, Premier ministre de la reine, était l'un de ses meilleurs amis; ils étaient plus unis, dit un proverbe malgache, que le riz et l'eau : dans le village, ils ne se quittent pas, aux champs ils restent l'un près de l'autre.

C'était la coutume alors, quand un grand personnage tombait malade ou mourait, d'administrer le poison du tanguin [21] à tous ses esclaves. Les uns parvenaient à vomir le poison, et l'on reconnaissait ainsi qu'ils étaient innocents; d'autres mouraient : c'étaient eux qui avaient jeté un mauvais sort sur les aliments de leur maître.

Or, quand Rainiharo fut près de mourir, il dit à la reine : « Après ma mort, je ne veux pas que l'on donne le tanguin à mes esclaves; car si je meurs, c'est sans doute que mes jours sont épuisés, et il n'y a point là de sortilège. » Ainsi Laborde savait transformer ceux qui l'approchaient. Il le faisait sans discours, et, si l'on peut dire, sans autorité. Un prêche moral

---

21. L'ordalie par le *tanguin* ou poison d'épreuve fit des ravages sur les plateaux et contribua avec les condamnations à mort à la dépopulation de l'Imerina.
Encore très récemment, la mort naturelle n'existait pas aux yeux des Malgaches, surtout s'il s'agissait d'un personnage puissant; elle relevait d'un maléfice. Pour découvrir le coupable, les esclaves et amis du mort devaient avaler une préparation à base de tanguin. Ceux qui agonisaient, donc « coupables », étaient achevés à coups de pilons de riz; les « innocents » parvenaient à rejeter le tanguin, mais restaient souvent diminués et affaiblis. Ce « jugement » fut supprimé par Radama II en 1861 et à nouveau condamné par Rasoerina en 1863.
L'arbre du Tanguin (Tanghinia Venenifera) était abondant sur les côtes malgaches. Les sortes de « noix », très vénéneuses, qu'il produisait étaient vendues librement à Tananarive.

n'est qu'un appel à une nouvelle forme de superstition. Il s'adressait seulement à la raison de ses amis.

Cependant à Tananarive, Laborde travaille encore activement. Il fait installer des paratonnerres [22] sur un grand nombre de maisons. C'est lui qui fait le plan du tombeau du Premier ministre, à Isotry. Il fait construire le palais de la reine, avec le revêtement de pierre [23] qu'il a aujourd'hui. Et plus tard, il fera venir jusqu'au palais, par des conduites de ciment, l'eau prise à Ambohimalaza [24].

Or, la reine Ranavalona, en vieillissant, devint plus cruelle qu'elle ne l'avait encore été. Elle avait des caprices subits et absurdes : lorsqu'elle avait vu quelqu'un en songe, cette personne était le matin condamnée à mort. Tous les jours, dans un district près de Tananarive, un village allait se dépeuplant par suite des victimes que l'on y faisait : la seule raison en était que la reine ne l'aimait pas. Laborde et le prince héritier Rakoto, son ami, sauvèrent plusieurs condamnés. Mais les massacres continuaient, plus cruels sans cesse.

Un complot se forma bientôt, moins contre la reine que contre le Premier ministre Rainijohary qu'on accusait de l'influencer. Les Hova allèrent demander son appui à celui qui leur semblait un protecteur tout désigné, Laborde.

Et Laborde accepta. Ce fut dans une de ses maisons à Ambohitsorohitra, que la préparation du complot s'ébaucha et se poursuivit. Il ne s'agissait plus seulement, dès lors, de déposer un ministre, mais de donner à l'avenir une direction française aux affaires du pays. L'union à la France s'imposait naturellement à l'esprit de bien des Hova, et n'était qu'une autre forme de leur affection pour Laborde. « De

---

22. D'après Ida Pfeiffer, « Tananarive est la ville où l'on voit le plus souvent tomber la foudre, tuant jusqu'à 300 personnes par an ».
23. Si c'est bien à Jean Laborde que l'on doit la construction en bois du palais de la reine, c'est par contre à James Cameron, artisan missionnaire, que revient le mérite du *revêtement de pierre* entourant la première construction (1830-1835).
24. *Ambohimalaza* est une ville proche de Tananarive; la population andriana y est très importante.

toutes parts, écrit un des hôtes de Laborde, on venait me demander : Quand les Français arrivent-ils? Que devons-nous faire pour qu'ils ne souffrent pas trop des mauvais chemins du pays? »

Et Laborde écrira plus tard de Tamatave : « Je suis convaincu de n'avoir agi, à ce moment, que pour le bonheur d'un peuple acculé sous un joug de fer; mon ambition aurait été de le délivrer et de l'unir à la France, persuadé que sous sa puissance, il aurait joui de l'avantage de la civilisation. »

Le complot fut découvert. La reine hésita quelques jours, puis malgré elle, se décida à renvoyer à la côte Laborde et les Français qui s'étaient réfugiés chez lui.

A la mort de Ranavalona, Laborde put remonter à Tananarive. Il y resta jusqu'à sa mort. C'est d'ailleurs son ami intime, son fils adoptif Rakoto, qui régna sous le nom de Radama II.

Radama II était étrangement développé et intelligent. Il voulut appeler à Madagascar, pour aider les Merina, les Français et les Anglais. Il aurait encore voulu des Russes et des Allemands. Il songea même aux Chinois, dont il connaissait un peu la civilisation, et à qui il trouvait une grande ressemblance avec les Malgaches.

Ses idées montraient une largeur, une indépendance rares : « Je vous dirai franchement, écrit-il, que si je régnais et commandais, je ne regarderais comme source véritable du progrès que le commerce et les arts. Quant à la religion, que chacun suive celle qu'il veut. »

Le rôle politique de Radama fut insignifiant. Il avait vu sous Ranavalona les mauvais effets de la cruauté; il pensait que l'on pouvait arriver à tout par la douceur, et il ne demandait qu'à laisser, lui, jouer et danser. Car il aimait fort les jeux; parfois, au milieu de la nuit, il se réveillait, se levait, et appelait ses compagnons pour organiser une fête.

Il avait de la liberté une idée scrupuleuse et publia une loi qui disait : « Quand deux hommes veulent en venir aux mains et que l'un des deux blesse ou tue l'autre, il n'y a rien à leur dire. » Mais cette loi déplut fort aux officiers du palais.

La manière brutale dont avaient été recrutés les ouvriers de Mantasoa déplaisait à Radama. Puis la misère y avait toujours été grande et Radama ne songeait guère à se servir un jour de fusils ou de canons.

Ralaisonay avait remplacé Laborde à la tête des usines de Mantasoa. L'on y faisait encore quelques fusils et de la poudre; mais un jour, Ralaisonay reçut l'ordre de dire à ses travailleurs que ceux qui désiraient partir étaient libres de le faire. Et presque tous retournèrent dans leur village. A peine en resta-t-il quinze ou vingt, quelques années encore.

Ce fut la fin des travaux de Mantasoa. Ils avaient duré environ trente ans. Il y eut des officiers du palais qui allèrent se plaindre à Radama : « Sans doute, le peuple s'y fatiguait, mais c'était une grande œuvre nécessaire au gouvernement. » Laborde dont le pouvoir était très grand sur l'esprit du roi ne dit rien.

Et Laborde mène dès lors une vie pareille à celle des officiers du palais. Il est le conseiller du roi, un de ses compagnons de jeux; Radama lui donne en retour l'argent dont il a besoin.

Comme il est l'ami du roi, Laborde est l'ami des officiers qui vont faire une conspiration contre Radama. Et pour tous, il représente quelque chose de plus haut que leurs querelles, il représente la France. Un chant malgache dit : « Ne dites pas que M. Laborde est malgache, ses véritables amis sont en France. »

Laborde fut nommé consul de France le 21 février 1862. Chargé alors d'intérêts plus précis, il resta aussi simple, aussi sympathique envers tous ceux qui l'entouraient. Après l'assassinat de Radama, il fut un des plus fidèles conseillers de Rasoerina qu'il soigna pendant sa longue maladie, puis de Ranavalona II qu'il accompagna dans ses voyages. Il mourut à Tananarive, le 27 décembre 1876.

Il est enterré à Mantasoa dans un tombeau pareil à celui

du Premier ministre, mais plus petit. Il y eut longtemps d'anciens esclaves de Laborde qui le gardèrent; de ces esclaves que l'on appelle les sauterelles gardiennes de tombeaux. Laborde y repose à côté de sa sœur. Mais la clef du tombeau a été perdue et, contrairement à la coutume malgache, le tombeau ne sera plus ouvert.

Ainsi, si Laborde a été le grand Français que nous avons appris à admirer, c'est qu'il avait su connaître les Malgaches et s'en faire aimer. Il fut lui-même un très bon Malgache et c'est ainsi qu'il put faire pénétrer ici quelques-unes de ses idées et quelques-uns de ses sentiments.

Sa vie sans doute nous donne un autre enseignement : Pour nous qui sommes venus grâce à la protection de la France, c'est peut-être un devoir, un devoir d'amour-propre au moins, de chercher à montrer par notre conduite avec les Malgaches que chacun de nous aurait pu y venir seul et s'y faire accepter.

Discours de M. Garbit[25],
*Secrétaire général des colonies,
chargé de l'expédition des affaires.*

Mesdames, messieurs, mes chers enfants,
Permettez-moi de vous arracher à l'époque de Jean Laborde, où, en quelques minutes, grâce à l'éloquence de M. Paulhan, nous venons de vivre une longue existence.
Pour que la transition ne soit pas trop brusque, avant de revenir à l'heure présente, nous nous arrêterons quelques instants à l'année 1895. Lorsque la colonne mobile dont je faisais partie (rassurez-vous, je ne veux pas vous conter mes campagnes) débouchait des hauteurs avoisinant Fihaonana, et apercevait pour la première fois la silhouette massive et puérile du palais de la reine[26] — lorsque quelques jours après le 30 septembre 1895, nous campions à Tana-

25. *Hubert Garbit* (1869-1933), ancien polytechnicien, participa aux expéditions militaires qui conduisirent à la prise de Tananarive. Il revint à Madagascar à partir de 1906 et y occupa différents postes importants pour finalement en devenir le gouverneur général en 1918. Financier remarquable, il réalisa de grands travaux de communication et sut utiliser et mettre en valeur les ressources du pays.
Il s'intéressa à tout, mais s'attacha particulièrement à l'enseignement qu'il rendit accessible aux Malgaches et à l'assistance médicale. Il humanisa les rapports entre l'administration et les habitants de la Grande Ile, recommandant « le respect de la dignité et de la personnalité malgaches ».
26. Cette *silhouette massive et puérile du palais de la reine* a cependant soulevé l'enthousiasme d'Ida Pfeiffer qui considère ce palais de bois comme une « œuvre gigantesque, digne d'être assimilée aux sept merveilles du monde » (*Voyages*, p. 210).

narive, nul d'entre nous ne pouvait penser que, quatorze années après, la vie française, l'activité nationale seraient à tel point implantées dans ce pays.

Et je ne pensais certes pas, pour ma part, que quatorze années après, je présiderais la distribution des prix du collège de Tananarive.

Et même, lorsqu'il y a deux années, le gouverneur général, M. Augagneur, fonda cet établissement qui est son œuvre et sa pensée, sans doute n'espérait-il pas un si rapide, un si complet succès.

Le collège de Tananarive a ouvert ses portes le 16 janvier 1908, avec 9 élèves; il en comprenait 16 au 30 mars, 26 au 15 novembre, avant les grandes vacances. A la rentrée suivante, le 16 janvier 1909, il en avait 46 et en novembre de la même année 71.

Ce chiffre comprend : 48 enfants de fonctionnaires civils et militaires, 23 enfants de colons et commerçants.

L'inscription de quelques internes a prouvé déjà que notre enseignement secondaire commence à être connu dans toute la colonie et il est probable qu'en 1910, des élèves assez nombreux viendront de Tamatave, Majunga, Diégo et de tous les autres centres où se trouvent des Européens.

Le personnel enseignant, au cours de la même année, se composait d'un principal, trois professeurs, cinq chargés de cours, quatre instituteurs, ou institutrices ou maîtres répétiteurs.

En 1910, ce personnel s'augmentera de deux professeurs : un professeur de lettres et un professeur de sciences.

En outre une classe de seconde sera créée.

Dans un avenir prochain sans doute, la création de classes supérieures se trouvera tout naturellement justifiée et les élèves pourront poursuivre leurs études jusqu'au baccalauréat inclusivement. Il sera d'autant plus facile de faire passer cet examen que Madagascar possède un professeur de l'enseignement supérieur qualifié pour présider le jury réglementaire.

Le succès des cours secondaires paraît avoir été moins rapide que celui du collège. Beaucoup de parents européens s'imaginent encore que l'instruction est de peu d'importance pour les filles et gardent leurs enfants à la maison.

En outre les facilités données par la demi-pension ou l'internat n'existent pas encore pour les cours secondaires.

Ces cours sont d'ailleurs dans leur enfance. Ils n'ont été ouverts que le 15 janvier 1908 avec 12 élèves. 14 élèves étaient présentes à la fin de l'année.

La rentrée de 1909 s'est effectuée avec 17 inscrites et le chiffre des élèves présentes s'élevait à 21 au mois de novembre 1909. Cette progression est lente mais continue; elle permet de bien augurer de l'avenir.

Je regrette, et certainement vous regretterez avec moi, que M. Augagneur — si profondément attaché au développement de l'enseignement à tous les degrés dans cette colonie — n'ait pu lui-même présider cette cérémonie, et n'ait pu décerner, avec l'autorité qui s'attache à sa parole, les félicitations si méritées par le corps enseignant de Madagascar.

Je remercie en son nom le directeur de l'enseignement, la directrice du cours secondaire, le principal du collège et tous les maîtres, du concours si dévoué — si passionné peut-on dire — qu'ils ont apporté à ces œuvres.

Ce qui fait l'intérêt de cette réussite, ce n'est pas seulement le vain plaisir de dresser de brillantes statistiques, ni même la légitime satisfaction de constater le succès de l'enseignement officiel. Ici, à Madagascar, c'est bien plus et c'est autre chose.

En donnant aux Européens le moyen de faire élever sur place leurs enfants, on leur a permis de transporter ici leur foyer tout entier. En assurant l'éducation des enfants, nous avons attiré les mères. Et c'était bien le plus sûr moyen d'attacher les pères à ce pays.

M. Augagneur, sans doute, n'avait pas été sans spéculer sur une aussi légitime faiblesse.

Et puis c'est autre chose encore : c'est pour nous tous Français, même pour les parias qui ne peuvent goûter aux joies de la famille, un peu de France transportée ici.

Les horizons brumeux et jadis moroses de Tananarive, que j'avais connus en 1895, les collines rougeoyantes et mornes, les rizières monotones, tout cela s'est animé, éclairé de vie et de gaieté dès que nous avons vu jouer et courir des enfants de France. Tout cela s'est enveloppé de charme et de grâce, dès que le paysage monotone auquel il manquait quelques joyaux s'est enrichi de quelques silhouettes de femmes françaises.

Pour cela, le soleil est devenu moins chaud, le climat plus clément, la fièvre plus bénigne, le travail plus léger.

Et c'est ainsi que le gouverneur général, en fondant le collège et le cours secondaire, a créé deux merveilleux instruments de colonisation.

Quant à toute cette jeunesse, quels avantages n'en a-t-elle pas retirés? Au lieu d'être à présent dans quelque triste et lointaine pension, vous pouvez, enfants, goûter ainsi aux joies familiales. Vous avez aussi l'incomparable bonne fortune d'avoir fait tout jeunes un grand et beau voyage.

Vous avez pu apprendre beaucoup de choses : un peu de la géographie et de l'histoire d'un autre peuple, dont vous êtes presque déjà les éducateurs, des quantités de renseignements pratiques. Mais surtout, par le plus vaste champ d'observation qui vous était offert, vous avez acquis de nombreuses notions — conscientes ou inconscientes encore — qui doivent contribuer à former votre jugement, à affiner votre goût et surtout à affermir votre caractère.

Et si, plus tard, la destinée vous appelle à passer le reste de votre existence dans quelque bourgade de la mère-patrie, vous aurez encore la possibilité, grâce à ces souvenirs, de refaire en imagination de magnifiques voyages.

En ce moment les élèves du collège ont déjà pris leur vol. Les fillettes moins favorisées (il faut bien qu'elles s'habituent toutes jeunes au rôle de sacrifice qui leur incombera plus tard), les fillettes sont encore en cage; mais la volière va s'ouvrir tout à l'heure.

Il ne me reste donc qu'à vous souhaiter aux uns et aux autres d'heureuses vacances. Vous êtes à l'âge où le passé existe à peine, où les soucis de l'avenir n'existent pas encore, soyez donc tout entiers aux joies de l'heure présente.

Un Anglais de beaucoup d'imagination a prétendu avoir inventé, je ne vous conseille pas de le croire, une machine à explorer le temps; il deviendrait possible de se promener dans les siècles révolus ou dans les temps futurs.

S'il en était ainsi, ce serait très incommode, car il deviendrait fort difficile de rencontrer ses amis qui, lorsqu'on irait les visiter, seraient en excursion dans l'année 3 ou 4000 de notre ère, ou dans les temps de la Grèce et de l'Antiquité. Mais en outre, cette invention aurait un inconvénient beaucoup plus grave.

Si une telle promenade était possible, même pour une seule fois, on n'ignorerait plus rien de la destinée, les rêves d'avenir deviendraient impossibles, le présent se consumerait dans l'attente, ou dans la crainte des catastrophes annoncées.

Par bonheur une telle machine n'existe pas. Soyez donc heureux, faites de beaux rêves et goûtez en paix aux joies de l'heure présente. Que vos vacances vous paraissent courtes, mais cependant un petit conseil en terminant, faites qu'à vos parents les vacances ne paraissent pas trop longues!

Voici les propres commentaires de Jean Paulhan sur son discours, commentaires tirés des lettres envoyées à sa famille autour de cet événement officiel.

Malheureusement les entrefilets obligeants et désobligeants n'ont pas été retrouvés.

Dimanche matin distribution des prix. On devait la faire le 11 janvier. C'est Renel qui avait calculé cela parce qu'il va partir dans un mois et qu'il n'aurait pas eu l'embêtement de la préparer. Mais Garbit a exigé qu'elle se fasse à la fin de l'année scolaire. Ce sera au théâtre, avec la musique du gouvernement. Garbit et Renel parleront, dès que j'aurai placé un assez long topo sur Jean Laborde, un des premiers Français qui soit venu ici, un type peu recommandable, mais assez énergique et très bon — qui a failli donner Madagascar à Napoléon III [27].

Toute cette semaine, j'ai dû travailler à mon discours pour la distribution des prix. C'est sur Jean Laborde. Peut-être ça sera publié : alors je vous l'enverrai. Garbit me répondra et il y aura de la musique et 100 personnes. Ça sera très important.

D'ailleurs mon discours n'est pas intéressant parce que j'ai dû y mettre des considérations morales. Aujourd'hui il sera soumis à Garbit [28].

La distribution des prix s'est très bien passée. Garbit a fait un petit topo très aimable pour le collège — mais assez court. Moi j'ai parlé pendant une demi-heure, avec beaucoup d'aplomb.

Je t'envoie un journal qui affirme que j'ai été éloquent et un autre où l'on reproduit tout mon topo. Le premier aurait peut-être suffi — et je ne sais pas si l'histoire de Laborde t'intéressera. C'était un type heureux et qui savait bien vivre. Mon discours était surtout intéressant parce qu'on le représente toujours comme un héros sacrifiant sa vie aux intérêts de la France. J'avais trouvé de vieux Malgaches qui l'avaient connu, et quelques manuscrits sur lui [29].

Tu verras dans les entrefilets que j'envoie à maman comme on m'arrange dans le journal d'A. au sujet de mon discours [30].

27. Le 20.11.09 à sa mère.
28. Le 20.11.09 à sa tante.
29. Le 30.11.09 à sa mère.
30. Le 20.12.09 à sa tante.

Tu as lu mon discours sur Laborde? Il a été décidément mal accueilli, après l'avoir été très bien sur le moment. Tout le monde admet que j'ai manqué de tact, à part quelques types sympathiques [31].

---

31. Le 01.01.10 à sa mère.

Entretien avec Philippe Micouin

Par un hasard merveilleux, mais mystérieux, j'ai rencontré Philippe Micouin, ancien élève, à Madagascar, de Paulhan; à la recherche de détails sur ce personnage qui dépouillait si bien les mots sans jamais se découvrir, je demandai à Philippe Micouin un entretien, où il chercha à se souvenir avec émotion et gentillesse des images malgaches qu'il conservait fidèlement. Il me dit ne faire qu'avec horreur des rétrospectives sur sa vie mais qu'il se devait de faire une exception pour son professeur, comme pour lui rendre un dernier hommage.

L'entretien qui suit n'a pour défauts que ceux de son instigateur. Pris au dépourvu par l'occasion qui se présentait, j'étais impatient de découvrir, au gré des réponses, ce respectueux portrait de Paulhan en pleine formation, au centre de ce laboratoire malgache d'où il recueillit patiemment les premiers matériaux de son travail et de son œuvre.

Michel Léon.

— En quelle année étiez-vous l'élève de Jean Paulhan?
— De 1908 à 1910. Je ne suis pas très sûr des dates. On commençait les cours en janvier.

— Comment était votre professeur ?

— Il était grand, et avait l'air jeune, très ouvert, il portait alors une légère moustache et me semblait fort sympathique. Sa voix était assez grave, il parlait très bien...

— Vous souvenez-vous de vos camarades ? Y avait-il des Malgaches parmi vous ?

— Pas au début, non, il y avait des métis, des créoles, des métropolitains, des fils de colons ou de fonctionnaires, mais peu de temps après l'ouverture, Augagneur, le gouverneur général, fit accorder la citoyenneté française à certains Malgaches, dont les enfants nous ont rejoints au lycée. Ce n'étaient pas les moins doués d'ailleurs. J'étais moi-même fils de colon et je suis né à Madagascar.

— Comment Jean Paulhan appréciait-il la présence de Malgaches dans son cours ?

— Il s'intéressait beaucoup à ses élèves malgaches et semblait bien les aimer.

— Êtes-vous au courant de l'intérêt qu'il portait aux Malgaches ?

— Incidemment. Plusieurs fois je l'ai entendu vanter la douceur et la finesse malgaches. Il s'entendait très bien avec eux autant que j'ai pu en juger.

— Enseignait-il uniquement le français ?

— Il m'a enseigné le français et le latin, je crois qu'il donnait aussi des cours de grec, mais à partir de la quatrième. Et c'est en faisant des remplacements qu'il a fait un peu de tout.

— Il raconte qu'il faisait faire de la gymnastique ?

— Il nous faisait parfois faire de la gymnastique suédoise, c'était assez facile en somme, on allait dans la grande cour du lycée pour y faire des mouvements de bras et de jambes, des assouplissements au sol.

— Vous a-t-il fait faire du chant ?

— Pas dans ma classe, mais c'est possible dans d'autres classes, car il faisait un peu de tout. Bénévolement, en remplacement, par gentillesse en somme !

— Est-ce que vous avez assisté à la fameuse distribution des prix?
— Il y a fait un discours que j'aimerais bien relire. C'était la première année du lycée ou la deuxième. Je ne me souviens plus du discours, mais de l'ambiance... J'avais eu pas mal de prix cette fois-là; j'étais pour lui un bon élève, voici d'ailleurs un mot qu'il m'envoya en 1959... Malheureusement j'étais alors souffrant et je n'ai pas donné suite. Mais je peux dire qu'il avait déjà cette écriture sur les copies, je me souviens très bien de cette minutieuse calligraphie.
Texte de la lettre :

Cher Philippe Micouin,
Qu'êtes-vous devenu depuis si longtemps? J'ai gardé très bon souvenir de votre conte du pêcheur et de la sirène.
Avec l'amitié de J. P.

Il avait bonne mémoire parce que le conte en question, écrit cinquante ans auparavant, était une rédaction qui lui avait beaucoup plu. Il m'avait donné 20 sur 20 et la montrait à tous ses amis. C'était un conte oriental écrit en troisième. Quelle mémoire et quelle bienveillance! Malheureusement, je ne l'ai jamais revu après Madagascar. Juste ce petit mot... ce petit souvenir!
— Avez-vous l'impression que Jean Paulhan a eu une influence sur vous, une influence remarquable?
— Certainement, il m'a donné des habitudes de clarté dans les rédactions et les devoirs qui m'ont toujours servi et il a eu une certaine influence sur mon style, sur la forme de mes idées, de mes phrases. Il nous faisait *beaucoup* travailler le style. La classe de troisième avec lui fut une année extraordinaire...
— Et le contenu des cours?
— Beaucoup de poésie!! Il m'a révélé presque tous les auteurs que je connais... Quand il lisait un poème, à un moment donné, il nous disait : « Il y a un très beau vers,

lequel est-ce? » C'était la devinette! Ainsi avons-nous découvert des vers splendides dans Vigny, dans Racine. Vous voyez, nous avons parlé d'auteurs du Moyen Age jusqu'à Paul Valéry, en somme... Et nous avons parcouru dans le désordre tous les siècles. Il passait d'un contemporain à Villon. On ne s'ennuyait jamais.
— Qu'êtes-vous devenu ensuite?
— J'ai été aviateur pendant la Première Guerre mondiale, j'ai démissionné, j'ai fait mon droit et je suis devenu administrateur civil aux Finances, ce qui m'a permis de partir en mission en différents endroits...
Mon souvenir de Jean Paulhan est très vif, et je fais une exception pour lui, car je déteste me reporter au passé!
J'ai lu avec délices *Les Fleurs de Tarbes,* et quelques autres recueils, mais je ne suis jamais arrivé à dominer parfaitement le texte. Je comprends par morceaux; on peut en faire des interprétations différentes. Il y a du Mallarmé en lui! Du mystère mallarméen plutôt!

Juin 1979.

A l'issue de cet entretien, Philippe Micouin tendit à Michel Léon, écrit sur du papier écolier, un dernier « devoir de français ».

Au lycée de Tananarive

Il y a quelques dizaines d'années, aux alentours de 1908, fut créé, sous Augagneur, le lycée de Tananarive. Il était installé dans une très grande et très belle villa, dans les hauts de la ville, en bordure du jardin d'Andahalo. Au jour de l'ouverture, nous étions neuf aspirants au titre d'élève. Le corps enseignant, composé au départ du seul surveillant général, nous fit passer des examens et nous répartit dans les trois classes de sixième, cinquième et quatrième. Au fil des jours, notre groupe s'agrandit et les professeurs attendus ne tardèrent pas à arriver de France. Parmi eux, l'un des premiers, sinon le premier, fut Jean Paulhan.

Il devait avoir vingt-trois ou vingt-quatre ans, et sous la blancheur du casque colonial il arborait un air très jeune. Il était grand, bien découplé et d'aspect sympathique.

Il fut mon professeur de latin et de français, et pendant tout son séjour malgache mes relations avec lui ne furent que celles d'élève à professeur. Mon témoignage sera donc très limité. Je vais néanmoins tenter de réveiller quelques souvenirs scolaires.

Il a écrit quelque part qu'il n'avait pas été un bon professeur. Je me permets de le contredire respectueusement. Il a été un très bon professeur, appliqué et efficace, et si vraiment il n'aimait pas son métier il n'en laissait rien paraître.

Mes souvenirs de classe ne sont vraiment précis qu'à partir de la troisième. De mes années de sixième et cinquième je me souviens surtout qu'elles furent calmes et sans heurts.

Comme nous étions peu nombreux, Jean Paulhan pouvait s'intéresser à chacun de nous, et il venait souvent s'asseoir sur nos bancs, près de l'un ou de l'autre, interrogeant et conversant. Décliner *rosa* la rose, ou conjuguer *amare*, ou traduire à livre ouvert (ou presque) le *De Viris*, ne nous parurent jamais des exercices rebutants. En français, il nous faisait faire beaucoup de rédactions, était intraitable en ce qui concerne la correction grammaticale et insistait beaucoup pour que nous soyons clairs en évitant les phrases longues. Il veillait à notre écriture et je me souviens d'un détail minuscule : il m'a fait changer la forme de mes « e » en insistant pour que la boucle du haut soit nette et bien arrondie. Encore maintenant, quand je n'écris pas trop vite, je forme mes « e » et mes lettres à boucle à la Paulhan.

C'est à partir de la troisième que les choses devinrent vraiment intéressantes. Il m'avait fait sauter la quatrième et je me suis trouvé mêlé à un petit groupe assez homogène d'élèves que la littérature intéressait. Aussi Jean Paulhan faisait, me semble-t-il, cette classe avec plaisir, et je le soupçonne même de nous avoir entraînés avec lui bien au-delà du programme.

Sans égard à l'ordre de succession des siècles, il nous fit faire la connaissance des auteurs les plus divers, passant des modernes aux classiques, des médiévaux aux contemporains, s'attardant peut-être quelque peu au Voltaire des Contes, aux précieux, aux symbolistes... Cette façon de procéder ôtait toute monotonie aux leçons. Il nous faisait lire à haute voix les beaux textes, lisait souvent lui-même et ses commentaires étaient parfois caustiques.

Dans la marge de nos dissertations, qui étaient fréquentes, il dessinait de sa belle écriture des appréciations flatteuses ou ironiques. Et toujours ce souci de la clarté!

Nous avions parfois à lire à la maison un ouvrage que nous devions ensuite résumer oralement en classe. J'eus ainsi à traiter *L'Odyssée* dans la somptueuse traduction de Leconte de Lisle et *A Rebours* de Huysmans. Ce dernier livre qui m'enchanta me donna beaucoup de mal à résumer.

Il attachait grande importance aux questions de style et de poésie. Il nous familiarisa donc avec les figures de rhétorique, figures de mots et figures de pensée et nous initia aux règles de la prosodie. Pour exercer notre virtuosité il nous dictait les onze premiers vers d'un sonnet (de Ronsard ou de Heredia, par exemple) et nous demandait de rétablir le dernier tercet selon notre inspiration. Ou bien, il s'amusait au jeu des bouts rimés en nous proposant les rimes tirées d'un poème de Verlaine, de Baudelaire ou de tout autre. Nous confrontions ensemble nos essais avec l'original et le chef-d'œuvre nous servait ainsi de corrigé.

Comme nous étions à l'âge de la mémoire heureuse, il nous encourageait à apprendre par cœur des poèmes que nous choisissions nous-mêmes ou que lui-même nous proposait : un peu de Maurice Scève, beaucoup de Baudelaire, beaucoup de Mallarmé. Il semblait avoir une prédilection pour ce dernier, dont les courts poèmes qu'il nous avait révélés hantèrent longtemps ma mémoire.

Ce fut une heure de féerie littéraire celle où il nous fit un cours sur Rimbaud et nous lut *Le Bateau ivre*. Il nous lisait aussi dans des revues rares des vers de poètes inconnus (pour nous) et c'est ainsi que j'appris l'existence de Paul Valéry dont il nous lut les vers de *La Fileuse*.

Je viens d'énumérer de façon un peu décousue quelques-unes de nos activités scolaires. Il est certain que Jean Paulhan était injuste envers lui-même en paraissant douter de ses capacités de professeur. Son enseignement littéraire — qui fut malheureusement trop bref — toujours attrayant et original, non exempt d'un humour discret a exercé une influence profonde sur tous ceux qui en ont bénéficié.

Mais il avait en charge bien d'autres classes, et je crois qu'il n'est guère de matière qu'il n'ait enseignée, au moins occasionnellement, sauf peut-être les maths. Il dirigea même nos exercices de gymnastique suédoise pendant l'absence du moniteur de Joinville. Très actif, il employait ses temps libres à étudier le malgache.

Je ne le voyais guère qu'au lycée, mais quand je le rencontrais dans la rue, nous nous saluions en soulevant nos casques. C'était l'habitude à Tananarive de se saluer à chaque rencontre, et comme on se rencontrait souvent on se saluait souvent. Jean Paulhan avait une façon personnelle de saluer d'un large geste horizontal qui m'impressionnait beaucoup et j'avais fini par imiter son geste quand je saluais les dames.

Je le rencontrais parfois au Sport club dans un endroit joli qui s'appelait Antsahavolo. A force d'insistance, il avait réussi à faire élever un mur de pelote basque en bordure des courts de tennis. Seul à en connaître les règles il initia à ce jeu les sportifs du club. Il me donna même une leçon, mais j'étais alors trop minime pour exceller en ce sport, et le mur nous servit surtout à mes camarades et à moi à nous perfectionner au tennis en y lançant et relançant des balles interminablement.

J'ignorais à peu près tout de ses activités hors du lycée. Je savais pourtant que curieux de la langue, des mœurs et de la culture malgaches il fréquentait beaucoup les milieux indigènes. Il avait, je crois, été séduit par la mentalité ambiante car je l'ai souvent entendu vanter la douceur et la finesse malgaches. Il cessa son enseignement au lycée après ma troisième, mais d'après ce que j'ai entendu dire il resta encore quelques mois dans la Grande Ile afin de parfaire ses connaissances madécasses. C'est alors qu'il serait devenu, un moment, chercheur d'or.

Le lycée de Tananarive, tel que je l'ai connu, a été favorisé en ce qui concerne la qualité de ses professeurs qui furent dans l'ensemble excellents et parfois d'une valeur rare. Mais de l'avis de tous mes camarades qui le connurent celui qui nous fit la plus forte impression fut sans conteste Jean Paulhan.

Philippe Micouin.
juin 1979.

L'ÉCOLE
DES LANGUES ORIENTALES

*Cours de malgache
par Jean Paulhan*

La nomination de Jean Paulhan à l'École des Langues orientales ne fut pas facile. Reprenons la question :
Paul Boyer[1] était un ami de la famille Paulhan. Il devint directeur de l'École six mois après le départ du jeune homme pour Madagascar.
Étant donné les titres, les travaux et recherches, les succès aux examens de malgache de Jean Paulhan, il était normal de lui proposer un poste de professeur. Mais il y avait déjà un chargé de cours en place : Alfred Durand[2], ancien administrateur des colonies et auteur de divers manuels de conversation malgache.
A la suite de quelles interventions celui-ci fut-il révoqué? Nous l'ignorons; mais Jean Paulhan fut nommé à la fin de 1910 pour le remplacer. Cependant Durand se pourvut en conseil d'État pour « excès de pouvoir » contre cette décision. Il obtint gain de cause et fut rétabli dans ses fonctions en septembre 1911.
Paradoxalement, pendant la même année, Jean Paulhan devenait le parent de Paul Boyer dont il avait épousé la cousine par alliance, et perdait son poste.
Jean Paulhan enseigna donc le malgache pendant une

1. Voir n. 34, p. 71.
2. Voir n. 38, p. 79.

année scolaire. A cette époque, un arrêté visant à écourter le service militaire des malgachisants contribua à fournir un public au jeune et nouveau professeur. Ils furent relativement nombreux ceux qui s'intéressèrent alors à cette langue. L'arrêté supprimé par la suite, les étudiants devinrent subitement rares. C'est du moins ce que raconte Jean Paulhan dans un enregistrement réalisé par Hugues Desalle [3].
Voici la leçon d'introduction du cours.

Voici comment nous organiserons notre travail :
1re année : 2 heures. Mardi, jeudi
2e et 3e années : 3 heures. Lundi, mercredi
et je compte plus tard, en dehors de ces leçons, et dès que vos progrès le permettront, vous réunir de temps en temps, inviter des Malgaches à nos réunions et vous exercer ainsi d'une manière un peu plus vivante à la conversation et à la pratique de la langue malgache.

Voici maintenant comment nous procéderons : une des difficultés de la langue malgache est que ses mots n'auront pour vous aucun sens familier : la vie d'un Allemand ou d'un Anglais n'est pas assez différente de la nôtre pour que l'on ne puisse pas penser en allemand ou en anglais aux choses qui nous entourent — et apprendre d'abord par ces mêmes choses, les meubles, les costumes, les tapis, tout notre intérieur de maison européen, la langue allemande ou la langue anglaise. Si vous avez un professeur d'allemand il vous expliquera d'abord comment se dit en allemand la table, la chaise, le banc et il vous habituera à des conversations simples sur ces objets que vous connaissez, avec des mots qui représentent pour vous quelque chose de vivant et de réel.

---

3. « Français de notre temps », Jean Paulhan n° 64. Disque 33 tours 25 cm. Réalisations sonores Hugues Desalle. 5, rue d'Artois. 75008 Paris.

L'Écoles des Langues orientales

Mais ici, pour le malgache, ce ne sont pas seulement des mots nouveaux, c'est toute une vie nouvelle — très simple mais très différente de la nôtre — que vous avez à connaître. Si je voulais vous parler en malgache de cette salle, de ces bancs, même de ce que nous voyons par la fenêtre et de ce que nous pouvons deviner au-dehors, je serais forcé, ou bien d'inventer les trois quarts des mots ou d'employer des mots français ou anglais mal traduits en malgache. Voici donc ce que nous devons faire : je vous apporterai, à chacune de nos premières leçons, des tableaux assez grands, peints sur raphia par les Malgaches — qui n'ont d'ailleurs aucun caractère artistique mais qui vous donneront une idée suffisamment nette des paysages de Madagascar, des Malgaches et de leur genre de vie : et si vous le voulez bien, ce sera sur ces tableaux que nous ferons nos premières leçons. Seulement pour que vous gardiez de ces leçons un souvenir un peu plus précis, je vous demanderai de vouloir bien apporter un cahier où vous noterez les mots que je vous apprendrai — et avec ces mots quelques croquis que vous prendrez d'après ce tableau. Afin que dans votre souvenir le mot ne soit pas tout à fait isolé mais qu'il représente quelque chose de concret et de vivant.

Ainsi nous aurons d'abord quelques conversations élémentaires à tenir sur ces tableaux — et plus tard, je l'espère, nous pourrons déduire ensemble de ces conversations quelques règles de grammaire et par là passer à des conversations plus étendues et plus compliquées.

Vous n'aurez ici à l'École des Langues orientales que deux heures de leçons par semaine, pour les élèves de 2e et de 3e année. C'est très peu et je vous demanderai de vouloir bien travailler un peu en dehors des cours. Et je voudrais vous donner ici un conseil : pour travailler par soi-même il est nécessaire d'abord d'avoir une certaine bonne volonté et ensuite de connaître exactement quelle mémoire et quel genre de mémoire l'on a.

Je vais vous expliquer ce que je veux dire par là : J'ai connu à Tananarive un sergent qui avait le plus vif désir d'apprendre le malgache. Il était pour cela dans les meilleures conditions, il avait une femme malgache, une ramatoa * (une congaï), il habitait avec elle, ne fréquentait guère en dehors de son service que des Malgaches, les entendait causer, faisait pour les comprendre de grands efforts, y arrivait souvent et malgré tout ne retenait rien. Eh bien pourtant ce sergent était un dessinateur excellent, il faisait de mémoire des croquis très justes et très exacts. Donc il avait une certaine mémoire. Je lui ai mis entre les mains des grammaires malgaches, je l'ai habitué à écrire aussitôt les mots, les phrases qu'il entendait et en trois mois il était arrivé à parler malgache très correctement − alors que pendant un an il avait entendu parler malgache sans rien retenir. Dans ce cas, ce sergent avait donc une mémoire très sûre des mots qu'il voyait écrits, et une mémoire absolument nulle des mots qu'il entendait. C'est-à-dire en prenant le langage de la psychologie qu'il avait une bonne mémoire visuelle et une mauvaise mémoire auditive.

Eh bien vous savez que les gens sont très différents à ce point de vue : les uns gardent plutôt le souvenir de ce qu'ils ont vu, ce sont les visuels; d'autres le souvenir de ce qu'ils ont entendu, ce sont les auditifs; d'autres le souvenir des mots qu'ils ont prononcés ce sont les moteurs. Et s'il y a des systèmes si différents pour apprendre une langue vivante c'est que tous s'adressent à des gens doués d'une mémoire différente; pour ne prendre qu'un exemple très simple il est certain que l'ancienne méthode grammaticale était faite plutôt pour des visuels et que la méthode directe qui commence à être adoptée aujourd'hui ou la méthode Berlitz est faite pour les auditifs.

Eh bien − et c'est là que je veux en venir − avant de commencer à apprendre une langue, n'importe quelle langue, il est très utile de savoir au juste si l'on est visuel ou auditif : dans le premier cas le meilleur exercice sera d'écrire souvent les mots que l'on veut retenir, et dans le second de les lire, de les répéter afin de les entendre plus souvent.

Rien n'est plus facile d'ailleurs que de reconnaître si l'on est visuel ou auditif. Priez un de vos amis d'écrire sur un tableau ou une feuille de papier dix à quinze mots inconnus de vous; les mots une fois écrits, regardez-les attentivement pendant une minute, puis jetez le papier, écrivez les mots de mémoire.

Un peu plus tard priez le même ami de vous lire à haute voix, pendant une minute, dix à quinze autres mots nouveaux d'une difficulté pareille à celle des premiers — la lecture finie écrivez encore ces mots de mémoire — puis comparez les résultats des deux expériences : si c'est la première fois que votre souvenir des mots a été le plus précis et le plus exact, vous êtes un visuel, si c'est la seconde fois, vous êtes un auditif. Je vous demande de bien vouloir faire l'expérience et je vous assure qu'elle vous sera d'une très grande utilité — non seulement pour apprendre la langue malgache, mais pour toute autre étude où la mémoire jouera un rôle.

Vous n'aurez pas seulement en malgache à apprendre des mots nouveaux, mais aussi à connaître et à faire vôtres des réflexions, des habitudes d'esprit nouvelles. Je voudrais vous indiquer tout de suite une de ces habitudes d'esprit qui est essentielle aux langues malgaches et malaises. Là où le Français dit : « *Je vois la maison. J'écris une lettre* », le Malgache dira « vue par moi la maison, écrite par moi la lettre », c'est-à-dire que l'homme, la personne agissante n'y tient plus le rôle essentiel qu'il a dans nos langues. Il est plutôt complément que sujet : le Malgache dira « allée par moi la route, frappé par moi le chien », c'est-à-dire encore que le verbe passif dominera en malgache comme le verbe actif domine en français. L'on a dit parfois que cette prédominance du passif dans les langues malayo-polynésiennes provenait de l'indolence des gens qui ne se considèrent pas trop comme des personnalités agissantes mais se mêlent aux choses qui les entourent et ne s'en distinguent plus trop (Ewald).

Voici encore un point curieux : là où le Français dit : « *Je frappe le chien avec un bâton* », le Malgache emploiera une phrase qui revient à dire : « *Frappé par moi le bâton qui frappe le chien.* »
C'est-à-dire que dans tous les cas où l'action accomplie est longue et nécessite l'intervention d'un élément étranger — en ce cas le bâton — le Malgache partage l'action, y voit plusieurs actions distinctes : avant de frapper le chien je frappe le bâton — puis le bâton frappe le chien.

Eh bien il ne serait pas du tout mauvais que dès maintenant vous preniez un peu l'habitude de penser en malgache — et plus tard cela vous faciliterait beaucoup de nouveaux progrès. Exercez-vous à penser un peu, à dire même : non pas « je lis le livre, je fais telle chose » — mais « lu par moi le livre, faite par moi cette chose, décidé par moi ce projet, — que soit apporté par toi cet objet ».

Ce sont là sans doute des procédés un peu enfantins — mais je vous demande aussi de songer que quand vous apprenez une langue vous faites un métier d'enfant. Celui que nous avons tous fait quand nous apprenions peu à peu la langue de nos parents et celle des gens qui nous entouraient.

Je voudrais maintenant puisqu'il nous reste encore quelques moments vous parler des peuples que l'on appelle d'une manière très vague les Malgaches, et de celui qu'on appelle, d'une manière assez impropre, les Hova.

Vous savez que Madagascar est une île un peu plus grande que la France. Jadis sans doute elle faisait partie d'un continent appelé *Lémuria* et dont la plus grande partie aurait disparu sous les eaux[4]. Quant aux Malgaches qui l'habitent, il est difficile sinon impossible de dire qu'ils viennent de tel ou tel point déterminé du globe. Ils sont un

---

4. J. P. expose ici les résultats des travaux et les idées qui prévalaient à cette époque. Ces conceptions sont actuellement pour la plupart controversées.

L'École des Langues orientales

véritable bariolage de races différentes. Les Sakalaves de la côte occidentale, noirs, aux cheveux crépus, ont le type du nègre d'Afrique. Les Antaimoro, au sud, paraissent descendre des Arabes. Dans les plateaux et les montagnes du centre, les Hova, de couleur claire, plutôt jaunes que noirs, rappellent les Indiens ou les Malais. Mais dans un même pays dans un même clan l'on peut découvrir encore les traits caractéristiques de races très différentes : dans une même famille hova il arrive parfois que l'on rencontre l'un près de l'autre, un Hova presque aussi blanc qu'un Européen et un Hova de type nègre.

Et l'on admet en général que les habitants actuels de Madagascar ont dû venir peu à peu et à des époques diverses, non seulement de l'Afrique voisine, mais aussi de l'Arabie, de l'Inde, de la Polynésie, de l'Europe, peut-être aussi de la Chine mongole. S'il y a eu une race d'aborigènes il semble qu'elle a été depuis fort longtemps détruite — ou absorbée par les éléments d'origine étrangère.

Madagascar est un pays très montagneux, si l'on excepte la grande plaine sakalave, tout le reste de l'île est pareil à une mer houleuse dont les vagues immenses se seraient brusquement figées pendant une tempête. L'on ne voit pas comment les cours d'eau font pour aller retrouver la mer. Dans cet entassement de collines, de montagnes rouges, on ne distingue ni versant, ni ligne de crête : il n'y a pas de vallées mais des trous, et le même paysage recommence indéfiniment, on a l'impression quand on voyage sur les plateaux et les collines de l'intérieur de ne jamais avancer, de refaire indéfiniment la même route, il y a très peu d'arbres, peu d'herbes. L'on ne rencontre comme animaux que de petits caméléons qui traversent lentement les routes à pas mesurés et quelques serpents.

C'est dans ce pays montagneux et principalement au centre de l'île que demeure la population la plus intelligente et la plus développée de l'île, les Hova, celle qui rêva un moment d'imposer sa domination à toute l'île et qui y parvint presque.

Plus au sud, habite un autre peuple de montagnes et de plateaux, les Betsileo qui sont habiles et économes. Puis les Bara.

Plus au sud dans les forêts habitent les Tanala dont le nom signifie d'ailleurs « qui est dans la forêt ».

Et sur la côte orientale vivent au nord les Betsimisaraka, au sud les Antaimoro, Antaifasy et Antaisaka.

Ce sont là les principaux habitants de Madagascar. L'île compte en tout environ deux millions et demi d'habitants. Hova (900 000), et Betsileo (400 000), soit la moitié environ, Betsimisaraka (300 000), Sakalava (160 000), Antaifasy, Antaimoro, Antaisaka (160 000), Tanala (150 000), Bara (150 000).

Les peuples doivent leur civilisation dans une certaine mesure aux animaux qu'ils ont su domestiquer. Le phoque détermine en quelque sorte la vie des Esquimaux — comme le cheval détermine celle des Indiens de l'Amérique et le méhari celle des Touaregs. Ainsi le bœuf a créé dans une très grande mesure la vie malgache : dans toutes les fêtes, dans toutes les cérémonies malgaches le bœuf joue un rôle essentiel : c'est le bœuf qui doit piétiner l'enfant né un mauvais jour; c'est entre les cornes d'un bœuf que l'on place l'enfant chez certaines peuplades pour la cérémonie de la circoncision. Et quand un homme meurt, on tue encore quelques-uns des bœufs qui lui appartenaient et les âmes de ces bœufs, suivant la croyance sakalave, l'accompagnent dans le tombeau. D'ailleurs le bœuf circule librement dans les villages, il traverse le village en liberté, circulant parmi les enfants et les femmes, se mêlant de lui-même à tous les événements de la vie des hommes.

La grande occupation des Sakalaves, la raison d'être de leur vie est la chasse des bœufs sauvages. Ils sont la tribu la plus vaillante et la plus forte de l'île. Ils aiment la lutte, la marche, les combats. Quand un troupeau de bœufs sauvages a été signalé, ils partent de nuit de leur village. Les femmes et les enfants restent seuls. Ils suivent le troupeau, de nuit en nuit. Puis quand ils le voient acculé à une colline ou qu'ils peuvent le cerner facilement ils l'entourent et couverts d'étoffes sombres se rapprochent des bœufs qu'ils attaquent et cherchent à ligoter avec des cordes.

Ils font alors d'immenses repas qui durent parfois un ou deux jours et où le bœuf et le riz font tous les plats. Puis ils reviennent dans leur village, élèvent les bœufs captifs qui n'ont pas été mangés ou les vendent aux Malgaches de l'intérieur.

Parfois ils ne trouvent pas de bœufs sauvages et se contentent d'en voler aux peuples de l'intérieur. Ils sont d'ailleurs de très habiles voleurs et leurs rapines ont été fréquentes à un tel point que le code hova pendant assez longtemps ne prévoyait qu'un seul crime : *le vol des bœufs*.

Les Sakalaves sont une race forte et vigoureuse, indépendante (d'abord amis puis ennemis des Français). Leur teint est foncé. Ils sont d'habitude nomades, ne cultivent guère la terre, n'ont pas de propriétés.

Les Betsimisaraka

Les Betsimisaraka occupent la plus grande partie du versant oriental. Leurs groupements sont disséminés sur la côte et ne s'étendent guère à l'intérieur au-delà de trente kilomètres. Leurs ancêtres furent sans doute des « zafimibrahim », juifs ou musulmans hérésiarques. Et chez quelques-uns d'entre eux l'on retrouve encore un type sémitique assez net : dans leur ensemble d'ailleurs ils ont le teint assez clair, parfois même presque blanc. En effet, depuis des siècles, ils vivent au contact d'étrangers de tous pays et principalement d'Européens. Dès le XVIIe siècle, un assez grand nombre de corsaires et d'aventuriers européens avaient établi à Sainte-Marie et sur quelques autres points de la côte leur base d'opération en vue de la guerre de course à laquelle ils se livraient contre les bateaux de commerce. Encore aujourd'hui on retrouve quelques-uns de leurs descendants qui se souviennent vaguement de leur origine et en sont fiers [5].

Les Betsimisaraka sont un peuple très pacifique et très hospitalier. Ils ont eu un tel respect de la propriété que pendant très longtemps aucune de leurs maisons n'avait de portes. Un simple bambou piqué en terre devant la maison était le signe que la maison avait un propriétaire et le passant s'en éloignait avec respect.

Le Betsimisaraka vit en grande partie sur l'eau, non pas dans la mer qui est dangereuse et pleine de récifs, mais dans une succession de grands lacs tantôt pareils à nos lacs d'Europe, tantôt couverts d'herbes et d'arbres tropicaux que des canaux relient les uns aux autres.

L'eau de ces lacs est tantôt verte, tantôt noire. Les plages sont en sable blanc. Le village avec ses cases en paille, ses bœufs, est entre deux lacs, abrité par de très grands arbres dont les racines sortent de terre — et plus loin de la côte après les lacs commencent les collines rouges, rondes et sans arbres qui vont jusqu'au centre de l'île.

Le Betsimisaraka vit de la pêche et du riz qu'il cultive. Il est paresseux. Il aime à flâner sur l'eau, dans sa pirogue longue et noire qui ressemble à du bois pourri, avec ses femmes aux longs châles peints de bouquets de fleurs. Il se laisse aller, donnant de temps en temps un coup de rame et le reste du temps il rêve. Il se nourrit de bananes qu'il cueille mais il ne sait pas planter de bananiers. Quand il est mort ses parents l'enferment dans deux barques renversées l'une contre l'autre et l'abandonnent sur l'eau.

Il reste confiant et naïf. Il vit près du seul animal qui soit dangereux à Madagascar, avec l'homme, le crocodile et ne songe guère à s'en protéger. Il suffit pour effrayer un cro-

---

5. *Betsimisaraka* : selon la tradition, on attribuait aux Betsimisaraka, une origine juive. Cette thèse, reprise par Henry Rusillon, n'est plus admise actuellement. Elle s'appuyait, entre autres, sur l'ancien nom de l'île de Sainte-Marie, Nosy Boroha (l'île de Boroha), et sur celui de ses habitants, les Zafimboroha (enfants de Boroha); Boroha dérivant d'Abraham!

codile de chanter ou de crier assez fort lorsqu'on s'approche de l'eau. Mais souvent les Betsimisaraka oublient de chanter ou de crier : des hommes, des enfants qui puisent de l'eau ont souvent un bras coupé — ou sont entraînés par le crocodile. Ils disparaissent sans pousser de cri.

Les Betsileo

Avec les Betsileo nous trouvons un peuple déjà plus développé, de vie plus variée et plus riche. Leur nom signifie : « Nombreux et pas vaincus. » Il est possible que ce soit un nom ironique. Les Betsileo sont industrieux, intelligents, mais de mœurs très simples et très douces. Ils sont très faciles à diriger et rappellent un peu l'idée sentimentale du nègre à laquelle nous sommes habitués en France. L'esprit de famille est très développé chez eux. Les vieillards, les infirmes et les enfants y sont l'objet de très grands soins. L'hospitalité y est très large : l'étranger qui frappe à une porte quelconque est toujours assuré d'être accueilli avec empressement et joie et d'avoir pour lui, la nuit, la natte la plus neuve.

Les croyances sont chez eux très nombreuses : une foule d'actes sont *fady*, c'est-à-dire défendus par une divinité : ainsi de traverser en pirogue certaines rivières, de placer sa maison à l'ouest d'un arbre, de prononcer certains mots dans la case où quelqu'un travaille. Les pierres sont chez eux l'objet d'une sorte de culte. Les Betsileo viennent parfois de très loin, pour se guérir d'une maladie, enduire une pierre sainte de graisse ou déposer près d'elle en offrande de petites perles blanches que réunit un fil de raphia.

Les Betsileo ont le teint cuivré, les cheveux lisses; ils sont robustes et assez grands et profondément attachés à leur sol dont ils tirent, au point de vue de l'élevage et de l'agriculture, le maximum de ce qu'il peut rendre. Les rizières au lieu de n'occuper que le fond des vallées s'étagent chez eux en gradins jusque sur les pentes les plus abruptes — l'eau est abondante, de sorte que ce pays s'est toujours suffi à lui-même et est même devenu, par la force des choses, le grenier et le pourvoyeur des tribus environnantes, y compris celle des Hova dont le climat était plus rude et le sol moins fécond. Et les Betsileo portent encore en malgache le nom de « seigneurs des bœufs ». Le bœuf chez eux n'est pas le bœuf sauvage des Sakalava; il était anciennement, plutôt qu'un bétail, une sorte d'ami de la famille, on ne le mangeait pas : on l'employait seulement pour piétiner les rizières et pour son lait. L'habitude de manger le bœuf est venue des Hova. D'ailleurs, les Betsileo encore aujourd'hui entourent le bœuf d'égards particuliers : et lorsqu'il va mourir on le retourne vers le nord-est pour qu'il puisse contempler encore une fois le soleil avant sa mort. Car le bœuf et l'homme, seuls dans la nature, ont une âme.

Tous les peuples dont je viens de vous parler furent, à des époques diverses, vaincus et en partie soumis par les Hova. Je ne vous parlerai pas aujourd'hui des Hova dont nous étudierons plus particulièrement la vie et la langue et qui sont à Madagascar une race toute supérieure par son activité et son intelligence. Ils se rendirent maîtres d'une grande partie de Madagascar bien plutôt par leurs ruses ou leur habileté dans les discussions, que par la guerre — étant eux-mêmes très doux et peu guerriers.

Nous savons comment ils conquirent une partie du pays sakalava : une reine d'un pays sakalava, le Boina [6], avait eu avec eux quelques rapports commerciaux. A sa mort et afin d'honorer sa mémoire, le roi des Hova, Andrianampoinimerina, envoya à sa famille de somptueux présents, portés par mille deux cents guerriers hova. Après les funérailles, les guerriers restèrent dans le pays : ils s'y établirent peu à peu et d'un caractère plus calme et plus doux que les Sakalava y restèrent, y firent du commerce, étendirent toujours plus loin leur influence.

Un voyageur français, Mayeur [7], qui vint en Emyrne en

6. *Le Boina* est une province sakalava au nord-ouest de Tananarive.
7. *Mayeur* (Nicolas), créole mauricien (1742-1813). Arrivé à Mada-

1785, nous a laissé pourtant le récit d'un combat auquel il assista : « Le premier combat auquel j'assistai eut lieu sur les bords de l'Ikopa* entre Tananarive et Alasora[8]. Il y avait en ligne douze mille soldats et tant tués que blessés on ramassa sur le champ de bataille vingt-deux hommes. Au bout de dix jours, le roi de Tananarive ayant reçu trois mille hommes de renfort marcha contre Alasora : l'ennemi se défendit avec courage et l'on était en pleine lutte quand une nuée immense de sauterelles obscurcit tout à coup le ciel et s'abattit sur les rizières des environs. Le feu cessa aussitôt et tous les combattants se mirent pêle-mêle à ramasser ces insectes dévastateurs. Les femmes, les enfants, les vieillards sortirent des villages où ils se tenaient cachés et se mêlèrent aux soldats si bien qu'en moins d'un quart d'heure, la campagne fut couverte de plus de vingt mille individus accroupis ou à quatre pattes qui s'occupaient activement à prendre les sauterelles. C'est l'usage, à Madagascar, de surseoir aux hostilités devant un fléau qui, me dit le roi, menace tout un peuple, alors que la guerre n'intéresse le plus souvent que celui qui l'a déclarée. »

C'est une guerre aussi fantaisiste et aussi peu cruelle que se sont fait de tout temps entre elles les peuplades de Madagascar. Les disputes violentes, sauf chez les Sakalava et quelques peuples du sud, y sont d'ailleurs rares.

Et le trait dominant des races de Madagascar, si l'on excepte les Sakalava, est sans doute la douceur, une douceur qui vient sans doute en partie d'un climat qui épuise vite — mais qui vient aussi d'un goût très grand pour la musique, la poésie, la danse, de l'attachement à la terre et d'un caractère plus intellectuel que guerrier.

[fin 1910 ou début 1911]

---

gascar en 1762, il fut agent de traite, puis homme de confiance de Bényowsky, fit plusieurs voyages dans l'île, dont deux en Imerina et tint des « journaux » publiés par la suite.
8. *Alasora* : petit village au sud-est de Tananarive.

Première leçon de malgache

Ce texte écrit théoriquement en 1911 se trouve en fait sur du papier portant l'en-tête de Mesures, *revue fondée en 1936 par Jean Paulhan et Henri Church.*
D'un style beaucoup plus sûr, d'une tenue plus ferme que le précédent, il semble être le début d'une conférence.

PREMIÈRE LEÇON DE LANGUE MALGACHE
PRÉCÉDÉE DE QUELQUES RÉFLEXIONS SUR LE DANGER
OU L'INUTILITÉ D'APPRENDRE DES LANGUES
par
Jean Paulhan

Mesdames et Messieurs,
On parle beaucoup de nos jours de la nécessité où nous sommes d'apprendre des langues. Mais les raisons que l'on nous donne de cette nécessité ont quelque chose de si humiliant et à dire vrai de si piteux qu'elles semblent plutôt faites pour nous détourner à jamais de l'étude des langues, et je dois avouer que je n'ai jamais lu (par exemple) les éloges que je vois couramment écrits de la langue anglaise, sans prendre à part moi la résolution solennelle de ne jamais apprendre l'anglais. Ainsi du reste. L'on nous dit, et il est

vrai, que la langue française n'a plus aujourd'hui l'universalité dont les peuples européens — et d'abord l'Allemagne — la flattaient il y a quelque cent cinquante ans. L'on ajoute, qu'il est difficile, et je veux bien, de connaître à fond son métier et son art fût-il la médecine, les mathématiques, ou même la grammaire, et en tout cas de se tenir au courant de ses progrès sans pratiquer deux ou trois langues étrangères. Et je le veux bien.

Mais quand je compare à d'aussi minces avantages la pénible nécessité d'apprendre deux mots là où je n'ai qu'une idée et de me répéter pour ainsi dire en plusieurs langues (quand la mienne même me demeure pour une bonne part inconnue, ou peu familière)[1] alors il me vient la plus grande envie de renoncer à tous les progrès dont on m'accable, de cultiver mon esprit plutôt que ma mémoire... ou du moins si je fais choix d'une langue étrangère, de la choisir assez lointaine et différente de la mienne, je ne dis pas seulement dans les objets qu'elle distingue mais dans les démarches même dont elle les distingue, pour que je sois au moins assuré qu'elle n'aille pas pour moi sans pensée, et bref sans différences et sans surprises continuelles.

Je ne sais pas trop ce que vaut un tel raisonnement. C'est le mien, c'est tout ce que j'en puis dire. Ou plus exactement, c'était le mien, lorsque je pris le parti vers seize ou dix-sept ans d'apprendre le chinois. Je l'appris donc pendant quelques années. Puis il arriva que les événements ne me furent pas favorables. Je ne pus obtenir d'aller en Chine au lieu qu'on me proposa une place à Madagascar. J'acceptai; il me sembla que le malgache offrait après tout une différence d'avec le français suffisante, et qu'en me résignant à la langue malgache, je n'étais pas si infidèle après tout à mon premier propos.

1. L'écrivain suisse Muralt disait à ce propos que la vie est trop courte pour qu'on la passe à se procurer tant d'outils; c'est l'ouvrage qui importe. Tant de vêtements, quand c'est l'exercice réel qui importe. *(Note de Jean Paulhan.)*

C'est de cette différence que je voudrais vous entretenir. La chose n'est pas tout à fait aussi facile qu'on le penserait à première vue — et que je le pensais moi-même, quand j'abandonnai le chinois pour le malgache. Bien entendu, je vais tâcher de vous en parler d'une façon qui vous intéresse un peu — qui vous donne quelque envie de l'apprendre. C'est-à-dire que j'insisterai surtout sur ses caractères singuliers et pour ainsi dire pittoresques. Mais il faut que je vous avertisse tout de suite que rien de ce que je vous dirai ne sera tout à fait exact — et que les linguistes ne sont arrivés, pour ce qui touche l'objet de leur science, qu'à peu de certitudes. Encore ces certitudes sont-elles toutes de l'ordre phonétique. Pour ce qui a trait à la sémantique (c'est-à-dire aux rapports du sens et du son) comme à la lexicologie (c'est-à-dire aux vocabulaires) — pour ce qui a trait en particulier à la différence entre les grandes familles de langues, nous en sommes réduits à des observations grossières — que les faits de détails viennent souvent contredire — quand ce n'est pas à la pure fantaisie.

Les linguistes l'avouent très bien. En fait, ils ont dû renoncer à presque toutes les théories générales qu'ils avaient d'abord formées. Ils s'en excusent en disant que nous sommes encore mal renseignés sur les langues du monde. Le fait est que chacun se croit capable, sans le moindre apprentissage, de noter n'importe quelle langue. Les résultats ne sont pas très satisfaisants. Les linguistes forment aussi l'espoir qu'avec de meilleurs observateurs, ils ne manqueront pas d'ici quelques années de parvenir à des lois générales. Et bien entendu, c'est un espoir que nous formons avec eux. En attendant, il ne nous reste guère qu'à tirer de leurs erreurs passées ou présentes quelques points de vue pratiques, en nous tenant prêts à tout instant à revenir et retrancher sur ce que nous avons dit l'instant d'avant.

PREMIERS TRAVAUX

Un fady [1] *malgache*

Voici, d'après le Dr Raharijaona [2], *excellent ami de Jean Paulhan, ce qui se passa au cours de la séance de l'Académie malgache du 28 avril 1910 : « Jean Paulhan siège pour la première fois comme membre correspondant. Le président Dr Fontoynont lui souhaite la bienvenue, puis le nouvel académicien lit un " hain-teny " recueilli par lui et présentant cette particularité qu'il prête à des plantes le sentiment de timidité. »*
Nous avons retrouvé le brouillon de cette communication.

M. Standing [3] dans ses « fady malagasy » ne cite qu'un fady qui ait trait à la préparation des couleurs.

: *ny mitono valala, raha manato,*
mitarehim — balala maty ny landiny

1. **Fady** *:* interdit.
2. **Jean Raharijaona** (1892-1965) fit une partie de ses études à Paris où il soutint une thèse sur *l'Ulcère duodénal* (1920).
A Tananarive, il dirigeait le service d'électro-radiologie et formait les futurs radiologues. Il devint membre de l'Académie malgache en 1933. J. P. avait pour lui beaucoup d'estime et d'affection.
3. **Standing** : missionnaire de la London Missionary Society, docteur ès sciences, a travaillé dès 1905 sur la paléontologie malgache. Membre de l'Académie malgache, il en fut longtemps le vice-président et en resta membre honoraire après son retour en Angleterre.

C'est-à-dire que si l'on fait griller des sauterelles en préparant le nato [4], la couleur sera pareille à des sauterelles mortes.

Il est un autre fady, plus fréquent peut-être, et qui est encore respecté dans plusieurs villages de l'Est, à Soamonina, et à Tsaronenana. C'est que durant toute la préparation des couleurs, on ne doit point plaisanter. Il suffit même de remarquer que le *nato* ou le *marefolena* [5] a mauvaise apparence pour que la couleur ne prenne point. Et quelques vieillards hova de Tananarive se souviennent que lorsqu'ils étaient jeunes et que l'on préparait des couleurs dans la maison, on leur recommandait sévèrement de ne point rire et de ne point jouer.

Ce fady est peut-être, comme beaucoup d'autres, un simple conseil de prudence. La préparation des couleurs nécessite une certaine attention et que l'on ne soit point distrait par des plaisanteries.

Peut-être vient-il aussi d'une certaine crainte de blesser la plante, de la choquer dans ses sentiments de susceptibilité.

Voici un hain-teny où le fady se trouve, en quelque sorte, expliqué ou interprété : ce n'est plus du nato qu'il s'y agit, mais des mandadiana [6]; les mandadiana sont des plantes rampantes qui poussent dans la forêt et servent de mordant pour la teinture. J'ai recueilli ce hain-teny à Tsaronenana :

Tongilangilana ravin' ovy,
Todika ravin' ampaly
Tsingilangilao tsara ny faka zanak' olona
Fa aza atao sesibe toa fotaka
Ny mandadiana aza raha vazivazina tsy mandaitra
Ka mainka fa izaho zanak' olona

4. *Le nato* est une teinture rouge faite avec une écorce d'arbre (Imbricaria madagascariensis).
5. *Le marefolena* est un arbuste dont les feuilles servent à faire un mordant.
6. Voir, page suivante, les notes de Jean Paulhan à la suite de sa traduction du poème.

« La feuille de l'ovy[6] penche à peine : la feuille de l'ampaly[6] se retourne. Penchez attentivement la prise des jeunes filles mais ne les serrez pas comme de la boue. Les mandadiana elles-mêmes, si on les plaisante, ne prennent pas — et, bien plus, moi qui suis une fille des hommes. »

Ainsi dans le hain-teny, la mandadiana, comme la jeune fille, est facilement intimidée et effrayée. Peut-être est-ce là l'origine du fady; peut-être n'en est-ce qu'une interprétation poétique. Il faut dans tous les cas remarquer que c'est là un des rares hain-teny où les Malgaches aient prêté si nettement à une plante des sentiments humains. Les Malgaches ont été en général très peu anthropomorphistes. A faire une exception, il était naturel qu'ils la fassent pour la timidité qui est sans doute un des sentiments les plus profonds de leur nature — et devait ainsi prendre pour eux une sorte de caractère universel.

*

Dans Les Hain-teny merina *publiés chez Geuthner en 1913, Jean Paulhan reprend le poème recueilli à Tsaronenana et le présente ainsi :*

La feuille de l'ovy se penche un peu
La feuille de l'ampaly se retourne
Penchez avec soin la prise des filles
Mais ne les serrez pas comme de la boue.
Les mandadiana elles-mêmes, si on les plaisante sans égards,
                                                              ne prennent pas
Et bien plus moi, fille d'hommes.

  Une femme parle.
Vers 1. Ovy est le nom générique des plantes à tubercule comestible : patates, pommes de terre, etc.
V. 2. L'ampaly est un arbuste aux feuilles épaisses et rugueuses (Ficus soroceoides. Malzac).
V. 1-3. La feuille de l'ovy représente ici l'homme, et la feuille de l'am-

paly la femme. Le troisième vers explique le sens des deux premiers : l'homme amoureux doit attirer par ses prévenances l'attention de la femme.
V. 5. Les mandadiana, plantes grimpantes qui poussent dans la forêt, servent de mordant pour la préparation des teintures. Or un fady (tabou) merina interdit tout jeu, toute plaisanterie, toute conversation à voix haute dans la maison, pendant le temps que dure cette préparation ; c'est que l'on craint, d'après ce hain-teny, que les mandadiana soient offusquées et ne prennent pas sur le tissu à teindre.
(Notes de Jean Paulhan.)

Nouvelle édition (Les Hain-teny, *Gallimard, 1939*), *nouvelle version* :

La feuille de la patate penche
La feuille de l'ampaly se tourne
Penchez avec soin la prise des filles
Ne les pressez pas comme de la boue.
Les mandadiana elles-mêmes, si on les plaisante, ne prennent pas
Et bien plus moi, fille d'hommes.

Une femme parle.
Vers 2. L'ampaly est un arbuste aux feuilles épaisses et rugueuses.
V. 5. Les mandadiana, plantes grimpantes...
(Notes de Jean Paulhan.)

*Note sur le sens
de quelques hain-teny*
[*1910*]

*Le texte qui va suivre n'est pas daté; il a cependant été écrit à Madagascar. Recopié à la main par un Malgache, d'une belle écriture régulière et claire, il est signé par Jean Paulhan lui-même. Le titre et le commentaire qui suit sont également de la main de Jean Paulhan. Nous avons supprimé les textes malgaches, n'en gardant que la traduction.
Les notes appelées par une lettre entre parenthèses sont de Jean Paulhan.*

NOTE SUR LE SENS DE QUELQUES HAIN-TENY

(Exemple d'autant plus intéressant que justement, il s'agit ici de poésies de force, de hain-teny, et que donc le sens simple et le sens de force y vont parallèlement)[1].

Je voudrais montrer quelle peut être la logique intérieure d'un hain-teny, et comment les passages qui nous y paraissent obscurs ou sans suite étaient appelés, souvent, par une idée cachée qu'un mot seul évoquait dans l'esprit du Malgache.
Dans tout poème de toute langue, les mots sont moins essentiels que l'esprit qui les reçoit, la trame d'idées ou de sentiments où ils viennent se fixer, l'un après l'autre et dont ils

1. Rajouté à la main postérieurement par Jean Paulhan.

reçoivent leur sens profond. Je n'ai pas la prétention de donner des hain-teny malgaches cette explication intérieure qui nous échappe tout d'abord; mais je voudrais au moins montrer en quel sens il convient sans doute de la rechercher.

Voici huit hain-teny qui présentent entre eux de grandes ressemblances, les sept ou huit mots du début ne varient pas. Les expressions, les proverbes cités se retrouvent parfois presque identiques de l'un à l'autre à tel point que l'on pourrait dire qu'il y a là huit versions différentes du même hain-teny.

Le hain-teny I vient des « Anganon ny ntaolo (A) ». Je tiens les sept autres de vieillards hova qui habitent Tananarive.

I.

Tsararaka, chant des pintades au-dessus de la forêt aux arbres droits, descente lente des nuages sur la maison de celle que j'aime plus que les autres.
Voici ce que veut Celle qui est les trois pierres du foyer et non la pierre ajoutée, celle qui est le rendez-vous dans un pays lointain : on l'attend sans qu'il vienne; on l'abandonne sans le quitter. Elle m'aime donc, et je l'aime.

II.

Tsararaka, chant des pintades au plus haut de la maison de celle que j'aime plus que les autres. Tsietsieka, chant des oiseaux au-dessus de la forêt aux arbres droits.
« Ce mari d'une autre, disent les gens, laisse-le de peur que le bruit persistant ne vienne à sa femme. » Ce mari d'une autre, je ne le laisserai pas, et que le bruit persistant coure un jour qu'il est ici avec moi. Nous sommes tous deux de mauvais nuages : si on les arrête, il grêle.

(A) Hain-teny, p. 7 (Folk-Lore, p. 2).

III.

　　Tsararaka, chant des pintades au-dessus de la maison de celle que j'aime plus que les autres. Le canard musqué répond du milieu de l'Itasy. Leurs corps ne se voient pas, mais leurs sueurs (B) se reconnaissent.

IV.

　　Tsararaka, chant des pintades à la cime de l'Ankaratra, le canard musqué répond du haut d'une colline :
Nous n'avons pas encore suivi le même chemin : comment seriez-vous fatigué? nous ne nous sommes encore rien donné à manger et vous n'auriez plus faim?

V.

　　Tsararaka, chant des pintades au-dessus de « Quand je vous supportais » (c), le canard musqué répond d'Andravoahangy :
Adieu, ma femme d'autrefois, je ne suis point le poteau qui protège le champ, mais la fleur des herbes (D).

VI.

　　Tsararaka, chant des pintades au-dessus de la maison de Celle que j'aimais autrefois. Le canard musqué répond, là-bas, d'Andranomboahangy. Les eaux ont brisé la digue au village de Précautions. Quoi, tu sais prendre des précautions, tu sais te souvenir, et tu préférerais avoir un sommeil plein de soucis?

VII.

　　Tsararaka, chant des pintades au-dessus de la maison de celle qui prend des précautions, de celle qui sait se souvenir. Quoi,

　(B) C'est-à-dire qu'il se détache de leurs corps, comme une sueur, quelque chose d'invisible qui fait qu'ils se devinent de loin.
　(C) Fonizaka : fonyzakakohianao, mais cela est présenté, dans le hainteny, comme un nom de pays.
　(D) C'est-à-dire : vous n'avez plus à compter sur moi — mais vous pouvez encore être fière de m'avoir en un moment.

tu sais prendre des précautions, tu sais te souvenir, et tu préférerais avoir un sommeil inquiet? Œil de kirobo (E) qui regarde avec acharnement. Mais ne croit-elle pas que je prendrais son homme qui est comme un malheur? (F)

VIII.

Tsararaka, chant des pintades au-dessus de la maison de celle qui est jalouse de celui qui ne lui appartient pas; s'il lui appartenait, ne le prendrait-elle pas? Elle préférerait avoir un sommeil inquiet?
Ah, la folle! Petites pierres qui tiennent la natte où sèche le riz, quand le soleil baisse, on les jette.
Jeune fille pincée (G) ne répond pas. Jeunes pousses espacées du laingo (H) : elles ne sont guère jolies, pourtant beaucoup les prennent.

Deux amants sont séparés; bien qu'ils soient loin l'un de l'autre, bien que les gens ne consentent pas à leur union, ils ne s'oublient pas. Tel est à peu près le sujet des hain-teny I, II et III.

L'homme oublie le premier. Dans le hain-teny IV, la femme prévoit son abandon : « Nous ne nous sommes pas encore aimés et vous avez déjà assez de moi. » Dans le hain-teny V, c'est l'homme qui lui dit : « Je m'en vais, vous n'avez plus à compter sur moi, mais vous pouvez encore être fière que j'aie songé à vous un moment. » Et dans le hain-teny VI, il lui reproche de n'avoir pas su le garder.

Dans les hain-teny VII et VIII nous voyons la nouvelle femme vers qui l'homme est allé. Elle semble d'abord le refuser : « un homme qui est comme un malheur ». Sans

---

(E) La « farantsa » ou pièce de cinq francs, coupée en quatre, la « vato kirobo » a une forme à peu près triangulaire, et symbolise, dans ce proverbe, l'œil petit, continuellement un peu plissé qui surveille de tous côtés.
(F) C'est-à-dire qui n'a rien d'agréable.
(G) Maltraitée.
(H) Liane qui rend les dents blanches quand on l'a mâchée.

doute, elle accepte ensuite, puisque le hain-teny VIII, après de nouvelles moqueries à la femme abandonnée, se termine sur l'éloge de la nouvelle femme : elle sait supporter les mauvaises paroles sans se plaindre, et, quoiqu'elle soit peu jolie, beaucoup d'hommes la désirent.

Et le conte, présenté de cette manière, apparaît si suivi que l'on pourrait se demander s'il n'y a pas là de simples fragments d'un hain-teny plus long, aujourd'hui oublié. Je ne le crois pas; d'abord il faut bien dire que les sujets traités par les hain-teny sont fort restreints, et à prendre huit hain-teny quelconques, l'on peut toujours, en les disposant convenablement, leur trouver un sens suivi. Et puis, dans les hain-teny que nous avons cités se montrent, si l'on peut dire, des manières assez différentes. Il n'y a guère de rapports, par exemple, entre le I et le III ou le VIII, au point de vue de l'imagination, du développement.

Faut-il dire pourtant que nous avons là huit hain-teny différents, que rapproche seulement un détail poétique et après tout inutile au récit : le chant de la pintade? Ou bien y a-t-il dans tous ces hain-teny une idée, un sentiment commun qui les domine et les explique; et que nous pourrions attribuer à la présence constante du « Tsararaka, chant des pintades »? L'on voit quelle est ici la question qui se pose : il s'agit de savoir si le cri de la pintade a une seule valeur sentimentale, s'il est un simple « détail » — comme il le serait, sans doute, dans une description française — ou si, au contraire, il a plutôt un sens abstrait, une valeur d'explication.

Tout d'abord, la pintade, dans chaque hain-teny, doit symboliser la femme. L'on sait que chaque personnage, au début d'un poème malgache, a coutume de se présenter sous un nom d'animal ou de plante. Et la pintade représente presque toujours une femme, comme le canard musqué, ou le cardinal (I) représente l'homme. Dans les hain-teny VI,

(I) Le cardinal (oiseau à plumage rouge) apparaît, par son cri au moins, dans le hain-teny II.

VII, VIII il est évident, d'ailleurs, que la pintade n'est qu'un autre nom de Celle qui prend des précautions, Celle que j'aimais autrefois, Celle qui est jalouse de celui qui ne lui appartient pas. Les hain-teny IV et V réunis nous montrent une discussion de la pintade, qui est la femme, et du canard, qui est l'homme. « Pourquoi avez-vous déjà assez de moi ? — Je ne suis point un poteau immobile, mais une fleur brillante dont on peut être fier quand elle est passée. »

Or, les sentiments de la femme, symbolisée par la pintade, sont à peu près les mêmes dans chaque hain-teny. Dans le hain-teny I, elle est aussi appelée Celle qui est le rendez-vous dans un pays lointain, c'est-à-dire qu'elle est loin de son ami, pourtant elle ne veut pas l'oublier. « Je l'attends sans qu'il vienne, je l'abandonne sans le quitter. » Dans le hain-teny II, c'est la peur de l'opinion qui la sépare de son amant, pourtant elle ne songe encore qu'à le prendre pour elle (J). Le hain-teny III est à peu près pareil au premier : de très loin, la femme et l'homme songent l'un à l'autre. Dans le hain-teny IV, c'est du haut de l'Ankaratra qu'elle s'adresse à lui. Et ce sentiment d'une grande distance entre les amants est presque habituel à tous ces hain-teny.

L'homme répond, dans le hain-teny V, qu'il l'a abandonnée. « Pourtant, j'avais pris bien des précautions pour que vous ne m'oubliiez pas. Elles ont été inutiles, comme une digue emportée par les eaux. » (Hain-teny VI.)

Et dans les hain-teny VII et VIII c'est d'abord la femme abandonnée et seule qui est raillée. Si elle savait prendre des précautions, si elle possédait son amant, pourquoi ne l'a-t-elle pas gardé ? Pourquoi s'est-elle laissé jeter de côté comme les pierres qui ont tenu la natte où séchait le riz ?

(J) J'ai traduit : vadin'olona par le mari d'une autre, c'est ce qu'ont compris, en général, les vieillards à qui j'ai montré le hain-teny, mais on pourrait aussi bien dire : la femme d'un autre et la remarque serait dès lors inexacte. Ce serait l'homme qui ne voudrait pas renoncer à sa maîtresse.

Et il semble ainsi que le point de départ de tous ces hain-teny, leur idée centrale soit cette femme dont l'ami est loin, ou perdu pour elle, ou difficile à reconquérir. Mais cette idée, nous ne parvenons à la dégager que par une analyse assez longue, et si nous n'avions lu qu'un hain-teny, nous ne l'aurions pas comprise. Il nous a fallu comparer plusieurs hain-teny où elle était développée de manières différentes, sans doute suivant le génie de chaque auteur. Cette idée se présentait-elle dès l'abord à l'esprit du lecteur malgache, ou comment la devinait-il ?

Deux vieillards hova, Ranaivo d'Ambohipotsy et Rainijao de Faravohitra m'ont dit qu'il y avait autrefois un proverbe très usité : « Chant des pintades séparées (K) de l'Andringitra, leur corps est ici, mais leur cœur se répète ce qui se passe là-bas. » Bien des Malgaches que j'ai interrogés ignorent entièrement ce proverbe (L), d'autres ne le connaissent que sous une forme abrégée qui se retrouve dans les « ohabolan'ny ntaolo » (M) et qui paraît seule répandue aujourd'hui. « Pintades séparées de l'Andringitra, leur corps est ici, mais leur cœur se répète ce qui se passe là-bas. »

C'est le même proverbe, moins le chant. Enfin, la pintade évoque si bien pour les Malgaches une idée de séparation que l'on trouve encore un proverbe : « Pintade en Emyrne, son corps est ici mais son esprit est là-bas (N). »

Et la pintade n'est plus ainsi, simplement, un détail qui donnerait plus de grâce au récit. Elle est le signe placé au front du hain-teny, à quoi on le reconnaît.

Nous trouverons un exemple plus précis peut-être et plus simple de cette vie latente des proverbes dans l'esprit

(K) Diso : tafasaraka.
(L) Mais bien peu de Malgaches aussi peuvent encore comprendre un hain-teny.
(M) Ohabolana 31.
(N) Là-bas, dans la forêt.

malgache en étudiant le hain-teny cité dans les anganon'ny ntaolo (n° 2) : « Les malheureux ne sont pas aimés de leurs parents. » Je laisserai de côté le titre qui n'est qu'une indication bibliographique et ne correspond pas, je crois, au sens réel du hain-teny. Je présenterai de plus le texte de Dahle et Sims sous forme de vers. Il y a dans tous les hain-teny d'une certaine longueur que j'ai entendu réciter par de vieux Hova un rythme si net, si poétique que l'on est choqué de voir en prose le « katsakatsa-draty » ou le « mampody vady misintaka ». J'ai donné le hain-teny à lire à deux vieillards hova qui l'ont scandé, sans même que je le leur demande, d'une manière à peu près semblable. Et c'est le morceau sous cette forme que je reproduirai tout d'abord.

Je me permettrai une seconde modification au texte de Dahle et Sims. J'ai cherché à montrer dans une note précédente que la clef, pour ainsi dire, d'un hain-teny se trouve dans les proverbes qu'il contient, chaque proverbe, ou chaque groupe de proverbes, avec les quelques phrases qui l'encadrent ou l'expliquent, l'ajustent à l'esprit général du morceau, devenant le centre d'une sorte de poème secondaire. Je diviserai donc le hain-teny en ses parties, et je soulignerai le proverbe qui me paraît dominer chaque morceau.

En voici la traduction :

Katsakatsaka, bruit du vent dans l'écorce sèche,
Détachée des rejetons d'un bananier.
Lorsque je possédais,
Lorsque j'étais prospère,
Les parents de mon père m'aimaient.
Et les parents de ma mère.
Quand je parlais, ils se troublaient.
Quand je donnais des conseils, ils m'approuvaient.
J'étais pour les parents de mon père,
Le poteau protecteur du champ et la fleur des herbes.
J'étais pour les parents de ma mère,

Premiers travaux

La natte cousue sous laquelle on s'abrite.
Veau né à la saison des pluies :
Joie et fortune.
Et ils parlaient ainsi de moi :
« Voici *le grand voara* (o) *parure du champ,*
La grande maison joyau du village.
Il est le poteau protecteur du champ;
Il est la fleur des herbes;
Il est la pomme d'amour éclatante;
Il est l'orgueil.
C'est lui qui rendra la vie aux yeux des morts (p).
Le chiendent, dans le village déserté,
Tient, sans le vouloir, la place des ancêtres (q).
Oui, ils faisaient de moi comme de la pierre sainte que l'on dresse.
Elle est saluée de cris
Et elle est acclamée longuement.
Pourtant : Katsakatsaka, bruit du vent dans l'écorce sèche
Détachée des rejetons du bananier;
Et maintenant je suis ruiné,
Et misérable,
Et je ne possède plus rien,
Les parents de mon père ne m'aiment pas.
Les parents de ma mère me repoussent;
Ils font de moi comme des *pierres qui ont tenu la natte où séchait*
le riz.
Quand le jour devient sombre, ils les jettent.
Oui, ô peuple, ô vous tous.
Je vous donne un conseil,
Et je me tourne moi-même en dérision,
Car je prête à rire
Et je suis timide devant les gens :
Économisez les richesses
Car *les richesses épuisées, il n'y a plus de parures.*

(O) Espèce de figuier.
(P) C'est-à-dire qui sera capable de leur succéder.
(Q) C'est un proverbe usité dans les « kabary am-paty », les fils remplacent leurs pères sans avoir voulu leur mort; comme le chiendent pousse mieux dans le village d'où les hommes sont partis; mais ce n'est pourtant pas lui qui a cherché leur départ.

Les *bœufs maigres ne sont pas léchés par leurs compagnons.*
Ne *gaspillez pas le riz,*
Car il ne m'en resterait plus à la saison du repiquage
Et je devrais aller en chercher dans la maison de mon rival.
Ne *marchez pas sur mon lamba* *
Car il me faudrait encore dévider et filer.
C'est d'avoir un lamba déchiré l'hiver qui est triste.

C'est un hain-teny qui paraît simple et très clair. Il comprend deux parties : l'une décrit le temps de la richesse, l'autre le temps de la pauvreté. Dans chacune d'elles l'on trouve d'abord un développement un peu lent, brusquement précisé d'un proverbe, puis deux ou trois morceaux plus resserrés et enfin les proverbes accumulés qui terminent en général un hain-teny, lui donnant une valeur morale, et une plus grande autorité.

Les malheureux ont peu d'amis, les riches en ont beaucoup; c'est une idée assez simple et banale. Est-ce l'idée essentielle du hain-teny? Il y a trois passages qu'il paraît difficile de lui rattacher c'est d'abord le « katsakatsaka, bruit du vent... » du début, puis ce même « katsakatsaka » répété au milieu du hain-teny, et enfin les deux proverbes qui le terminent.

Le premier de ces proverbes introduit déjà une idée un peu différente de ce qui le précède, « ne gaspillez pas le riz » — — sans doute et c'est la suite de : économisez vos richesses — mais voici la fin du proverbe : « car il ne m'en resterait plus à la saison du repiquage ». Et voilà ce qui nous paraît obscur — c'est la personne qui a parlé qui intervient de nouveau, et à qui s'adresse-t-elle? Et pourquoi, pour mieux économiser, les gens viendraient-ils gaspiller son riz?

Mais le dernier proverbe (R) est plus précis — « Ne marchez pas sur mon lamba. » Pourquoi, et quel rapport avec les conseils précédents? C'est que le proverbe a ici une signification tout à fait nette : « ne marchez pas sur mon lamba »

(R) Ex. Consuis. Ohabolan'ny ntaolo. 386.714.

cela signifie : « n'abîmez pas ce qui a donné beaucoup de mal pour être fait et qui serait difficile à refaire » : « Il me faudrait dévider et filer. » Et il est sous-entendu : car nous sommes tous deux des hommes malheureux, forcés de travailler, et pauvres.

Et cette conclusion du hain-teny semble ainsi ne guère se rapporter à ce qui précède; elle ne s'adresse plus à la foule, mais à quelqu'un de malheureux et d'infortuné comme celui qui a fait le récit.

Il est un proverbe qui vient à l'esprit du lecteur malgache, au début même du hain-teny. Et le seul rôle du : « Katsakatsaka, bruit du vent dans l'écorce... » est sans doute de l'évoquer. Cousins le cite dans les ohabolan ny ntaolo (s) : « c'est le Katsakatsaka, bruit du vent dans l'écorce sèche du bananier, honorez-vous l'un l'autre car vous êtes des enfants d'hommes pareils » — c'est-à-dire : vous avez tous deux le même rang, ne cherchez pas à vous nuire. Et le Katsakatsa-draty éveille plutôt l'idée de quelqu'un de misérable et d'abandonné, séparé du tronc d'où lui venait sa force. Et c'est cette idée, évoquée par deux mots au début du hain-teny, qui n'a cessé de le dominer et que nous retrouvons, plus nette, lorsqu'il se termine. « Ne me faites pas de tort, car vous êtes pauvre comme moi. » Elle est le point essentiel du récit et le reste n'est qu'un jeu d'esprit, éveillé par le sentiment de la pauvreté. Dans ce développement long et naïf d'une idée secondaire, les « Katsakatsaka » sont, de loin en loin, dans la simplicité obscure du hain-teny, comme des torches dans une galerie sombre.

Nous pourrions imaginer, peut-être, d'une manière un peu plus précise, ce qu'est cette présence absente du proverbe dans le hain-teny, en nous souvenant du rôle pareil que joue, pour nous Européens, l'idée abstraite.

Voici une nouvelle de Jules Renard :

(S) Ohabolana. 1237.

Le Bon numéro

Ce matin-là, comme c'était l'heure, Jacques entra seul à la Mairie pour tirer au sort, et son père, ému, resta devant la porte. Le petit Paul vint à passer.

— Écoute, lui dit le père de Jacques, fais vite ta prière pour que mon fils amène un bon numéro. Le petit Paul, qui était un enfant docile, s'agenouilla sur la route, joignit les mains, le bout des doigts à hauteur du front, et remuant ses lèvres très vite, il récita une prière qu'il savait par cœur. Et, sa prière finie, il se releva. Le père de Jacques, moins agité, lui prit la main et tous deux attendirent.

Et bientôt Jacques sortit de la mairie, le visage rayonnant, il avait un bon numéro.

— Tu vois, dit le père de Jacques au petit Paul, il n'en faut pas plus. C'est le meilleur moyen et ça ne manque jamais.

Tout fier, le petit Paul se mit à chanter une chanson qu'il savait aussi par cœur.

Et douze ans après, devenu un homme, il dut tirer au sort à son tour. Il n'eut pas de chance. Il amena un mauvais numéro. Il partit comme soldat à la guerre, et perdit une jambe à la bataille. Ainsi Dieu se rattrape toujours.

(Bucoliques. Minutes d'horloge)

par quoi en être mené à cette idée-conclusion que bien autre chose que des proverbes peut jouer le même rôle

Le lecteur malgache, s'il connaît suffisamment le français, comprendra très bien le récit. Il sentira même l'ironie douce de quelques mots, la prière et la chanson sues par cœur. Mais une phrase a choqué et surpris tous les Hova à qui j'avais donné la nouvelle à lire : c'est « ainsi Dieu se rattrape toujours » — cela leur a paru régulièrement incohérent et sans rapport avec les phrases précédentes. Et c'est que pour en comprendre l'esprit, il faut songer, un peu à l'avance, à une idée de la justice, de l'équilibre nécessaire, une idée un peu ironique, très européenne peut-être, que tout le récit devait évoquer. Et cette idée abstraite est, pour le conte de J. Renard, ce que le proverbe était pour le hain-teny malgache : le sens caché que l'on découvre quand la nouvelle va finir, l'idée que le conte appelait sans la nommer trop précisément.

Car le proverbe essentiel au récit est souvent caché, à peine évoqué par deux ou trois mots; et l'on dirait qu'il s'agit de ne pas laisser deviner au lecteur l'idée principale du hain-teny, de le dérouter. Peut-être cette impression vient-elle simplement de notre ignorance de la pensée malgache. Peut-être aussi y a-t-il là une sorte de réserve timide ou de recherche qui nous surprendrait si nous ne la retrouvions dans les kabary[2], dans les conversations des Malgaches. Et après tout, c'est ce que l'on a coutume d'appeler la dissimulation. M. Laloy[3], en critiquant des poésies chinoises, parle d'un « impressionnisme rationnel. » Le mot pourrait s'appliquer aux hain-teny hova. Il est curieux de retrouver en eux, non pas la fantaisie poétique que nous attendrions, mais une dissertation ingénieuse, et suivie[4].

Jean Paulhan.

---

2. *Kabary* : discours, palabre.
3. Ce nom a été très difficile à déchiffrer sur le manuscrit et a donné lieu à plusieurs interprétations. Il semble qu'il s'agisse de *Louis Laloy* (1874-1944), musicographe qui a soutenu une thèse de doctorat ès lettres, à Paris, en 1904 et publié *La Musique chinoise* en 1910.
4. Dernière phrase barrée par Jean Paulhan : « Ils sont bien la poésie intellectuelle d'un peuple timide et intelligent. »

LA PERSISTANCE DU SOUVENIR

Les mots-de-science

Les Soirées de Paris, ou « recueil mensuel », qui publia Les mots-de-science *dans le n° 17 de juin 1913 parut de février 1912 à août 1914. La direction en fut confiée en 1913 à André Billy, puis en 1914 à Guillaume Apollinaire et Jean Cerusse. La revue affirmait ne publier que de l'inédit. On y trouvait les signatures de Salmon, Carco, Pérres, Jacob, Jarry, Sabiron, Muselli...*
Sous l'influence d'Apollinaire, la peinture y prit de plus en plus d'importance; on y trouva même des reproductions de Derain, Picabia, Matisse.

POÉSIES MALGACHES

à Georges Sabiron [1].

La fille de Prince-qui-choisit, Rasoa, avait été mariée deux semaines à ce vieillard rusé, Rajesy. Elle revint en pleurant :

---

1. Georges Sabiron, poète et ami de Jean Paulhan, fut tué à la fin de la guerre, en 1918.

les deux autres femmes de Rajesy, ses rivales, lui pinçaient les côtes la nuit, et la désignaient en grimaçant de l'œil. Tous ses pagnes, et son lamba*, cape de soie verte et brune, elle les avait laissés chez le vieux.

Sa mère, pour la consoler, lui tressait elle-même les cheveux, tuait ses poux et la caressait sans cesse, lui disant : « Mange de la bouillie de riz, Rasoa, tu deviendras plus grasse que toutes les autres filles. »

Prince-qui-choisit s'inquiétait des pagnes et du lamba perdus. Il envoya un petit esclave de sa femme les réclamer à Rajesy : mais l'esclave retourna, ne portant rien et l'air ahuri.

La dispute ne fut que sept mois après. Prince-qui-choisit était gros travailleur, d'esprit simple et disant « Pardon », dans le marché, aux gens qu'il bousculait. Incapable de vaincre Rajesy en paroles.

Mais un soir, revenant avec son bœuf de la rizière, il trouva un visiteur, Ramainty, qui jouait avec soin, sur la natte neuve, d'une guitare en bambou. Ramainty reçut un bol de riz et de poissons bouillis; ayant mangé, et en manière de remerciement, il affirma qu'il savait tous les mots-de-science que récitent les Merina du sud.

Prince-qui-choisit voulut user de lui contre Rajesy. Il accepta : et Rasoa s'en réjouit bien fort.

Il ne faut pas commencer la dispute avant l'heure où la bouche des marmites devient sombre. Ramainty est assis près du poteau du centre : il est de peau noire, maigre et porte aux épaules les boules de chair pendante, à quoi l'on reconnaît un porteur de fardeaux.

Rajesy est venu avec ses deux femmes. Et nous attendons longtemps, sans parler.

La-délicieuse-à-acheter, femme de Prince-qui-choisit, allume le bois sec dans le foyer.

Puis le cri d'une conque annonce que le vent de l'Est est levé et parcourt les rues du village. Trois enfants nus, qui craignent le froid, écartent la porte à demi, et se glissent, un à un, aux pieds du feu.

Une femme entre encore, portant une lanterne allumée qui fait transparent son manteau.

Et La-délicieuse-à-acheter, découvrant ses jambes, agite son lamba près du feu pour le faire mieux prendre.

Ramainty parle d'abord :

> Je suis le sel savoureux qui vient de la mer
> Je suis le miel épais qui vient de la forêt
> Goûtez-le, petite fille
> Il est doux et délicat.

Il choisit ainsi d'être l'homme amoureux. Et Rajesy devient la fille désirée, et qui se refuse :

> Tananarive dit : « Je suis bien petite »
> Mon lamba que voici
> Est Le-lamba-doux-que-je-n'agite-pas [2].

Ramainty dit :

> La sauge a parfumé la colline
> L'oignon a l'odeur des citrons
> Et quand j'ai senti le parfum de l'amour,
> Je l'ai demandé à toutes
> Une parole douce est pareille à un repas.

---

2. Tananarive et Alasora sont deux villes d'Emyrne; et la fille feint, par timidité, de leur attribuer sa réponse.
   Les femmes merina appellent les hommes en agitant un coin de leur lamba, qui est une sorte de cape. *(Note de Jean Paulhan.)*

Et Rajesy :

> Jeudi, j'appartiens au Grand-Riche,
> Vendredi, au Maître-de-cent-bœufs.
> Je suis la fille d'homme accoutumée à boire à la tasse
> Et qui ne vit pas de boire au jet d'eau.

Par quoi la fille obstinée raille le prétendant pauvre. Mais Ramainty vante son amour :

> Est-ce le frère aîné qui a un parfum de fruit
> Ou bien le jeune frère qui a un parfum de feuille
> Alasora dit : « Je suis toute jeune »
> Que la maison ait le parfum du printemps?
> Le frère aîné n'a pas un parfum de fruit
> Ni le jeune frère un parfum de feuille
> Mais l'amour pour mon amie est grand
> Qui a donné à la maison le parfum du printemps.

Rajesy :

> Si celui que j'aime vient m'égratigner,
> Je lui jette le citron doux
> Sept jours, il sera parfumé.
> Si celui que je n'aime pas vient m'égratigner,
> Je lui jette l'os tranchant
> Il ira tout seul se tenir les joues.

La-délicieuse-à-acheter rit, sans le vouloir. Et Rajesy dit encore, prêtant d'abord à Ramainty des paroles maladroites :

> Le soleil paraît à la porte. Heure des visites.
> Je vous désire
> Et quel est votre souci?
> Votre enfant n'a-t-il pas d'esclave qui le soigne
> Ou n'avez-vous pas de lamba
> Ou vos cheveux ne sont-ils pas tressés?
> — Mon enfant a une esclave qui le soigne

Et mon lamba est neuf
Et mes cheveux sont tressés
Mais l'esprit pour vous avoir n'est pas en moi.

Voici que Ramainty hésite, plus qu'une vieille femme surprenant son mari infidèle. Et puis ne trouve rien à dire. La fille a battu son amoureux; et nous perdons le lamba de soie. Rajesy salue tristement Prince-qui-choisit. Il triomphe avec politesse. Il sort, et ses deux femmes le suivent vivement, sur leurs pieds nus.

L'on entend dehors leurs rires, discrets comme des gémissements. Nous ne nous sommes pas encore regardés, pour ne pas donner de honte à Ramainty.

Jean Paulhan.
Ambohimanga, mai 1909.

« La Vie »

Marius et Ary Leblond, de leurs vrais noms Georges Athénas (1877-1955) et Aimé Mério (1880-1958), tous deux natifs de La Réunion fondèrent La Grande France, *revue qui devint par la suite* La Vie *(25 février 1912, Crès) et qui parut jusqu'en 1942.*

Dans l'éditorial de février 1911, les buts de La Vie *sont ainsi définis :*

« *La revue accorde une large place à la vie des nationalités...* [Plutôt que d'exposer] *les démêlés des partis, elle préférera présenter les peuples dans la beauté de leur vie, décrire les pays et les gens* [...]

« La Vie *publiera des articles sur de hauts artistes qui se tiennent à l'écart de l'agitation quotidienne.*

« [...] *Peu d'idéologie, de théories, de discussion critique. Montrer les œuvres, faire comprendre les hommes... les hommes, voilà ce qui nous intérese au premier chef.* »

Jean Paulhan fit la connaissance des Leblond en revenant de Madagascar et devint le rédacteur-gérant de la revue de décembre 1919 à août 1920.

Parmi les nombreux collaborateurs, réguliers ou occasionnels, on relève quelques noms prestigieux, parfois inattendus : Francis Jammes, Émile Verhaeren, Maurice Denis, Félix Fénéon, Paul Claudel, Pierre Mille, Henri Pourrat, et... Frédéric Paulhan. On trouve sous la plume de ce dernier

une intéressante analyse de l'œuvre de Pointelin dont nous extrayons cette phrase aux résonances bien familières sinon familiales : « *Il s'est fait de son art une conception très haute et très grave qu'il s'est joyeusement appliqué à réaliser de son mieux.* »
Jean Paulhan écrivit plusieurs articles pour La Vie *dont vraisemblablement quelques-uns non signés. Il s'agissait en général de comptes rendus littéraires ou artistiques, de courts récits anecdotiques ou fantastiques et de réflexions à propos de la guerre.*
A partir de 1916, Jean Paulhan en mauvaise santé fut versé dans l'auxiliaire. Il enseigna la conduite automobile à des soldats de Madagascar. Ce fut pour lui l'occasion de reprendre son écoute attentive et son observation de la réflexion malgache.

CONDUCTEURS MALGACHES EN FRANCE

Ils disputent ce soir assez longuement, et prennent les décisions pour demain.

« Vous avez vu, dit Razafinjoelina, ces écriteaux dans le parc : " Défense de fumer. " Ce n'est pas une idée au hasard des Français, ni parce qu'ils sont les plus forts. Mais l'essence et le pétrole sont choses violentes, violentes... »

Un long tuyau de poêle, qui fume, file par-dessus leurs têtes. Quand un d'eux ouvre la porte, l'on voit le crépuscule, la rivière, cinq arbres gris. Une laveuse lave encore : elle a porté à côté de l'eau sa lessiveuse, le feu en fait paraître le crépuscule plus sombre.

Rakotosona a remarqué le danger plus grand qui les menace, aujourd'hui qu'ils savent conduire les autos.

« Il ne te faut pas être fier et mépriser la graisse et l'huile. Mais avant de partir, tu en donnes à chaque partie de ta voi-

ture. Tu songes à toutes, comme si tu appelais tes parents par leur nom. »
Il s'anime peu à peu et dresse les bras :
« Tu écoutes le moteur. Bon! il marche. Bon! il marche. Ah dry!
Qu'est-ce qu'il y a? Tout s'est arrêté.
Tu regardes par ici? Tout est bien.
Tu regardes par là? Bien aussi.
Tu regardes le moyeu? Il n'y a pas de graisse!
Pourquoi? C'est ta fierté! Tu as eu peur de te salir. »
Il disparaît brusquement. Il vient de s'accroupir et fait une grimace, qui peint la vive déception.

La lanterne qui pend du plafond les éclaire assez mal. Qu'ils soient couchés ou debout, ils s'enveloppent de couvertures grises. De temps à autre une tête se redresse et dit : « Bien parlé! »
« Ce n'est pas le plus grave », répond Razafinjoelina, mais :
Celui-là tient une automobile. Il se croit le chef du troupeau.
Femme ici! (Il ne voit rien.)
Enfant là! (Rien du tout.)
La petite voiture à âne! (Il a bien failli l'écraser.)
Il parle moins aimablement que Rakotosona et ceux qui l'écoutent n'ont pas le sourire assuré. Il est malveillant et grave.

« Ce sont des conseils, tout cela, dit encore Razafinjoelina. Et les conseils, bien entendu, sont des parents en visite : si l'on veut bien d'eux, ils restent à coucher; si l'on en a assez, ils s'en vont après le dîner.
Rakotosona. — Mais il y a les bons et les mauvais conseils. Ils se ressemblent, il faut les distinguer. Si tu dis à Ranaivo de n'être pas fier, lui, qui tremble déjà pour une jeune femme sur la route, ne bougera demain pas plus qu'une pierre. »
Razafinjoelina ne répond pas directement. Mais :

« Et les conseils bons et mauvais sont comme les rats et les souris. Ils ont même couleur, cependant ils ne font pas même besogne.
— En quoi font-ils des besognes différentes, je vous prie ? » demande une tête sous la couverture.
La querelle devient plus grave ? Ravelo va réveiller Ratsimba, et le renseigne d'abord à mi-voix, en continuant à le secouer.
« C'est que les souris », dit l'un...
Ainsi se préoccupent-ils, avant toute autre chose, d'établir l'attitude de pensée qui convient.

Biboka dort. Pend du toit un sac de toile brune; à quoi sont encore nouées deux ceintures, rouge et bleue. Elles se laissent couler comme deux serpents, vers sa tête.
Randriantsoa accroupi entoure le poêle de ses deux bras. Ralaivoavy lui dit, et répète :
« Il y a là un Chinois...
Il y a ensuite une dame couturière...
Et puis il y a la longue rue qui va à Mahamasina... »

Comme Randrianarivelo souffre de la tête, ses deux voisins de lit se lèvent l'un après l'autre et, s'allongeant contre lui, prennent entre leurs mains sa tête, qu'ils pressent; et s'endorment ainsi tous deux.

Jean Paulhan.
La Vie. Janvier 1916.

SOLDATS MALGACHES EN FRANCE

« Tout cela, dit Salama, ne m'intéresse pas beaucoup. Qu'ils s'arrangent comme ils veulent.
— Ça fait quand même plaisir que l'on pense à nous.
— Mais je préfère les nouvelles de la guerre. »

Raotosendry : « Chez moi, ceux qui viendront faire les rizières garderont tout le riz. Je les connais.
— Sûrement les femmes vont se plaindre encore.
— Et quelle idée d'avoir décidé ça maintenant?
— Le roi des causes lui-même ne sait pas pourquoi. »
La nouvelle ainsi ne leur va pas au cœur comme je l'espérais.

Le voyageur français Mayeur, qui fit un séjour en Emyrne vers la fin du xviiie siècle, fut surpris de remarquer sur les rives de l'Ikopa deux ou trois blessés. Après cette dure bataille de sept jours entre les troupes de Tananarive et les troupes d'Alasora. Les guerres malgaches avaient peu de morts, et les discours y prenaient la grande place, il serait plus juste de les appeler discussions.

Les soldats cependant quittaient leurs rizières; de sorte qu'après un an de combats, les gens commençaient à parler famine. Le roi Radama, lorsqu'il entreprit de pacifier l'île entière et leva la plus grande armée malgache que l'on ait vue, décida que l'assemblée des notables prendrait à sa charge l'entretien des champs abandonnés. Ceci dans chaque village.

Un arrêté du gouverneur Garbit rétablit aujourd'hui la loi; elle garde son premier nom, le *valintanana*, réponse des mains — donnant à entendre que les mains des civils en ne restant pas inactives reconnaissent le service que les soldats lointains font à leur pays.

« Vous êtes jeunes d'esprit, tout de même, explique Rakotosona à ses camarades. Vous n'avez pas encore saisi ça, que le plus important pour un pays, c'est d'avoir des terres bien cultivées.
— Et si l'île est en progrès, c'est bien grâce à la France. »
Ce sont ici les raisonnables.
« Quels progrès! dit Ralay, et comme tout change; aujourd'hui il n'y a plus que les fous pour être comme leurs pères. »

Salama : « Mais pourtant c'est une loi des ancêtres... »
Aussitôt Salama, qui avait parlé en l'air et plutôt pour lui, se voit soutenu. Il n'avait pas la suite prête, mais l'on se presse pour lui offrir des mots. Il y arrive. Voici ce qu'il veut maintenant dire, à peu près : il est étrange que la France aille chercher ces lois d'autrefois malgaches, dans le temps que nous-mêmes devenons, à peu près, Français.

Je découvre ici le sens de leur surprise, et cette sorte de honte. Rakotosona avoue bien qu'il s'est engagé par curiosité : « Tu verras des pays sans rien dépenser », lui a dit son père. Mais il est ici différent de ses camarades, aussi d'esprit plus complexe. Salama affirme : « Je suis parti parce que la France est mon père et ma mère. Et ne dois-je pas les défendre? » Et Ravelo disait qu'il aimait mieux, plutôt que voir la France vaincue, laisser ses os principaux en terre étrangère.

Ce n'est pas là, peut-être, une opinion réfléchie et mûre. Ils l'ont prise la plupart telle qu'ils l'ont entendue, étant patriotes comme un garçon de quinze ans, à peine a-t-il lu *Paul et Virginie,* se voit amoureux. Et cette vieille loi, par quoi l'on veut assurer leur tranquillité, leur pèse, dans ce coup de tête, comme il arrive pour les conseils des parents raisonnables.

Jean Paulhan.
La Vie. Août 1917.

« Résonances »

La très officielle revue Résonances *s'appuyait sur le comité d'expansion culturelle de la France d'Outre-mer et se proposait de « resserrer les liens culturels [...] d'intensifier les échanges intellectuels dans un climat de compréhension et d'amitié entre les Français de la Métropole et ceux d'Outre-mer », ambitieux programme qu'elle maintint durant dix ans (1948-1958) avec une parution irrégulière.*

L'on y retrouvait, au comité d'honneur, Jean Paulhan et parmi les collaborateurs Marius Leblond.

On peut y lire trois très courts textes sous la signature de Jean Paulhan : le premier dans le n° 1 (1948), intitulé Hain-teny; *le second dans le n° 6 (1952) :* Les Proverbes de l'attente déçue; *celui-ci semble être un extrait de la thèse de Jean Paulhan; le troisième* Mirages et autres *ne concerne pas Madagascar.*

HAIN-TENY

Note

Les *hain-teny* sont des poésies populaires, qui tiennent à la fois de l'énigme — on les appelle encore : *ankamantatra*, devinettes; du proverbe — *hain-teny* veut dire : paroles de

La persistance du souvenir

sagesse — et de la chanson amoureuse. C'est que leur charpente est en tout cas proverbiale, leur brièveté les rend obscures. Enfin l'on doit distinguer, en chacun d'eux, la demande de la réplique. Ils servent à des sortes de duels poétiques, où s'affrontent garçons et filles.

Thème du désir

Ce qui fait chanter le torrent : les pierres
Ce qui fait régner le roi : la foule.
— Les palmiers sont pieds de l'eau
Les vents, pieds du feu
L'aimée, racine de la vie.

Thème du consentement [1]

Deux collines, Andriamatoa
Six routes.
— Apaisez ce cœur,
Car je suis à votre côté.

Thème du refus [2]

La feuille de la canne à sucre murmure
La feuille du bananier s'épanouit à moitié
— Je commençais à m'épanouir vers l'aimée
Mais Celle-qu'il-est-difficile-d'abandonner ne l'a pas
                                              permis.

---

1. Existe sous une forme légèrement différente dans l'édition Geuthner, p. 135.
2. *Id.*, p. 185.

Thème de l'hésitation [3]

Rasoamananivo au pied de l'Angavo
Vous faites des princesses avec les feuilles du tabac
Vous faites des taureaux de terre glaise
Vous mangez les fougères cuites.
Sur chacune des douze collines
Vous avez posé une flûte.
— Je vous demande pardon, montées des routes
Je vous demande pardon, descentes des routes
Ramenez-moi à la maison, mon esprit.
Je suis fou d'une fille.

Jean Paulhan.

LES PROVERBES
DE L'ATTENTE DÉÇUE

La classe de proverbes qu'il nous reste à étudier est caractérisée, non point tant par le nombre relativement grand de proverbes qu'elle enferme, que par l'extrême variété de forme et de construction qu'offrent ces proverbes, en sorte qu'il serait assez difficile d'établir d'abord sur quels points ils coïncident. Mais il nous suffira pour le moment de mettre en lumière cette variété. Un certain « ton » de réflexion et de balance, un air « raisonneur », par opposition à l'assurance stricte des proverbes de l'accord, à la bouffonnerie des proverbes du miroir, peut assez grossièrement servir à les distinguer. Chacun d'eux semble porter en lui la même variété et le goût des différences qui caractérise leur réunion. Après les pitres et les astrologues, voici les juristes et les hommes de loi.

Soit le proverbe :

3. *Id.*, p. 201.

Poule qui a couvé des canetons : les appeler? ils ne sont pas à elle; les laisser aller? ils lui ont donné du mal (oh. 47)[4].

Est peinte ici, dira-t-on, *l'indécision* de la poule, impuissante à retenir les canetons comme à les abandonner — et l'inquiétude qui la fait aller et venir, comme irritée, des canetons à ses poussins. Ailleurs la laveuse se demande : « Frotterai-je mon linge doucement ou fort? » et ne voit de chaque côté qu'inconvénient :

Laver un lamba mince : quand on le frotte fort, il s'en va en morceaux; mais quand on le lave doucement, la crasse ne part pas (oh. 1753).

Il y a là, plus qu'hésitation, arrêt. La situation est sans issue. Ainsi encore :

Hésitant comme (l'enfant qui) demeure avec sa marâtre. S'il se lave les mains, « il gaspille l'eau ». S'il reste comme il est, quel petit sale! (dit la marâtre) (1825).

Il est des proverbes, de même forme que les précédents, dont le sens est cependant différent : les deux événements envisagés, au lieu d'être désagréables tous deux, y sont tous deux agréables. De quelque côté que l'on se tourne, c'est la perfection que l'on rencontre :

La source : si l'on y puise, elle ne se dessèche pas; si l'on n'y touche pas, elle s'agrandit (1087).

Ou :

Tel est notre destin : vivants, une même maison; morts, un même tombeau (1172).

4. Proverbe tiré du recueil *Ny ohabolon' ni ntaolo*.

L'on ne peut guère parler ici d'hésitation. L'hésitation du moins à quoi il peut prêter n'est pas la part du proverbe qui nous intéresse. Plutôt dirait-on qu'il n'y a pas lieu à hésitation : que l'on peut aussi bien, et sans plus de remords, puiser à la source que la négliger.

Soit encore le proverbe :

Taureau d'Imozy : quand on (veut) qu'il se batte, il refuse; quand on le laisse, il cogne sur ses voisins (oh. 2569).

Dira-t-on qu'il met en jeu la même indécision que faisait le proverbe de l'enfant à la marâtre? Oui, si l'on veut se mettre à la place du maître du taureau, lequel doit en effet se trouver embarrassé. Mais il est sensible que ceci est déjà une interprétation assez libre du proverbe : où trouver ce maître du taureau? Le proverbe ne parle point de lui et nous seuls l'imaginons, pour notre commodité : il n'est qu'une façon plus simple, plus *humaine* d'entendre le proverbe.

Or, le maître en tant que *sujet* du proverbe laissé de côté, il reste cependant ceci : c'est par rapport à *l'attente* de quelqu'un (et donc de ce maître, si l'on veut) que la conduite du taureau est étrange et digne de remarque : où l'on veut qu'il se batte, il n'y consent pas; où l'on veut qu'il demeure tranquille, il se bat. Qu'est-ce à dire sinon qu'il fait dans un cas comme dans l'autre l'action exactement contraire à celle que l'on espérait de lui. Cela pourrait se préciser ainsi : il est *très différent* de puiser de l'eau et de n'en pas puiser, de faire battre le taureau et de le laisser à l'étable. Pourtant l'un et l'autre ont ici même résultat.

Et il est différent aussi, à l'ordinaire, de gagner ou de perdre. Cependant :

Chien qui va au marché : s'il y perd, il ne rend pas (à son maître ce qu'il a perdu); s'il y gagne, il ne partage pas (le bénéfice) (oh. 125).

Et donc *il importe* peu que le chien ait gagné ou perdu. Nous avons d'abord parlé d'hésitation : c'était entendre le proverbe, et plutôt l'éprouver, si l'on peut dire, pour ses éléments sensibles, participer à sa formation, l'inventer... Mais il faut ajouter maintenant, considérant plus exactement les faits qu'il nous offre, que l'hésitation devient inutile, qu'il n'y a point lieu à hésitation puisque le résultat obtenu est, malgré la différence des moyens, en tout cas le même.

Or la clef ainsi découverte nous peut servir à pénétrer le sens de proverbes obscurs ou dont la forme est différente :

L'esclave unique d'un andriana : s'il ne meurt pas en courses, il meurt d'indigestion (oh. 171).

L'esclave est seul pour achever les restes de la table du prince, il est seul aussi pour assurer tout le service et les diverses courses. Cet excès de fortune, cet excès d'infortune ont même conséquence. Le proverbe se pourrait dire :

Si l'esclave meurt en courses, il meurt.
Si l'esclave ne meurt pas en courses, il meurt (quand même d'indigestion).

Il ne peut plus être question d'indécision. Il reste ceci : deux voies, en apparence les plus différentes qui soient, conduisent au même point :

Lutte dans l'eau : chacun (des combattants) est trempé (oh. 1872).

Et donc il ne sert de rien, de ce point de vue, d'être vainqueur. De même :

Combats de coqs *vorombato*[5] : le vaincu est écrabouillé, le vainqueur est en morceaux (oh. 13).

5. Coq de combat à bec court.

Il n'y a pas lieu de distinguer autant que l'on serait porté à le faire, traduirons-nous, le vainqueur et le vaincu. C'est à une conclusion pareille que nous ramenaient, parties cependant de points fort différents, les analyses précédentes. L'inexactitude, le peu de portée, le danger d'une distinction — de la distinction que précisément l'on se préparait à faire — est le trait commun des proverbes d'une première classe. Nous les appellerons : proverbes de confusion.

Jean Paulhan.

Joutes malgaches

Ce petit texte, qui servit d'introduction à des poèmes de Flavien Ranaivo [1], est à rapprocher de l'allocution que prononça Jean Paulhan en 1960, à l'occasion de la proclamation de l'indépendance de la République malgache (Œuvres complètes, tome V, p. 504). Il parut dans Plaisir de France, en avril 1951.
Les exemples empruntés au Moyen Age se trouvaient déjà dans certains brouillons de la thèse de Jean Paulhan.

D'une poésie de dispute

Sans doute n'est-il pas de contrée, ni de peuple qui n'ait eu sa poésie proverbiale. On la trouve en Finlande, comme en Chine — où jeunes garçons et jeunes filles, lors des fêtes de printemps, se battaient à coups de proverbes. Et notre Moyen Age l'a bien connue, il a même su la railler :

> Qui ne s'aventure
> N'a cheval ni mule,
> A dit Salomon.

---

1. *Flavien Ranaivo.* Voir p. 359.

à quoi réplique

> Qui trop s'aventure
> Perd cheval et mule,
> Marcol lui répond.

Car le proverbe, qui porte avec lui son autorité, appelle un autre proverbe, qui lui riposte et le contrebute.

Comment nommer de tels poèmes? Poésie de dispute, poèmes d'autorité? Les Malgaches disent simplement *hainteny : science de mots*. Je ne sache pas de peuple qui ait porté ce genre littéraire au même point de perfection, imposant à chaque poésie sa charpente proverbiale — les savants disent *parémiologique;* ce serait peu, habiles à répondre, victorieusement, à un poème de deux proverbes par un poème de trois, à trois par quatre, à quinze par seize, dans une dispute sans fin. C'eût été peu encore : convenant, par décision tacite, de confier l'issue de leurs querelles amoureuses ou intéressées à de telles joutes :

> Je suis fille qui exige un bras pour coussin
> Si elle n'a que la paille, elle tousse.
> La fourmi qui suit une branche sèche
> Se trouve seule le soir en terre étrangère.

que suivait :

> Il est dur d'oublier tout d'un coup
> Il est aisé d'oublier peu à peu.
> Qui boit dans la main de son amie
> Ce n'est pas soif, mais caprice.

Ces joutes, je les ai connues. Elles étaient, vers l'année 1908, courantes encore, non certes dans les villes mais aux champs. Qu'en reste-t-il, après deux guerres? Peu de chose sans doute. Pourtant, je retrouve leur écho, sans doute affaibli et privé de sa première violence, mais devenu charmant, mais nostalgique et subtil, dans les poèmes de Flavien Ranaivo, que l'on va lire.

Jean Paulhan.

LES LECTEURS
DE JEAN PAULHAN

Les Hain-teny *parurent une première fois en 1913, édités par la Librairie Paul Geuthner, avec une introduction, un appendice, un index et en regard de la traduction française, avec des notes abondantes, le texte malgache et l'indication des vers proverbiaux. C'est au sujet de cette édition qu'écrivent Pierre Mac Orlan, Paul-Louis Couchoud, Guillaume Apollinaire, J. H. Rosny aîné.*

En 1930, la revue Commerce *publiait dans son cahier n° XXIII* Sur une poésie obscure *qui reprenait, en l'améliorant quelque peu, le texte d'une conférence prononcée à la société des conférences de Monaco, le 6 janvier 1930. Cette version, fort différente de celle de 1913, devait servir de préface à l'édition de 1939, publiée chez Gallimard, édition qui ne comportait plus que la traduction française des Hain-teny. C'est au texte de 1930 que font allusion, dans leurs lettres, Jules Supervielle et Joë Bousquet. La lettre de Bousquet n'est pas datée, mais elle avait été mise par Jean Paulhan dans une chemise contenant le tiré à part de* Commerce *et la lettre de Supervielle — preuve de l'importance qu'il attachait à ces deux lettres.*

L'expérience du proverbe parut dans le n° V de la revue Commerce, *pendant l'été 1925.*

PIERRE MAC ORLAN À JEAN PAULHAN.

            22 mai 1917.
 Mon cher ami,
 J'ai reçu avec grand plaisir les *Hain-Teny* et comme je suis très curieux d'exotisme, je me promets de vives joies à la lecture de ces poèmes dont quelques-uns sont étonnants. Je vous ferai parvenir les *Poissons morts,* demain ou après-demain, à votre domicile.
   Votre
       P. Mac Orlan [1]
       10 rue du Ranelagh.

PAUL-LOUIS COUCHOUD À JEAN PAULHAN.

      Hôpital 29 Secteur 3. 27 nov. 1917.
 Cher Monsieur

 [...] J'ai eu aussi l'occasion ces jours-ci de relire vos *Hain-teny.* J'y ai trouvé cette fois, en plus de l'intérêt poétique, un intérêt sociologique. J'aimerais causer avec vous de cette forme de poésie si surprenante, si révélatrice d'un état social.
 Savez-vous qu'il existe deux ou trois « haïjin » français qui s'efforcent de perfectionner le haïkai français et lui donner des règles. Ils doivent se réunir en décembre ou en jan-

---

 1. Rappelons que *Pierre Mac Orlan* partagea, en octobre 1918, avec Jean Paulhan et Francisque Porn, le Prix de la Bourse nationale de Voyage littéraire, pour *Les Poissons morts, Le Guerrier appliqué* et *En suivant la flamme.*

vier, à Saint-Cloud. S'il vous était possible de venir à cette réunion j'en aurais une vraie joie.

Merci encore, cher Monsieur. Je vous renouvelle mes compliments et ma sympathie.

P. L. Couchoud [2].

P.-S. Envoyez votre livre à Anatole France (à la Béchelleirie, Saint-Cyr-sur-Loire, Indre-et-Loire). Je le verrai le 7 décembre et je lui en parlerai.

Passage d'une lettre de Mlle Annie Padiou, amie d'André Breton.

Le 12 mai 1918.

... Je transcris simplement un passage d'une lettre récente de Mr Breton.

« Ah! peux-tu dire quelque jour à Jean Paulhan que, pour
« tout ce que je sais de lui, je l'aime beaucoup!... La traduc-
« tion de poèmes malgaches m'a enchanté. Je lui devais mieux
« qu'un remerciement; je n'ai pas perdu tout espoir de m'ac-
« quitter... »

---

2. *Paul-Louis Couchoud* (1878-1959), philosophe et historien des religions françaises. Principales œuvres : *Les Sages et Poètes d'Asie*, 1926; *Le Mystère de Jésus*, 1926; *L'Apocalypse*, 1930; *Jésus, le Dieu fait homme*, 1937.

J. H. ROSNY AÎNÉ À JEAN PAULHAN.

Au dos d'une carte postale représentant une jeune savoyarde « Costumes de Savoie » (Foncouverte).

18-7-18 Savoie. Aix-les-Bains.

Monsieur et cher confrère,

Les *Hain-Teny* m'intéressent profondément : ils me découvrent un aspect imprévu et, en somme, fort subtil des âmes semi-primitives... Il me semble que l'écrivain original du *Guerrier appliqué* pourrait écrire là-dessus des contes savoureux?
De grand cœur

J. H. Rosny aîné.

— très touché de votre dédicace

GUILLAUME APOLLINAIRE À JEAN PAULHAN.

Le 2 octobre 1918.

J'ai lu lentement et avec fruit les poèmes de dispute malgache Les mille réflexions que m'a suggérées cette littérature de l'éloquence lyrique je ne vous les dirai pas ici La plupart ne se rapportent point d'ailleurs aux poèmes malgaches Mais ce m'a été une lecture très profitable [...]

Guillaume Apollinaire.

JOSEPH VENDRYÈS À JEAN PAULHAN.

Université de Paris
Faculté des lettres

Paris, le 5 février 1926.
Monsieur et cher confrère,

Absorbé par diverses occupations au début de cette semaine, je n'ai pu lire qu'aujourd'hui seulement la brochure *Expérience du proverbe* que vous m'avez fait l'honneur de m'offrir. Et je veux vous dire sans tarder tout le plaisir qu'elle m'a fait. J'ai suivi d'un bout à l'autre avec un vif intérêt cette fine analyse, d'une psychologie si subtile et si ferme. Votre expérience sera pour les linguistes un précieux objet de réflexion. Vous y faites entrevoir toute une symbolique des formes linguistiques en montrant l'existence dans une langue commune d'un langage secondaire, ésotérique, émergeant à de certains moments. Les formules de ce langage ont beaucoup moins d'importance par leur sens littéral que par leur emploi, parce qu'elles représentent beaucoup moins des mots que des faits. Et cette observation éclaire bien des détails de l'utilisation esthétique du langage. Pour ma part, je vois surtout dans votre étude la confirmation d'une doctrine qui m'est chère sur le caractère social des faits linguistiques. Une réunion d'êtres humains crée entre eux une « stimmung » à laquelle doit s'adapter, si bien préparé qu'il soit par ailleurs, tout individu qui s'introduit dans le groupe. Cette adaptation ne se fait pas, comme vous le montrez fort bien, par une application rationnelle qui n'engendre que maladresses et déceptions, mais elle se fait d'elle-même, par l'action insensible du milieu sur l'individu, et elle est achevée lorsque celui-ci comprend les autres et se fait comprendre d'eux sans effort, sans le faire exprès. C'est une bien jolie expérience. Je n'ai qu'un reproche à faire à votre brochure, et il est très grave; c'est que l'on ne pourra commodément ni la citer, ni y renvoyer, puisqu'elle n'est pas dans le commerce. Je réclame pour elle l'insertion dans une revue à fort tirage, qui la fasse connaître de tous les linguistes, elle le mérite.

Cordialement vôtre

J. Vendryès [3].

LUCIEN LÉVY-BRUHL À JEAN PAULHAN.

Université de Paris
Institut d'ethnologie
191, rue Saint-Jacques
Paris 5ᵉ

Paris, le 28 février 1926.
7, rue Lincoln VIIIᵉ

Mon cher ami,

Vous m'avez fait grand plaisir en m'envoyant la ravissante brochure où vous décrivez les étapes de votre intimité progressive avec les proverbes malgaches. Vous pensez si je l'ai lue avec soin. Elle me fait regretter que d'autres occupations vous empêchent de donner votre temps à l'étude si nécessaire et, selon moi, si passionnante, d'habitudes mentales assez différentes des nôtres pour exiger une étude patiente et approfondie. Vous étiez bien armé pour le faire.

Savez-vous que Monsieur Mondain [4] vient de faire paraître

---

3. *J. Vendryès* (1875-1960), savant linguiste, membre de l'Institut, se consacra à la linguistique indo-européenne et celtique et à la linguistique générale.
Principales œuvres : *Le Langage,* 1921; *Grammaire comparée des Langues classiques* (avec A. Meillet), 1924-1948.

4. *Gustave Mondain* (1872-1954) fit plusieurs séjours à Madagascar d'abord comme professeur de sciences puis comme pasteur. Il dirigea

tout récemment un travail sur les mœurs malgaches, exclusivement d'après les proverbes? C'est, si je me souviens bien, dans les Publications de la Faculté des lettres d'Alger. Croyez-moi, mon cher ami, cordialement à vous.

L. Lévy-Bruhl [5].

MAX JACOB À JEAN PAULHAN.

Saint Benoit-les-dimanches
Loiret
9 mai 26.

Mon grand Jean.

On lit les livres de nos confrères : ils courent après leurs lignes, ils se couvrent de leur littérature, ils s'emplissent les doigts de leur confiture. Écris ou meurs, se disent-ils, et ils préfèrent écrire — sous de grandes enseignes qui cachent, souvent, toutes les pauvretés. Après! ils acquièrent du talent, de l'érudition, s'astreignent à l'émotion, à l'intelligence, à la patience (qui est, comme l'habitude, une seconde nature). Je ne dis pas que je ne suis pas moi aussi un auteur de cette hauteur.

pendant de longues années la Mission protestante française. Il fut élu dès 1902 à l'Académie malgache dont il devint le vice-président.
   5. *Lucien Lévy-Bruhl* (1857-1939), philosophe, professeur à la Sorbonne, membre de l'Institut, il fut avec Durkheim l'un des chefs de l'École de Sociologie française. Il estimait que la pensée primitive, essentiellement mystique et peu capable d'abstraction, faisait résider la cause réelle de tout phénomène dans quelque volonté supérieure. Jean Paulhan pensait différemment et tous deux discutèrent et réfléchirent. Le résultat de cette réflexion fut pour ce dernier la publication en novembre 1928 (*N.R.F.*, n° 182), de *La Mentalité primitive et l'illusion des explorateurs* que l'on peut lire dans le tome II des *Œuvres complètes* (p. 143 à 153).
   Principales œuvres de Lévy-Bruhl : *Les Fonctions mentales dans les sociétés inférieures* (1910); *Le Surnaturel et la nature dans la mentalité primitive* (1931).

L'histoire de mon ami est le contraire de la leur. Jean tu t'es défendu contre la littérature, ce péché mortel; tu as des trésors, tu soulèves un rideau épais, tu les fais entrevoir. Tu te défends (contre les mots), on dirait même que tu n'écris que pour te défendre contre le silence. De ceci résulte un style unique qui porte sur une masse d'ironie dont le lecteur ne s'avise que lorsque tu le veux bien et dont il est vaguement amusé sans oser trop l'être toutefois, quand tu ne veux pas l'amuser.

Je sais que tu vas m'en vouloir de trouver vraiment amusante une étude si précieuse que Proust lui-même en eût été incapable. (Proust d'ailleurs ne s'amuse pas, il est fils de chimiste avant tout.) Ton étude sur les proverbes est amusante pour plusieurs causes :

La première est la confrontation de ta sagesse foncière et naturelle avec la sagesse foncière et naturelle du Malgache. La confrontation de ta patience et de l'éternel sang-froid de ton analyse avec la plus antique tradition d'une race antique.

La seconde est ce trait hautement comique de ladite race — le proverbe — trait qu'on ne retrouve que sur la scène ou les romans et aux dépens d'un seul personnage burlesque. Ici tous les personnages ont le trait et tu es obligé de te déguiser en personnage de comédie, tout en te regardant faire pour les apprivoiser.

La troisième est que rien n'est plus exotique qu'un seul trait d'exotisme. L'exotisme nous amuse. De même qu'un tableau variation d'une seule couleur est plus coloré qu'une perruche. Je trouve plus de couleurs à tes cinquante pages qu'aux 600 de *Moravagine*.

Je me demande jusqu'à quel point tu as souhaité ce succès de sourire. Mais tu l'excuses chez ton plus grand admirateur. Remarque d'ailleurs que la raideur naturelle du proverbe augmentée par le trait d'union entre les mots est déjà une formidable source de rire : il faut même que tu sois doué pour le comique pour en avoir été frappé, car la plupart des discussions françaises sont aussi closes par de grosses vérités populaires pas encore proverbiales. On y triomphe à la Chambre par exemple par des aphorismes tels que : « Vous ne demanderez pas à la France de salir son drapeau ! » et ailleurs par : « C'est un garçon qui cherche sa voie »; ou « Sans dot ? » Et ceci ne fait pas rire — car on ne rit que de la raideur — ou ne fait rire que toi ou moi qui savons l'y voir.

Ce livre que tu m'envoies est une perle de plus à ta couronne si riche. Je t'embrasse pour chaque perle et pour toi aussi.

Max.

Les petits dialogues en exemple sont des poèmes adorables.

Respectueux souvenirs à ta femme.
Mes hommages à la princesse-l'autre!.
Mons. Emié [6] me persécute.

GEORGES DUHAMEL À JEAN PAULHAN.

La Nouvelle Maison
La Naze
Valmondois
(Seine-et-Oise)

7 août 1926.

Mon cher Paulhan, j'ai bien reçu le premier paquet d'épreuves et vous retourne, sans retard, les cinq premiers placards. Je vois que l'ouvrage va paraître en quatre fois et je comprends que les morceaux seront ainsi moins lourds. Soit!

Je vous serais reconnaissant de m'envoyer les épreuves de

---

6. *Louis Emié*, poète et journaliste né à Bordeaux en 1900. *Le Nom du feu, L'État de grâce, Itinéraire de la mort, Romancero du profil perdu* sont ses œuvres poétiques principales.

mise en pages en double exemplaire, comme la première fois. Merci d'avance.

Autre chose, maintenant. A la faveur d'une petite crise cardiaque, j'ai pris du repos et lu *Expérience du proverbe*. C'est tout à fait remarquable. Ça va très loin et ça jette une lumière toute nouvelle sur les rapports du langage et de l'esprit. Je vous approuve d'avoir, pour cette étude, choisi des êtres simples : Si l'on veut bien comprendre l'adulte, il faut disséquer la larve.

Je vous loue de tout cœur. Nous en reparlerons.
    Une affectueuse pensée de

G. Duhamel.

Vous êtes souffrant, me dit-on. Je veux croire que ce n'est pas inquiétant. Vous m'en direz quelque chose.

JULES SUPERVIELLE À JEAN PAULHAN.

Port-Cros, le 13 sept. 1930.

Cher Jean,
L'homme primitif n'a pas je pense grande confiance dans la sagesse individuelle. Mais il respecte les proverbes, fruit de l'expérience de beaucoup d'hommes ou de générations. Le civilisé lui-même n'éprouve-t-il pas le besoin parfois d'énoncer des vérités premières? Rien n'est plus rassurant qu'une constatation bien évidente et la solidité du terrain sur lequel nous la faisons. Et ce me serait une grande tristesse de ne pouvoir dire à Pilar ou à un ami tel que vous, mon cher Jean, « il fait beau » ou « il pleut » quand il fait vraiment beau ou que la pluie tombe. Le plaisir de formuler devant des êtres chers des choses évidentes c'est l'autre moitié de la vie pour un poète.

Je faisais ces humbles réflexions en marge de vos *Hain-*

Teny, poésie obscure. Merci de me les avoir envoyés. Un jour je voudrais vous parler de la poésie populaire espagnole et de celle du Rio de la Plata. Le « duel poétique » y est bien connu. Et on y glisse parfois des proverbes. Mais surtout des vers dont on a l'espoir qu'ils deviendront un jour des proverbes. Comme je comprends que vous vous intéressiez tant à cette question! Plus vous vous occupez des hain-teny et plus vous nous dites des choses qui intéressent toute poésie. Mais je m'exprime bien grossement devant vous qui êtes toute nuance et précision.

Je vous serre la main de tout cœur.

Julio.

Nous n'avons pas de nouvelles des Lhote depuis trois semaines.

Pourrais-je savoir où est Fernandez [7]? Je lui ai écrit à Sèvres et n'ai pas de réponse.

JOË BOUSQUET À JEAN PAULHAN.

Villalier 28 juillet [8]

Joë Bousquet — L'Évêché
Villalier (Aude)

Mon cher ami

En lisant *La vie du Roi Henri V* de Shakespeare, je tombe sur une joute de proverbes qui ne m'avait pas frappé autre-

---

7. *Ramon Fernandez* (1894-1944), écrivain français d'origine mexicaine, auteur de romans et d'ouvrages de critique littéraire, collabora très régulièrement à la N.R.F. de 1923 à 1943. Il y écrivit un article d'hommage consacré à Frédéric Paulhan (1931, tome 1, p. 603).

8. D'après Mme Henriette Patau-Bousquet, la lettre serait de 1933 ou de 1934.

fois et que peut-être personne ne vous a signalée. Je pense à l'un de vos essais sur les Hain-teny malgaches, vous le devinez.

Cette querelle à coups de proverbes oppose deux Français, le Connétable de France et le Seigneur d'Orléans qui « gabent » en attendant que se lève le soleil d'Azincourt. « You are the better at proverbs », dit Orléans au Connétable après quelques répliques vivement menées. Raccourci qui suppose un emploi habituel de cette formule, à moins que je ne me trompe.

Ce qui m'intéresse dans cette scène, c'est le passage du parler populaire, langage de la dispute entre les deux hâbleurs, à ces « tables » de la sagesse. La valeur du Dauphin de France, vient de dire un des interlocuteurs, est une valeur encapuchonnée. Et comme le faucon, elle bat des ailes dès qu'on la découvre.

Je suis très séduit par l'emploi de cette image empruntée au vocabulaire de la fauconnerie qui nous a laissé tant de mots magnifiques : niais, hagard. Et qui est si bien à sa place quand on ne va plus s'exprimer que par proverbes.

ORLÉANS : « La méchanceté ne dit jamais rien de bien. »
CONN. : Je mettrai ce proverbe en tête à tête avec « Il y a de la flatterie dans l'amitié. »
ORLÉANS : Et je ne le prendrai pas sans ajouter « Rendez au Diable son dû. »
CONN. : Bien placé; et votre ami prendra le rôle du Diable (le Dauphin). J'aurai, œil pour œil, votre proverbe avec « Une vérole du Diable ».
ORLÉANS : Vous êtes *le meilleur aux proverbes* pour autant que : « Le trait d'un sot est vite lancé. »

Ceci est dans *Henri V* Acte III Sc. VII. Je n'ai pas votre texte sous les yeux et je ne sais pas bien dans quelle mesure mon rapprochement est indiqué. Vous en jugerez. Je suis bien amicalement à vous. Je vous souhaite un beau soleil à Port-

Cros et les plus beaux poèmes du monde dans l'amitié de Supervielle.

Joë Bousquet.

Je pars moi-même, le 3 août pour La Franqui : Villa Madeleine La Franqui près Leucate (Aude). J'espère y retrouver mon ami de Monfreid qui va rentrer de Djibouti.

LA THÈSE DE JEAN PAULHAN

Jean Paulhan se devait d'écrire une thèse : sa famille, ses études, ses goûts, ses ambitions, tout semblait le pousser vers ce travail de recherche.

A peine arrivé à Madagascar, il chercha un sujet, hésita quelque temps pour finalement se fixer sur les proverbes malgaches. Ce choix ne surprend guère : en 1904, Jean Paulhan pensait déjà à une thèse sur les locutions, les lieux communs et les idées reçues.

Le sujet trouvé, Jean Paulhan se mit au travail avec ardeur et même avec acharnement; pourtant cette thèse devait devenir, pour lui, une lourde croix.

Passons sur les fantaisies délirantes du jeune homme qui la voyait terminée en quelques mois! Jean Paulhan travaillera sur les hain-teny pendant toute la guerre, malgré le froid, malgré l'insécurité, les avions, les bouleversements de sa vie personnelle [1]. *Il en parlera à tous ses proches, dans presque toutes ses lettres. La guerre se terminera, la thèse ne sera pas achevée.*

En 1922, Jean Paulhan reprendra sa thèse entièrement, sur un gros cahier vert. Il y notera en marge ses découragements, ses doutes mais aussi ses espoirs. Il la remaniera plusieurs fois de suite, sans en venir à bout : la pensée mal-

1. Voir *Cahiers Jean Paulhan*, *1*, p. 108, 136, 141.

gache est vraiment très complexe pour un esprit cartésien.
   Telle qu'elle se présente, cette version n'est pas publiable : trop de ratures, de renvois, de suppressions définitives ou reprises, d'incidentes ou de déviations... Certains passages sont cependant très cohérents. Jean Paulhan en a extrait un chapitre particulièrement bien venu : c'est L'Expérience du proverbe *qui parut dans la revue* Commerce *à l'automne 1925 (p. 23 à 85).*
   En 1936, avec une nouvelle version, Jean Paulhan reviendra à la charge (pour quelle raison, dans quelle intention?), essayant de constituer un jury de thèse, sans résultat; la thèse sous sa forme universitaire sera définitivement abandonnée. Mais en fait, elle sous-tend une grande partie de l'œuvre paulhanienne.

LUCIEN LÉVY-BRUHL À JEAN PAULHAN.

Paris, le 5 mai 1912.
7 rue Lincoln

Cher Monsieur,

   Vous me ferez plaisir en venant vous entretenir avec moi de votre thèse, et je voudrais pouvoir vous être de quelque utilité; malheureusement, mon incompétence sur le sujet que vous traitez ne me le permettra guère. Nous prendrons rendez-vous à ce sujet quand vous le désirerez.
   Je serais très heureux de connaître vos objections sur le point dont vous me parlez (l'abstraction dans les langues des Sociétés inférieures). Vous m'obligerez en me les écrivant, si vous en avez le temps. Je n'ose vous promettre d'y répondre aussi par écrit, parce qu'il me faudrait sans doute pour cela un temps qui me fera sûrement défaut. Mais nous pourrons en causer, si vous le voulez bien, — en même temps que de votre thèse, par exemple.

En ce qui concerne le sujet de votre thèse complémentaire, l'usage s'est établi de ne faire inscrire un sujet qu'en s'assurant de l'agrément d'un professeur. Peut-être feriez-vous bien de causer de votre sujet avec un de mes collègues. Celui qui vous paraîtra le plus désigné par ses travaux ordinaires et par son enseignement, et qui sera donc, vraisemblablement, le rapporteur de votre travail.

Veuillez agréer, je vous prie, cher Monsieur, l'expression de mes sentiments les meilleurs.

L. Lévy-Bruhl.

LUCIEN LÉVY-BRUHL À JEAN PAULHAN.

Université de Paris
Institut d'Ethnologie

Paris, le 20 mai 1936.
rue Lincoln VIIIe

Mon cher ami,

Voulez-vous bien que je réponde point par point à vos questions?

D'abord pour Thibaudet[2]. Je suis content que vous fassiez pour lui un numéro d'hommage, et j'y aurais contribué de grand cœur, si j'avais quelque chose à dire qui en valût la peine. Mais, bien qu'il ait été un peu de temps mon élève, et que nous ne nous soyons jamais perdus de vue tout à fait, la vie nous a séparés, et je ne l'ai jamais connu intimement. Des innombrables études qui ont paru sur Bergson, la sienne est une des meilleures. Si Bergson peut vous donner quelques

---

2. *Albert Thibaudet* (1874-1936), dont l'esprit de synthèse et la curiosité intéressaient beaucoup Jean Paulhan, était professeur de littérature à l'Université de Genève. Il fut aussi un collaborateur assidu de *La Nouvelle Revue française*.

pages, ce sera pour le mieux. Il le fera sûrement à moins que sa santé ne l'en empêche.

Je travaille sur lui et je ne désespère pas d'aboutir. Cela ne semble pas devoir se présenter sous la forme d'articles successifs. Si je puis en détacher une étude qui convienne à la N.R.F. je serai heureux de l'y voir paraître.

Je me réjouis de vous lire bientôt dans la N.R.F., et je me rappelle très bien nos conversations au sujet de votre thèse. J'ai souvent regretté que nous n'ayons pas ce travail — qui me serait précieux — sur les proverbes malgaches, et sur ce qu'ils révèlent des façons de penser et de sentir de ces gens que vous connaissez si bien.

J'aurais été heureux d'être votre président de thèse, comme il était convenu il y a vingt-six ans. Mais il y a longtemps que j'ai disparu de la Sorbonne, et il ne m'est plus possible de siéger avec les professeurs en activité. Je le regrette vivement, en cette circonstance. A qui vous adresser à mon défaut ? — A votre ami Georges Dumas[3], qui sera très sensible à l'intérêt psychologique de votre ouvrage — ou comme spécialiste, à Marcel Mauss[4], le meilleur de nos ethnologues et qui, en sa qualité de professeur au Collège de France et aux Hautes Études, a rapporté plus d'une fois des thèses à la Faculté des Lettres.

Puis-je vous demander à mon tour ce que deviennent les « Morceaux choisis » de mes bouquins, dont vous avez suggéré l'idée ? Le choix a été fait, et très bien fait, par Jacques Soustelle. Il a remis le manuscrit chez Gallimard à la fin de mars, comme on le lui avait demandé. Depuis, je n'en ai plus

---

3. *Georges Dumas* (1866-1946), psychologue, élève de Ribot, docteur en médecine, fut un des fondateurs de la psychopathologie. Ses conférences au cours desquelles il présentait des aliénés étaient très suivies par les étudiants (dont Jean Paulhan). C'était aussi le cousin de Jean Paulhan.
4. *Marcel Mauss* (1872-1950), professeur d'histoire des religions des peuples non civilisés au Collège de France, fut, en 1928, l'un des fondateurs de l'Institut d'Ethnologie.

entendu parler. Peut-être veut-on ne le faire paraître qu'à la rentrée?

La victoire électorale m'a fait un vif plaisir, comme à vous. Il reste à en développer les conséquences, avec énergie et réflexion, ce qui ne sera pas très commode. Espérons que les chefs sauront se montrer dignes de leurs troupes.

A vous, affectueusement

L. Lévy-Bruhl.

JEAN PAULHAN À LÉON BRUNSCHVICG.

Monsieur Léon Brunschvicg [5]
53 rue Scheffer
PARIS (XVIe)

[1936]

Cher Monsieur,

Jean Wahl [6] m'assure que je ne vous importunerai pas trop en vous parlant un peu longuement du sujet des thèses que je voudrais être admis à soutenir en Sorbonne. Peut-être y découvrirez-vous aussi quelques-unes des raisons qui me font souhaiter que vous acceptiez d'être le premier à les lire. (De vrai n'ont-elles véritablement qu'un objet qui se trouve assez précisément indiqué à la page 21 de la *Connaissance de soi.*)

Je ne m'étais proposé d'abord en les écrivant que de clas-

---

5. *Léon Brunschvicg* (1869-1944), philosophe, était professeur à la Sorbonne et membre de l'Institut. Son idéalisme positiviste était fondé sur l'analyse mathématique. *Les Étapes de la philosophie mathématique* (1912). *Le Progrès de la conscience dans la philosophie occidentale* (1927).
6. *Jean Wahl* (1885-1974), philosophe français, existentialiste, attentif à la subjectivité de l'individu et à son expérience du vécu, était un ami de Jean Paulhan.

ser et connaître dans leurs variations ou leurs constances de sens, les proverbes malgaches. Tout me conduisait à cette recherche. J'ai vécu à Madagascar de 1907 à 1910. Rappelé à Paris pour tenir à l'École des Langues orientales la chaire de langue malgache (1910-1911), chargé dès le milieu de la guerre des fonctions d'interprète auprès des groupements malgaches, je n'ai jamais cessé d'être en rapports étroits avec des étudiants ou des familles originaires de l'Imerina ou du Betsileo. Or il n'est pas de problèmes plus difficiles dans ces rapports que ceux que pose l'usage du proverbe, et d'une expression proverbiale qui est (pour ainsi dire) seconde à toute langue malgache.

J'avais déjà posé ce même problème sous l'un de ses aspects (le plus étroit à vrai dire) en publiant en 1913 un recueil de poèmes malgaches, les *hain-teny*. Ce sont des poèmes d'autorité, servant à des sortes de joutes poétiques, et dont l'armature est faite de proverbes d'abord voilés, puis franchement avoués. M. Granet [7] dans son étude sur les chansons saison-

---

[7]. *Paul Granet* (1884-1941), orientaliste et sinologue, administrateur de l'École des hautes études chinoises de Paris.
Voici la citation à laquelle fait allusion Jean Paulhan : (Granet vient de parler des chansons d'amour, du duel poétique qui amène la femme au consentement.)
« Par ses appels pressants à la sagesse commune, l'incantation vient assourdir les sentiments de pudeur et d'honneur, et permet ainsi l'éveil de l'amour : sentiment opposé à tout particularisme, source d'union et de concorde, principe de l'ordre public.
On comparera utilement à la chanson XI les poésies malgaches qui figurent dans le recueil de M. Paulhan *(Les Hain-teny merinas)* aux pages 39, 115 (surtout p. 123), 183; cf. préface, principalement p. 52 *sq.*, 58 *sq.* Voici un exemple (cf. p. 39) :

> Un homme parle
> " Peut-être vous étiez-vous crue la grande roche,
> Que le ciseau n'entamera pas?
> Peut-être vous étiez-vous crue les broussailles sèches,
> Que le feu ne brûlera pas?
> Ou vous étiez-vous crue le coq couleur-du-sikidy,
> Que le fer ne menace pas?
> Ou vous étiez-vous crue le taureau de terre glaise,
> Dont on ne visera pas les cornes?

nières de la Chine, le R.P. Jousse[8] dans son étude sur le Rythme citent assez longuement mes recherches : et de vrai s'agit-il sans doute d'un fait de la mentalité primitive extrêmement commun.

> Où trouverez-vous
> Le forgeron qui ne se brûlera pas?
> Où trouverez-vous
> Le porteur d'eau qui ne sera pas humide?
> Où trouverez-vous
> L'attiseur de feu qui ne sera pas en sueur?
> Où trouverez-vous
> Le marcheur qui ne se fatiguera pas? "
> Et la femme répond de nouveau, peu après :
> " Ah! je suis fatiguée de refuser.
> Consentons donc. "
> Alors tous deux se prennent par la main et s'en vont, comme une pirogue sans rameur.

Comparer les chansons européennes qui ont à la fois une allure processive et un air de litanies, telle que celle de Magali. »
Granet, *Fêtes et chansons anciennes de la Chine*, Leroux, 1919. Appendice I, p. 268-269.

L'avis de Jean Paulhan sur Granet devait changer par la suite; il écrivait, vraisemblablement en novembre 1958, à Saint-John Perse : « Ajoutez enfin que, si peu métaphysicien que soit le paysan chinois, il ne peut l'être moins que Pelliot, que Granet ou que l'excellent Sylvain Lévi; et qu'à bien plus juste raison que nous, le Chinois doit avoir le sentiment que les Français ignorent la métaphysique. » (Pelliot était un sinologue, Sylvain Lévi un indianiste.)

8. *Marcel Jousse* enseigna jusqu'en 1957 en Sorbonne, à l'École pratique des Hautes Études et à l'École d'Anthropologie. Il mourut en 1962, laissant une œuvre importante, principalement sous forme de cours recueillis par ses élèves. Ses premiers travaux, montrant la primauté de l'oralité et du mimé sur l'écrit et l'« intelligé », parurent insolites à l'époque de leur parution.

Ils font actuellement l'objet d'une réédition et nous nous bornerons à donner les références des passages concernant Jean Paulhan.

A la bibliothèque de l'Arsenal, on trouve sous la cote RJ 2259, dans les *Archives de Philosophie*, volume II, cahier IV, les *Études de psychologie linguistique / Le style oral / rythmique et mnémotechnique / chez les verbo-moteurs* de Marcel Jousse. Gabriel Beauschène, éditeur, 1925.

La bibliographie mentionne : Paulhan F. *Journal de Psychologie*, 1923; Paulhan J. *Les Hain-teny merinas*, 1913.

Chapitre : *Attitudes mentales ethniques et gestes propositionnels : Psychologie de la traduction*, p. 79-80, p. 100 à 107.

Je ne devais cependant pas tarder à reconnaître que les proverbes malgaches ne soulevaient point de question que ne posât toute langue proverbiale — celle du paysan français comme celle d'Euripide. Tout au plus la posaient-ils peut-être avec plus d'urgence.

Ma *sémantique du proverbe malgache* — c'est le titre que M.L. Lévy-Bruhl acceptait en 1910 pour sujet de ma thèse, et qui doit se retrouver quelque part dans les archives de la Faculté des Lettres — devenait insensiblement une *sémantique du proverbe*. Seulement les problèmes qui m'étaient ainsi posés devenaient du même coup plus subtils et plus difficiles. Ce n'est enfin qu'aujourd'hui que je puis penser être parvenu, sinon à les résoudre, du moins à les poser exactement et fidèlement, dans tout leur détail.

Je désirerais donner à ma thèse principale ce titre : *Sémantique du proverbe* et ce sous-titre : *Essai sur les variations des proverbes malgaches.*

Ma seconde thèse consisterait en une classification de quelque deux mille cinq cents proverbes malgaches traduits, commentés et *appliqués*. (Je veux dire figurant dans des conversations.) Je souhaiterais qu'il me fût possible d'avoir entre autres examinateurs M. Gustave Julien [9], professeur à l'École des Langues orientales, et M. Meillet [10] (avec qui j'ai eu occasion de m'entretenir déjà à plusieurs reprises de ma thèse), ou M. Vendryès.

Chapitre : *Le style oral rythmique*, p. 108 à 112.
Chapitre : *Les compositeurs oraux*, p. 135.
Chapitre : *Les facultés mnémoniques dans les milieux de style oral*, p. 188-189.
Chapitre : *Les procédés mnémotechniques à l'intérieur des schémas rythmiques*, p. 196-197.

9. *Gustave Julien* (1870-1936), administrateur en chef à Madagascar de 1909 à 1911 et professeur de malgache à l'École coloniale à plusieurs reprises. Outre des ouvrages généraux, il écrivit un Petit guide de la conversation franco-hova en 1895.

10. *Antoine Meillet* (1866-1936), linguiste spécialiste de la grammaire comparée, professeur au Collège de France, auteur de l'*Introduction à l'étude comparative des langues indo-européennes*, publia avec Vendryes *Les Langues du Monde*.

Laissez-moi, je vous prie, vous indiquer très brièvement les principales divisions de mon ouvrage.

SÉMANTIQUE DU PROVERBE

I

Problème :

La première partie a trait à l'usage et à l'application *actuelle* du proverbe. Comment peut-on parler en proverbes? Ou : quel est, dans un ensemble de sens donné, la fonction *particulière* et le rôle du proverbe?

Méthode :

L'on peut simplement à partir d'un ensemble donné (phrase, réunion de phrases, discours) dont fait partie un proverbe, — présent ou suggéré — rechercher à quelles conditions cet ensemble prend un sens; et dans quelles conditions il le perd.

L'on peut aussi analyser le jeu de certains modes de langage spécifiquement proverbiaux, tels que les *hain-teny*, ou les discours des rois malgaches. La description des maladresses et les lenteurs de mon expérience personnelle — comment je suis parvenu à reconnaître d'abord la présence des proverbes puis à l'accepter, puis à parler à mon tour en proverbes — ne sont pas sans enseignement.

Enfin il peut être utile de noter et confronter les opinions courantes touchant aux proverbes et dictons, aux règles de leur emploi, à leur origine.

Résultats :

A. — Les traits que l'on observe sont d'abord assez propres à mettre en lumière une valeur abstraite et générale du proverbe qui l'apparente d'assez près à certaines de nos idées à portée morale (telle que vérité, justice, etc.).

B. — Si l'on pousse un peu plus loin l'analyse l'on découvre que le proverbe agit en tout ensemble de sens, comme un catalyseur il le décompose en *faits* et en *phrases;* c'est une question et comme un concours de *langues* qui se pose avec lui : il s'agit de savoir si tel ou tel *fait* (celui que précisément représente le proverbe, celui que le proverbe *est*) pourra être *exprimé*. D'où viennent sa généralité et ce qu'il faut bien appeler son *influence*.

II

Problème :

L'on peut cependant refuser de reconnaître au proverbe sa portée et sa valeur *particulières* de proverbe — et de vrai chaque proverbe est-il exposé à ce refus. Il reste alors une simple phrase apparemment pareille à toute autre — la phrase même, sans doute, que le proverbe a été tout d'abord, *avant* de devenir proverbe; celle en tout cas qu'il peut à tout instant redevenir.

L'on est ainsi amené à se demander quels sont les traits particuliers de ces phrases ou — si l'on aime mieux — à quelles conditions une phrase commune a chance de devenir proverbe.

Méthode :

Il est assez facile de distinguer grossièrement, sur la direction générale de leur sens, trois grandes classes de phrases proverbiales (malgaches).

La première serait caractérisée par la présence d'un paradoxe ou mieux d'une « contre-attente » du type :

C'est Iketaka qui a coupé les racines, et c'est Rapotsibo qui a mal au dos.

C'est quand le cheval est parti qu'on ferme la porte de l'écurie. La seconde a pour trait l'affirmation d'un événement évident : Ce qui retient l'arbre en terre : les racines. Un sou est un sou.

La troisième relèverait plutôt de la catégorie de la règle et de l'exception :
Chose légère que l'on ne peut soulever : l'ombre.
Tout ce qui brille n'est pas or.

Résultats :

A. — Les diverses phrases que l'on est ainsi conduit à distinguer ont un trait commun : c'est qu'elles sont des *arguments,* propres à assurer dans une discussion l'avantage de qui les prononce : soit que poussant à bout un adversaire il le convainque de contradiction et l'amène ainsi à renoncer à son premier projet (tu dis que tu m'aimes, et c'est quand j'ai besoin de toi — que tu m'abandonnerais); soit que, l'amenant au contraire à lui, il lui montre entre eux deux un accord profond (tu as beau dire, au fond tu reconnais avec moi que... et que...); soit enfin qu'une concession faite adroitement à cet adversaire lui permette de l'emporter sur le point particulier qui le préoccupe (s'il s'agissait de A, de B ou de C, tu aurais cent fois raison — mais reconnais pour D que...).

B. — Si l'on pousse un peu plus loin l'on reconnaît assez vite que la vertu particulière de tels arguments tient à ce qu'ils posent (et tentent de résoudre) par-delà leur sens apparent un problème de langage, soit qu'un interlocuteur s'y voie convaincu de s'être mal exprimé, soit qu'une légère correction apportée à son langage propre le confonde au langage de son adversaire; soit enfin que son langage respecté (et même doué d'une vertu qu'il ne lui soupçonnait pas) laisse place, sur un seul point, à une expression apparemment opposée.

Je m'arrête ici. Je crains à vrai dire qu'ainsi résumée cette recherche (où je n'avance que lentement, à petites étapes) ne vous apparaisse à la fois aride et chimérique. (Pour moi, je la poursuis depuis vingt-cinq ans et ce n'est que tout récemment qu'elle a commencé de me satisfaire. Je crois du moins avoir été constamment le plus sévère à mon égard que je l'ai pu.)

Je m'arrête donc. Au surplus pouvez-vous aisément deviner en quel sens cette recherche s'achève — et quels problèmes peut poser, et pour une part résoudre, le passage de l'argument au proverbe avec ce curieux maintien qui s'y montre d'une certaine difficulté (mais aussi d'un certain succès) de langage. Il vous est arrivé de dire que le sens commun n'était pas moins métaphysicien que les métaphysiciens : je n'évite guère, — où je tente de montrer comment l'*homo loquens* s'assure d'être bien toujours l'*homo loquens*, et s'interroge (et parvient aussi à se rassurer) sur certains traits essentiels de son langage (et dans le même temps de sa pensée) — je n'évite guère de toucher à cette métaphysique. Tel est l'inconvénient d'un sujet qui touche à la fois à la psychologie, à la logique, à la science du langage, à la philosophie. Du moins vous paraîtra-t-il peut-être qu'il est, par ailleurs, dans sa matière assez limité et précis pour permettre de grands espoirs.

Sachez-moi, je vous prie, cher Monsieur, votre tout dévoué.

Jean Paulhan.

JEAN WAHL À JEAN PAULHAN.

28 mai [1936].

Mon cher ami,

J'ai parlé de votre lettre avec M. Brunschvicg. Je doute qu'il accepte cette présidence. Plus précisément : la question de la présidence ne se pose pas; c'est la question du rapport, qui se pose — ou se posera la première — et qui est la plus importante. Dans votre esprit, il s'est fait une union (dirais-je une confusion?) de l'une et de l'autre. Le président c'est

celui des membres du jury qui est le plus âgé (si je ne me trompe).
— Qui peut être le rapporteur? M. Brunschvicg prononçait le nom de Vendryes — J'ai pensé à Halbwachs [11]. Halbwachs à qui j'en ai parlé, dit que ce serait plutôt l'affaire de Fauconnet [12] mais que si Fauconnet ne veut pas se charger du rapport, il pourrait le prendre.
Nous pourrons parler de tout cela — Je viendrai à la N.R.F. le premier vendredi de juin.
M. Brunschvicg m'a dit que vous pourriez lui téléphoner.
J'espère que votre voyage n'est pas fatigant et aura permis un examen des manuscrits.
Croyez-moi votre très dévoué

Jean Wahl.

Portez, je vous prie, mes souvenirs à Léon Bopp [13].

---

11. *Maurice Halbwachs* (1877-1945), sociologue français, disciple de Durkheim, particulièrement intéressé par les problèmes des rapports entre la psychologie et la sociologie et les questions de démographie.
12. *Fauconnet,* disciple de Durkheim, professeur de sociologie à la Sorbonne.
13. *Léon Bopp* (1896), écrivain suisse, ami de Jean Paulhan, auteur de plusieurs romans et spécialiste d'Amiel.

Thèse de Jean Paulhan

    Le texte que l'on va lire est une partie de la thèse principale de Jean Paulhan : Sémantique du proverbe.
    Les autres chapitres retrouvés sont incomplets et les pages ne sont pas toujours numérotées.
    Est-ce « la thèse entièrement écrite en 1912 » dont Jean Paulhan parlait à cette date, ou s'agit-il d'une version datant des années 30? Cette dernière hypothèse paraît la plus vraisemblable; en effet, le texte a été dactylographié avec la même machine que la lettre envoyée en 1936 à Léon Brunschvicg; de plus, les quelques ajouts marginaux sont de l'écriture de la maturité. Notons au passage que le (ou la) dactylographe était un amateur et que les fautes de frappe sont nombreuses.
    Si l'on consulte les travaux universitaires préparatoires de Jean Paulhan, si l'on examine sa manière de travailler une thèse, on remarque toujours le même processus : Jean Paulhan prépare un plan très serré, très logique, très esthétique (couleurs différentes, signes, encadrements...), puis passant à la rédaction, commence par suivre son plan de façon rigoureuse, scrupuleuse, multipliant les subdivisions, les titres, les sous-titres... Soudain, un 1° n'a pas de 2°, les titres disparaissent, un nouveau plan en filigrane bouscule le précédent, bref la pensée se libère du carcan qui l'étrécissait, elle s'envole, prend le large et, parfois même, se perd un peu : l'œuvre littéraire commence.
    C'est dire si Jean Paulhan a souffert pour essayer d'écrire

cette thèse; peut-être a-t-il plus souffert qu'un autre de ne pas parvenir à ses fins pour des raisons en fait techniques. Ainsi, le voit-on dans ses cahiers, recommencer plusieurs fois cette thèse selon la même progression, funeste à ses yeux, s'arrêter, reprendre à zéro et faire, dans la marge, sa propre critique.

Silvio Yeshua expliquera pourquoi, indépendamment de ces difficultés de mise en forme universitaire, Jean Paulhan, subitement renonça à sa thèse — les hain-teny ont leur secret!

INTRODUCTION GÉNÉRALE

J'ai passé trois années, de 1907 à 1910, à Madagascar, demeurant dès le premier jour dans une famille malgache, prenant part à ses travaux et assez vite — autant qu'il me semble — à nombre de ses soucis et de ses pensées. Interprète, pendant une nouvelle période de trois ans auprès des tirailleurs, puis d'ouvriers malgaches, j'ai pu mener de nouvelles observations. J'ai fréquenté, à Paris, de jeunes Merina étudiants, employés de commerce ou domestiques. Enfin je n'ai pas arrêté, jusqu'à ce jour, de tâcher à préciser et expliquer les premiers faits que j'avais remarqués, et les remarques plus générales auxquelles je me trouvais conduit. Il est arrivé qu'en durant, cette étude m'a présenté certaines difficultés, que je recevais d'abord de son seul objet : tant il est difficile de résoudre, par le langage, un problème que le langage a posé. Mais je dois dire quelques mots de ma première expérience.

J'ai vécu un an environ dans une famille hova de Tananarive, dont le chef, Rafamantanana, était frère de l'ancien ministre des Affaires étrangères du royaume d'Emyrne; puis dans la famille, de race esclave, de Rabe, paysan, ancien soldat; plus tard chez des *andriana* ou nobles, originaires du Sud. Je fréquentais les marchés, je prenais mes repas dans les paillotes où les marchands mangent et se querellent, j'ai parcouru à pied l'Emyrne entière; je recherchais les villages éloignés des routes, et les paysans dont la vie s'était écoulée dans ces villages : tous m'accueillaient courtoisement. Aussi bien éprouvaient-ils la soumission où je me trouvais vis-à-vis d'eux. Il arrivait qu'ils en fussent flattés. La bizarrerie de mon attitude ne les surprenait pas trop, qui attendaient d'un Européen toutes les bizarreries. Je poussais assez loin cette soumission : je tenais à ne point profiter des avantages que m'eût naturellement donnés mon état : je me privai du plus sensible de ces avantages en m'interdisant, durant la première année, de recourir à la lecture ou à l'écriture. A la maladresse ainsi provoquée je dus sans doute de connaître les phrases dans le même temps que les choses. Les unes et les autres, à la vérité, m'étaient également difficiles, et le fruit étranger, le métier à tisser, la prière aux ancêtres ne me surprenaient pas moins que les mots qui servaient à les exprimer. Je me trouvais privé, en plus d'un endroit, de ces points d'appui, de ces positions d'attaque que donne dans l'apprentissage d'une nouvelle langue la pratique d'une langue maternelle. La langue écrite, lorsque je la connus, me parut longtemps arbitraire et inexacte.

J'étais peu pressé d'apprendre. Je parvins cependant, après quelque huit mois, à prendre part assez naturellement à certaines conversations que j'entendais. Bien entendu, j'aurais été incapable de les faire dévier jusqu'à des sujets choisis par moi : peut-être aurais-je été incapable aussi de choisir ces sujets — tant je me voulais plier à ceux qui occupaient mes hôtes. J'avais conscience en parlant d'imiter telle ou telle phrase que j'avais entendue auparavant, et les gestes et l'expression mêmes de la personne qui l'avait dite.

Une soumission aussi naïve et le sentiment continuel de mon infériorité offraient l'avantage de me former à un effort constant : l'amour-propre me maintenait appliqué, où mes premières décisions auraient pu faiblir, et la part d'infériorité que j'acceptais me rendait plus susceptible à l'égard de toute autre sorte d'infériorité qui aurait pu tenir à ma négligence.

Non que j'eusse des raisons très nettes d'éprouver ici de la crainte. Les Merina n'ont pas de croyance propre à les rendre, à l'égard d'un étranger, méfiants ou hostiles. Ils donnent le sentiment d'un peuple indolent, aimant et aimable, qui se plaît à la danse, aux visites, à la politesse, aux discours, à la réflexion.

Leur civilisation est autochtone. Une seule pièce, dans la case ancienne, faite de bois ou de briques crues, réunit le foyer, la natte des maîtres, la cage des poules. La faune et la flore sont pauvres. L'on peut voyager plusieurs jours en Emyrne, sans rencontrer d'autres animaux que zébus, et, dans l'herbe, les caméléons. Les cultures sont peu variées : riz, patates, manioc, canne à sucre, quelques autres. La langue ainsi touche à des objets, différents sans doute de ceux qu'une autre langue m'avait appris à fréquenter, cependant peu nombreux et, si je peux dire, faciles à cerner.

Les conditions les plus favorables à l'étude que j'entreprenais se trouvaient, peut-être, ainsi réunies. Je ne les ai citées que pour l'appui accidentel qu'elles m'ont pu apporter. Je n'y reviendrai pas. A vouloir préciser des données, qui sont par nature assez vagues, je les rendrais contestables. D'ailleurs, il sera de moins en moins question, à mesure que l'on avancera dans cette étude, des circonstances dans lesquelles je l'ai d'abord conduite. Mais la connaissance que je prenais de ces circonstances, les sentiments de surprise ou de défiance dont elle s'accompagnait, les calculs auxquels elles m'incitaient ne seront par la suite que les objets d'une critique plus générale. Ils exigeront, à leur tour, d'être analysés et expliqués. Ainsi, dans le même temps que nous étendrons le champ de notre recherche parviendrons-nous à déplacer légèrement son point d'application et à découvrir sous un aspect nouveau le problème et l'inquiétude particulière qui nous avaient permis de l'entreprendre.

CHAPITRE I : LES PROVERBES DE PARADOXE

§ 1. Généralités. Les proverbes de la suite inattendue.

Il est sensible du premier abord qu'une note commune de leur sens peut réunir des proverbes aussi différents de forme que sont par exemple :

Rire tout haut de ce que chacun voit comme dans les combats de taureaux (1788)[1].
L'esclave qui porte une ombrelle renonce à sa part de soleil. Ce sont les riches qui sont avares.

Que si l'on veut préciser et nommer cette note, il semble qu'elle tient à une certaine réaction que les proverbes provoquent en nous. Ils ne nous sont pas indifférents, ils nous surprennent à la fois et dans le même temps ils exigent que nous nous intéressions à la surprise qu'ils nous apportent.
Surprise qui tient de la déception. Aussi bien est-elle plus sensible où le proverbe se trouve exprimé.

... « Naturellement Ranona, quand il eut reçu toutes ces nouvelles n'en fit part à personne, parce que *ce sont les riches qui sont avares* et il continua à se conduire comme s'il ne savait pas que les *Manendy* étaient vainqueurs. »

Ou bien :

« Comment, tu as là toutes ces provisions et tu les laisses perdre parce que tu es trop paresseux pour les préparer! Ah tu es bien

---

[1]. Les chiffres entre parenthèses renvoient à un important recueil de proverbes : *Ny Ohabolan' ny ntaolo* (W. E. Cousins et J. Parrett, 1885). Jean Paulhan a beaucoup pratiqué ce recueil; travaillant avec des lettrés de Tananarive, il a commenté, un par un, en malgache, ces quelque 3800 ohabolona (ou proverbes) dont il a cherché à établir ensuite une classification linguistique.

comme l'*esclave qui porte une ombrelle : il se prive de sa part de soleil.* »

Ou :

« Assez de détails. Viens tout de suite aux faits. C'est bien la peine de dire *ce que tout le monde voit comme dans les combats de taureaux.* »

Que l'on entende ce « naturellement », ce « tu es bien comme », ce « c'est bien la peine de... ». L'on résumerait assez exactement le trait du proverbe dans les trois cas, suivant l'une de ces phrases vulgaires qui — de même ordre peut-être que ces proverbes — suivent plus fidèlement leurs contours que toute phrase dépouillée et « scientifique » en disant « c'est le monde renversé », ou « c'est le contraire qui arrive ».

Entendons : « C'est le contraire de ce qui devrait arriver... » Il est correct, en effet, régulier, admis que l'on parle pour s'apprendre ce que l'on eût sans cela ignoré, et que l'homme privé de tout ne se retire pas la seule chose qu'il possède. Enfin il serait naturel que le goût de donner vînt à ceux-là justement qui ont les moyens de le satisfaire.

Ces trois proverbes sans doute prêteraient à d'autres remarques. Cependant c'est par celles-là d'abord que nous les épousons, que nous pénétrons en eux. De là à supposer qu'ils les appellent et en quelque sorte s'accordent à elles, il n'y a qu'un pas. Un tel accord au surplus se peut vérifier.

Chacun des proverbes que l'on a cités peut être considéré comme faisant partie d'une classe de proverbes, tous de même structure. L'on rattacherait ainsi aux riches avares quelque cent cinquante proverbes tels que :

...Ce sont les plus grands qui sont les plus bêtes.
... Je voulais le voir, et c'est lui qui me voit.
... Ce sont les gens de la cour qui profitent des bons conseils avant ceux de la maison.
... C'est dans les larmes des gens qu'elle cherche sa nourriture...

Autant de proverbes qui rendent, si l'on peut dire, le même son. Mais nous venons de les mutiler, pour rendre le rapprochement plus aisé. Ils doivent se dire exactement :

Vorompotsy perché sur un arbre courbé; c'est moi qui voulais le voir qui suis vu par lui (3747).

Quand un homme à grosse voix donne des conseils, ce sont les gens de la cour qui deviennent sages avant ceux de la maison.

Crapauds et grenouilles : ce sont les plus grands qui sont les plus bêtes.

Mouche qui suce les yeux chassieux : c'est dans les larmes qu'elle cherche sa nourriture.

Mais il est assez sensible ici que la part que nous venons de rajouter n'est destinée qu'à préparer, annoncer, « faire passer » le reste, cette phrase qui nous a paru faite pour préparer une surprise. Aussi bien n'est-elle pas nécessaire, en bien des cas. Et, par exemple, la phrase :

Ce sont les plus grands qui sont les plus bêtes

se dit et s'entend fort bien, fait proverbe à elle seule.

Nous aurions pu citer, nous rencontrerons plus tard des séries analogues correspondant aux diverses sortes de proverbes que nous avons d'abord présentés. Or le point important est que nous tenons ainsi une clef qui nous permet d'abord de distinguer dans un proverbe donné la part essentielle, celle où se joue le sens — mais encore qui, essayée à tout nouveau proverbe de même forme et même obscur, nous peut aider à découvrir son sens. Soit par exemple un proverbe qui s'« explique » aussi peu que

[C'est comme un] [2] *lambamena* [3] donné à un mort (355).

2. Les crochets sont de Jean Paulhan.
3. Le *lambamena* est un lamba rouge servant de linceul.

Il deviendra, traité par la « surprise », à peu près ceci :
l'on fait des cadeaux, à l'ordinaire, pour y gagner au moins
quelque reconnaissance. Le don appelle le don en retour.
Mais ce que l'on donne à un mort est, par exception, bien
perdu.
Soit encore :
> Se dévorer soi-même comme la terre qui s'éboule.

L'on comprendra : il est inattendu que l'on se porte tort à
soi-même, que l'on se détruise comme fait la terre qui brusquement s'éboule, dirait-on, de son plein gré. Or ce sont
bien là les sens exacts des deux proverbes. Soit encore :
> Pressés sans être rapides, comme marchent les moutons.

Ce n'est pas simple description, mais l'on veut constater
l'événement inattendu. Et le proverbe ne se traduirait exactement que par une phrase qui rendrait d'abord ce caractère
d'inattendu, telle, par exemple, que « à quoi bon se dépêcher,
si ce n'est pas pour aller vite »? Au surplus, d'autres proverbes du même ordre appellent plus nettement la même
note :

Pleurer sans avoir été battu, comme l'homme aux yeux chassieux (1877).
Habiter au bord de l'eau sans être propre (1947).
Se lever matin sans aller loin, comme les poules (1563).

De tels proverbes, pourrait-on dire encore, ne font pas
sens d'un seul coup, ils ne sont pas simples. C'est avec eux
tout un petit drame qui se passe ou plus exactement nous
sommes obligés pour les comprendre de les mettre en drame.
A peine nous a-t-on donné à imaginer tout ce qu'implique le
fait de se lever de bonne heure que l'on ajoute : « mais elles
ne vont pas loin » — nous commençons à peine à imaginer
ces hommes vivant près de l'eau que l'on nous dit : « mais ils
ne se lavent pas ».

Le trait commun de quelque mille proverbes est ainsi qu'ils mettent en scène une comédie que l'on pourrait appeler : l'attente déçue. Un personnage, homme, animal, plante ou pierre nous est présenté, l'on nous avertit de sa qualité maîtresse, ou de son caractère particulier. Il se trouve aussitôt que ce personnage accomplit l'action exactement opposée à celle que nous commencions à attendre de lui.

Le jars en maraude est sans doute inquiet et pris de honte; il cherche, pour le moins, à passer inaperçu. Non, jamais il n'a crié aussi haut :

Jars mangeant des plants de riz : lui qui vole le [bien] d'autrui pousse les cris [les plus] forts (997).

Et un homme, qui fait double repas, devrait engraisser. Mais :

Vieil homme qui prend deux femmes : c'est lorsqu'il mange dans les deux maisons qu'il maigrit (oh. 1292).

Les visiteurs entrent. Le maître vient-il les accueillir comme il se doit et les mener à la place d'honneur? Qu'ils balaient d'abord la maison :

Ceux qui viennent du dehors font la besogne du maître de maison comme [il arrive pour] le tombeau (oh. 2956).

Ainsi d'une comédie où l'on verrait, au cours de l'action, les personnages changer brusquement d'état ou de caractère; de courageux devenant lâches, ou de riches misérables.

L'on pourrait appeler de tels proverbes : proverbes de la suite inattendue. Or la note de sens n'est pas particulière à la langue malgache. On les pourrait rapprocher aisément des proverbes et des locutions françaises :

— Tu veux apprendre à ta mère comment on fait des enfants...
— Fermer la porte de l'écurie quand le cheval est parti...
— Les battus paient l'amende...
— Ce sont toujours les mêmes qui se font tuer...
— Un richard qui achète deux sous de frites...
— C'est le lapin qui a commencé...
— L'esprit de l'escalier.
— Mettre la charrue avant les bœufs.

Mais l'on ne veut que suggérer les directions où trouver des milliers d'exemples semblables.

§ 2. Construction des proverbes de la suite inattendue : le paradoxe; le fait.

Qu'elle s'avoue ou bien au contraire se dissimule, il semble que la surprise où l'on a vu l'effet normal et en quelque sorte l'invention du proverbe obéisse à des lois constantes. Elle n'est en aucun cas incohérence pure : sa construction, son ordre apparaissent, si l'on veut considérer à côté l'un de l'autre le proverbe :

Les enfants tournent sur eux-mêmes et les grandes personnes ont le vertige (2171).

et telle phrase absurde que l'on imaginera pour la circonstance : « les enfants tournent sur eux-mêmes et la lune se lève ».

Or l'inattendu de cette dernière phrase est absurdité, ne pouvant éveiller aucune surprise, sinon relative à l'état mental du parlant. A quoi donc tient que le proverbe surprenne? à ceci qu'aussitôt prononcé il permet de rétablir, il oblige à rétablir d'abord *pour aussitôt y renoncer* la suite *attendue* : « (les enfants tournent sur eux-mêmes), de sorte qu'ils ont le vertige ».

Et l'inattendu du proverbe se trouve dès lors caractérisé par ceci : qu'il y a en lui une forte part d'« attendu »; cet attendu fait sa direction, sa raison d'être, c'est à lui que se rapporte le sens, même où il paraît le plus s'en éloigner. De sorte que l'inattendu se pourrait plus justement appeler : contre-attendu.

Dans les deux cas, le tournoiement des enfants a un résultat; et ce résultat est que quelqu'un est pris de vertige : ici les enfants, là les grandes personnes. A cette substitution d'un seul terme à un autre tient la surprise. Elle suppose un démenti donné à l'attente commune sur un point particulier mais que pour tout le reste cette attente est réalisée. Elle effleure cette attente, elle l'éveille pour la décevoir aussitôt.

Cette surprise exige en bien des cas, pour être reconnue (et provoque, tente ainsi), une assez grande souplesse et bonne volonté du parlé. Je veux bien qu'elle s'impose dans la plupart des proverbes qui précèdent, et dans tels autres, qui confinent à la plaisanterie :

[Voici qui] m'étonne bien : la vache [est] noire, et son lait est blanc (1400).

Elle peut ailleurs être plus dissimulée, et subtile. L'on a vu :

Ce sont les riches qui sont avares.

Il faut admettre ici — et le proverbe reçoit un sens, est une phrase *digne de remarque* à cette seule condition — que le mot « riche » aiguillait d'abord le parlé dans cette voie : « généreux », ou tout au moins « disposé à donner, usant de sa richesse » — et donc que le proverbe énonce un paradoxe — de même sorte que celui que présente le lieu commun français : « Ce sont les gens maigres qui n'ont pas d'appétit! »

Or l'opposition même qui existe entre les deux actes, les deux faits dont le proverbe fait mention, suffit à l'ordinaire à apprendre au parlé sur quel terrain se joue la comédie. Il connaît à la fois ces deux faits, en sorte qu'ils se complètent pour lui et dans le même temps se repoussent, l'un faisant valoir l'autre; cela nous permet de pénétrer un peu plus avant peut-être dans le jeu du proverbe. La phrase d'abord simple s'ouvre ici suivant deux branches : l'une sous-entendue, l'autre exprimée mais l'exprimée si exactement appliquée à la sous-entendue et la suivant dans ses contours pour brusquement se séparer d'elle, que l'une n'est pas moins nécessaire que l'autre au sens; ou que ce sens, plutôt, se produit à l'endroit précis de leur séparation :

« On le porte sur la tête... »

Ceci peut être entendu et « suivi » de bien des manières : « il n'a donc pas à se fatiguer... » « il voit de plus loin... », « il est supérieur à celui qui le porte... »; ou bien, tenant compte de ce que l'expression « porter sur la tête » implique fréquemment, pour le Malgache, un sentiment de respect : « il s'en trouve très honoré... », « il en est reconnaissant ». De ces diverses associations et de toutes les autres, ce que l'on voudra imaginer, la fin du proverbe ne laisse subsister qu'une seule, celle ayant trait à la reconnaissance, *celle justement qu'elle contredit :*

...et il [vous] mord; comme [fait] le pou. » (oh. 1538 var.)

Il s'agit ici, pourrait-on dire, d'une suite inattendue en retour.
Soit encore :

Chat sauvage qui se moque d'un hibou...

Jusqu'ici nous savons peu de chose. Le chat sauvage, le hibou sont animaux de sorcière, et peu sympathiques. L'on ne voit point au surplus d'empêchement à ce que le premier se moque du second. La suite est plus claire :

...celui qui rampe ose se moquer de celui qui vole (oh. 1234).

Donc il fallait entendre, l'on entend maintenant par « chat sauvage » un animal rampant, attaché à la terre, par là méprisable et qui moins que tout autre peut se moquer d'un oiseau, qui vole. La question est donc un peu plus complexe qu'il ne le paraissait d'abord : que l'on veuille imaginer une comédie dont le personnage principal, indifférent d'abord, serait brusquement présenté au spectateur comme étant *à la fois* peureux et brave, méchant et bon — et d'autant meilleur en telle circonstance qu'on le sait être, dans le fond, méchant; ou d'autant plus courageux qu'on le sait poltron.

Les yeux lui font peur et [cependant] il veut acheter la tête [de veau] (2871).

se révélerait *brusquement*... Oui; mais non pas sans que l'on ait commencé par tâtonner et hésiter. De quelque manière que l'on retourne le proverbe, il semble fait ici pour n'être point saisi du premier coup. Sa surprise tient à ce qu'évoquant avec force, pour qui l'entend, une suite attendue, il se trouve en même temps nier et contrarier cette suite. Appelons-le proverbe de paradoxe.

Il est un second trait de ces proverbes au moins aussi frappant que celui que l'on vient de noter. Sans doute ils offrent un événement inattendu — mais c'est un événement inattendu *qui arrive;* sans doute ils énoncent un paradoxe, mais c'est un paradoxe *vrai*. Il est bien rare, il est anormal sans doute qu'un voleur appelle sur lui l'attention — mais c'est pourtant ce qui se passe pour le jars, et que l'on maigrisse alors que l'on mange davantage, mais c'est ce qui arrive au vieillard bigame. Le trait pouvait sembler sous-entendu dans nos remarques précédentes. Il mérite d'être considéré à part.

De fait est-il dans ce proverbe une surprise à sa manière — qui suit et vient fortifier une première surprise. Celle-ci tenait à une imagination fantasque, celle-là tient à ce que cette fantaisie n'est pas fantaisie, mais la vérité. Ainsi sous ce nouvel angle, il est possible encore comme plus haut nous le tentions déjà de distinguer dans tout proverbe de la suite inattendue deux parts : qu'il soit inattendu et que cependant il soit suite. Ou encore : une énigme d'abord, puis le mot de cette énigme.

> L'on ne peut s'en séparer, pourtant l'on ne peut s'en faire une amie...

Voilà l'énigme, et voici le « mot » :

> comme l'ombre.

Ou bien encore :

> Pleurer en voyant une belle chose...

qui est la devinette, dont la solution est :

> comme l'homme aux yeux chassieux qui regarde les jeux.

Ainsi les proverbes que l'on citait plus haut se pourraient-ils dire suivant une forme de devinettes, familière à toute langue :

Ce sont les visiteurs qui balaient la maison. Qu'est-ce que c'est?
Qu'est-ce qui est pressé sans aller vite?
Je suis noire. Ce qui sort de moi est blanc. Qu'est-ce que je suis?

Il arrive d'ailleurs que le mot suffisamment connu ne soit pas donné : le proverbe, que l'on citait plus haut, se dit et s'entend fort bien sans « comme l'ombre ». Ainsi encore de :

> C'est à Ambongo qu'elles sont mortes, et c'est ici que l'on souffle dedans (261).

Il s'agit des *angaroa* ou des *antsiva*, coquilles que l'on recueillait à Ambongo, en pays sakalava, et qui servaient au Merina de trompes. D'où vient au proverbe un sens général assez voisin de celui du proverbe français : « Nul n'est prophète en son pays. »

Mais il faut aller plus loin. Alors même que l'on ne songerait pas aux *antsiva*, que l'on aurait oublié l'ombre, le proverbe n'en voudrait pas moins dire : il y a *des cas* où (l'on est célèbre ailleurs que dans son pays,...) il y a des gens (que l'on ne peut aimer encore qu'on les rencontre sans cesse). Il semble que l'ingéniosité que suppose la découverte du « mot » soit si naturelle, si normale qu'on la peut attendre de tout auditeur. Ainsi demeure-t-elle sous-entendue par exemple dans :

Injuste partage du riz : ceux qui n'ont pas travaillé ont leur assiette pleine (1369).

L'événement n'est pas ici absolument inattendu. Encore que de telles injustices semblent, à y réfléchir, comme l'on dit « impossibles », il n'est personne qui n'en ait eu devant les yeux de nombreux exemples. Mais voici qui est plus délicat :

Emprunter [un bon lamba] en échange du lamba usé [que l'on possède] : c'est [ensuite] le propriétaire du mauvais [lamba] qui réclame [le premier, le sien] (oh. 3740).

Il nous la faut découvrir. Et sans doute l'on peut tenir à son manteau même en mauvais état, surtout en mauvais état, davantage qu'au manteau neuf du voisin. Le sens particulier du proverbe suit cette découverte. Pour qui considérerait au contraire du premier abord comme tout naturel le fait que l'on s'attache plus à un mauvais manteau qu'à un bon, le nœud du sens et l'énigme se reporteraient un peu plus avant. Il deviendrait par exemple :

Quand est-ce que l'on préfère ce qui est mauvais à ce qui est bon?

Ainsi plus haut le proverbe des riches avares se dirait, à peu près :

C'est quand on peut donner qu'on ne donne pas. Qu'est-ce que c'est?

De quelque façon que l'on veuille composer exactement le sens du proverbe l'on n'y parviendra qu'en tenant compte de cette seconde surprise aussi bien que de la première.

— Pleurer, en voyant...
— Une catastrophe?
— Non, le plus beau des spectacles, les jeux.
— Alors ce n'est pas possible?
— Si, c'est quand on a les yeux chassieux.

Que si l'on s'étonne qu'une phrase en apparence simple exige pour être comprise tant de détours et de moments, l'on répondra que nous avons choisi pour l'observer la place la plus désavantageuse. Proverbe, elle est justement de ces phrases que l'on n'a pas normalement besoin de comprendre, qu'il suffit d'exprimer — il faudra, au surplus, rechercher si leur difficulté justement n'est pas à l'origine de ce besoin d'expression qui nous a semblé leur trait principal. De toute façon, vouloir entendre un proverbe en lui-même, chercher à sa source, pour ainsi dire, le sens, particulier qui ne se laisse saisir d'ordinaire que dans son effet, c'était jouer la difficulté. Il ne faut pas nous étonner outre mesure de la complexité d'une double surprise.

Cette double surprise aussi bien se répète, on l'a vu. Si complexe soit-elle, elle use d'un nombre de procédés assez restreint. L'on va tâcher de les distinguer — cependant une remarque auparavant s'impose.

Des deux surprises que l'on vient de distinguer il est du premier abord sensible que l'une est accidentelle, l'autre au contraire essentielle, inhérente aux proverbes que l'on tâche d'analyser. Qu'un proverbe exprime un fait, et exige d'être pris pour tel, l'on a vu que c'était là le sort commun de tout proverbe, sa raison d'être, un trait essentiel de sa nature : or, ce n'est que par accident que ce trait de fait donne lieu en telle classe déterminée de proverbes à surprise. Que l'on imagine une classe proverbiale de la légalité, de la règle, l'affirmation de la réalité de l'événement y donnerait un effet tout opposé de sa satisfaction, de repos de l'esprit. C'est seulement parce qu'un fait paraît d'abord fantastique et imaginé « pour le plaisir » qu'il est étonnant qu'il arrive.

Au surplus un examen superficiel des proverbes suffisait à nous renseigner. C'était par leur côté paradoxal que coïncidaient les proverbes, qu'il semblait possible de les grouper en classes; c'était par leur côté de fait qu'ils différaient : tantôt en effet leur phrase de situation venait avant le paradoxe, tantôt après, tantôt elle était complètement absente : c'était alors au parlé à l'imaginer, à entendre « en fait » chaque mot du proverbe. Quant à son contenu il était variable à l'infini.

Mais il en va tout autrement de la part de paradoxe. Si l'on cherche de près, l'on est frappé par le petit nombre de moyens dont use ce paradoxe. Cette recherche d'une exception semble soumise à des lois strictes.

Parmi les proverbes de la suite inattendue, deux cents environ offrent une comédie dans laquelle le personnage en scène accomplit brusquement l'acte ou souffre le traitement auquel sa nature, son rang, son caractère semblaient le moins le préparer. L'on a vu que le visiteur ainsi prenait la place du maître de maison, que le riche se trouvait avare, que les plus grands étaient les plus bêtes. Ainsi le frère aîné, au lieu qu'il se voie honoré, est maltraité et tourné en dérision :

Œufs de poule : ce sont justement les aînés que l'on couvre de charbon (323).

L'aiguille au lieu de coudre, déchire :

Grande aiguille au chas cassé : c'est justement elle sur qui l'on comptait pour coudre, qui déchire (926).

Dans une nouvelle catégorie de proverbes, c'est un événement donné qui se produit au moment où l'on avait les meilleures raisons de ne pas l'attendre, ou d'attendre l'événement contraire. Un vieillard se trouvait maigrir précisément dans le moment qu'il mangeait deux fois plus. Ainsi encore le maître de maison ne pense à balayer sa chambre qu'après que le visiteur malveillant est déjà parti et répète de tous côtés : la maison de Ranona, quel désordre!

C'est quand la mauvaise langue est partie que l'on balaie la maison (1336).

Ou bien encore :

Amitié de lèvres : c'est quand elles sont irritées qu'elles se rejoignent (439).

Ailleurs l'on verrait, dans une nouvelle classe, un acte ou bien un événement donné, le plus simple en apparence, avoir la conséquence la plus inattendue qui se puisse. L'esclave ainsi en portant une ombrelle se privait du seul bien qu'il possédât; la vache noire donnait un lait blanc; le crieur de bons conseils rendait sages les voisins et laissait dans la sottise sa famille abasourdie. Ou bien : Il choisit et prend [la femme qui] louche (2115).

Une quatrième classe pourrait être constituée par les proverbes dans lesquels un même personnage se trouve accomplir à la fois deux actes ou souffre deux sentiments que l'on tient ordinairement pour contradictoires. Ainsi des moutons qui se dépêchent lentement; des poules qui se réveillent de bonne heure et ne s'en vont pas en voyage, des spectateurs de combats de taureaux qui jugent utile de s'affirmer les uns aux autres ce que tous savaient déjà.

Il serait aisé de faire à la classification que nous venons d'esquisser d'assez graves objections; et celle-ci notamment que bien des proverbes sembleraient à volonté pouvoir entrer dans telle ou telle classe. Aussi bien nous reste-t-il à donner la raison véritable de cette classification. Elle est qu'à chaque famille de proverbes correspond une forme particulière de phrases, un type linguistique nettement déterminé. Trois d'entre elles en particulier se trouvent, pour la plus grande part, bâties chacune autour d'un mot déterminé, soit adverbe faisant fonction de conjonction, soit conjonction — et donc, dans les deux cas, armature étroitement liée aux matériaux qu'elle assemble. L'adverbe-conjonction *indray no* se peut traduire : « c'est justement... qui... ». Il sert à marquer l'opposition entre le sujet et l'acte qu'il accomplit. La conjonction *vao* signifie : [c'est] lorsque... [que] ... Elle exprime une opposition entre l'acte et le moment choisi pour l'accomplir. La conjonction *ka*, « et », sert au proverbe à faire ressortir une contradiction entre deux pensées, deux actes, deux faits successifs ou simultanés :

N'ayez pas un amour pareil aux rivières qui débordent : elles viennent en grande abondance, *et* elles sont vite taries (oh. 375).

Connaître dix pour soi-même, et ne pas connaître un pour autrui (oh. 393).

Quel sens acquis se trouvent posséder, en de telles phrases, *indray no, vao* ou *ka*? Il semble que l'essentiel de leur sens soit dans la déception qu'ils nous veulent causer. Les rendre par : *et cependant... il est étrange que ce soit... qui...* ne peut suffire. Une nuance d'ironie est la partie principale de leur sens, de ce sens au moins qu'il leur faut supposer, si l'on veut que la phrase joue, comme on l'a dit (et elle est agencée de telle sorte que d'aucune autre façon elle ne peut jouer) de ce sens qu'il faut donc imaginer, — plutôt qu'arrêté, fixé — encore à l'état dynamique, en train de se faire.

Or, rien ne disposait *indray no*, non plus que *vao* ou *ka* à jouer un tel rôle.

Ce sont les plus innocents de tous les mots. Loin qu'*indray* signifie : *il est étrange que ce soit...* on le traduirait plus justement : *il est fort naturel que...* dans la majeure part de ses emplois non proverbiaux. Étymologiquement il veut dire : *pour la seconde fois;* il a conservé cette signification, ainsi que celle d'*habituellement, régulièrement* (*Tongava indray rahampitso*, c'est : venez de nouveau demain). En sorte qu'il n'annonce à aucun degré surprise ou déception : bien au contraire, il appelle une suite normale et attendue.

Est-il, dans la comédie que joue le proverbe, complice ou dupe? Du moins contribue-t-il à assurer le succès de la ruse par la naïveté avec laquelle il annonce au parlé, non encore averti : et maintenant vous allez voir... C'est tout le contraire que l'on voit.

La même remarque se peut appliquer à *vao*. Ce mot signifie : *récemment, nouvellement*. Il indique que les deux faits considérés sont étroitement reliés dans le temps. Du linge *vao sasana*, c'est du linge que l'on vient tout juste de laver. *Vao tonga izy*, c'est : « à peine est-il arrivé ». Qu'est-ce à dire, sinon que, par un procédé analogue à celui dont use *indray*, *vao* abuse le parlé, le fait tomber dans le piège. A peine le vieillard commence-t-il à manger à deux tables, aussitôt (et donc la rapidité des événements est trop grande pour que le résultat attendu ne se produise pas : il va engraisser)... Non, il maigrit.

Ce n'est donc point la conjonction qui force ici le sens du proverbe : mais il semble plutôt qu'elle le reçoive de lui, au point qu'au sortir du proverbe elle nous apparaît toute transformée, et douée d'une nuance ironique. L'on en sera moins surpris si on la rapproche du sens variable, lui aussi, des mots français : *à peine... justement, précisément,* par quoi nous avons tenté de traduire *indray* et *vao*. Le même écart que l'on a noté entre le sens commun et le sens « proverbial » *d'indray*, on le retrouverait sans peine entre ces deux emplois, par exemple, d'un adverbe : quand on lit la phrase, le sens se présente *naturellement* à l'esprit : je frotte une allumette; *naturellement elle ne prend pas* — ou d'une même locution adverbiale : « analysez l'un des mots de cette phrase : le second par exemple » et « par exemple, si tu crois que je vais consentir à... ».

La langue malgache possède trois mots qui signifient : *et*. Deux d'entre eux *ary* et *sy* conviennent principalement aux énumérations d'objets ou de personnes, n'ayant point entre eux de rapport plus étroit que celui de leur seule succession. (Assistaient à la fête le roi *et* la reine *et* le prince de l'Ouest...) Mais le troisième *ka* sert à marquer un lien de cause à effet, il se traduit normalement : *et par conséquent* (Il est monté sur une pierre vacillante, *et* il est tombé). En sorte que c'est par un véritable retournement de son sens qu'il en arrive à vouloir dire, à peu près : *et cependant* (contrairement à toute attente). Effet de surprise, dont l'*et* français ne peut guère nous rendre compte, mais qui permet de vérifier l'exactitude de nos premières remarques. C'est tellement une conséquence surprenante, et nous surprenant en tant que conséquence, que veut présenter le proverbe, qu'il ne craint pas d'user à cet effet de tous les mots, et même les plus insignifiants, devant ancrer en nous l'idée, le souci de cette conséquence.

Nous voici ramenés à la remarque que nous faisions tout d'abord : il s'agit tellement d'évoquer la suite attendue que l'on adopte aussi longtemps que possible — et, pourrait-on dire, presque trop longtemps — la disposition, le ton, les mots qui devraient normalement apporter cette suite attendue. Le proverbe ici trahit son procédé.

Il ne le trahit pas toujours de façon aussi évidente. Dans

les proverbes de la quatrième classe, le nœud du sens tient en général à l'accolement des deux mots de sens contraires. Toute une famille de proverbes de conséquence, d'autre part, font jaillir la surprise du fait que le personnage donné accomplit un acte soit nuisible à ses intérêts, soit trop favorable aux intérêts d'autrui. Enfin dans un certain nombre de proverbes de la première classe les mots *indray, no* sont sous-entendus. Il importe peu; c'est dans tous les cas la même surprise que recherche le proverbe et la régularité d'un procédé linguistique n'avait d'autre intérêt que de nous montrer à l'état automatique quelque procédé pour l'atteindre, dont le succès sans doute s'était trouvé particulièrement frappant.

CHAPITRE II : L'ARGUMENT DU MIROIR DÉFORMANT

Il nous faut, à présent que nous sommes parvenus à le considérer en lui-même comme simple phrase, tâcher de replacer et de situer dans l'ensemble du langage le type de phrase qui constitue le proverbe de la suite inattendue.

Ce proverbe est-il un monstre, une réussite exceptionnelle et à laquelle s'attacherait l'attention précisément pour ses caractères d'exception — ou bien au contraire une phrase comme il en est beaucoup, une « façon de parler » courante, seulement parvenue du fait de certaines de ses qualités — son ingéniosité, par exemple, la pénétration et l'originalité de la remarque qu'il contient — à une situation en quelque sorte prépondérante?

Or, aussitôt que nous cherchons en ce sens, nous découvrons quantité de phrases dont il semble que le but, l'intention soit de composer et présenter la même sorte de paradoxe exactement qu'offraient les proverbes. Dans quelle discussion ne rencontrons-nous pas des phrases telles que celles que l'on citait plus haut, animées de la même recherche, fortes de la même invention :

>   *A :* Il me faut maintenant rentrer.
>   *B :* C'est quand j'arrive que tu pars.

Ou :

>   *Ralay :* Veux-tu me rendre mon manteau.
>   *Rabe :* Mais je t'ai prêté le mien qui est le plus neuf des deux.
>   *(C'est toi qui gagnes à l'échange et tu viens encore te plaindre.)*

L'on a reconnu le proverbe du bon ou du mauvais *lamba*. De fait il n'est pas un seul des proverbes que l'on a cités plus haut en marge duquel l'on ne puisse citer vingt, cent phrases analogues, jouant de la même opposition. Au point qu'il peut sembler que ces phrases constituent une classe aussi définie, aussi précisément limitée que l'est la classe proverbiale, seulement infiniment plus étendue.

C'est au point que le proverbe peut sembler être simplement une de ces phrases, seulement qui aurait mieux que les autres réussi, qui aurait acquis une autorité particulière. Il arrive qu'il en soit entouré, il paraît avoir avec elles une affinité particulière. L'on citait plus haut le proverbe de l'aiguille qui déchire, au lieu qu'elle couse. En voici un emploi :

Alors la femme se plaint ainsi et injurie l'homme : « Quoi c'est toi en qui je m'étais confiée qui m'abandonnes, je t'avais remis tout mon argent et tu me chasses aujourd'hui sans un sou. C'est toi *qui es l'aiguille au chas cassé : qui déchire au lieu de coudre.* »

Ou bien encore :

Puisque tu n'as pas l'air plus content que cela, je remporte mes fruits. C'est bien la peine d'apporter un joli cadeau à quelqu'un qui vous fait la tête. Ah! ça t'ennuie qu'on veuille te faire plaisir. Je ne savais pas que tu *pleurais en voyant les belles choses comme le chassieux aux jeux.*

Au surplus qu'une telle affinité ne nous égare pas. Elle est frappante, non pas seulement du fait de la ressemblance extérieure des phrases et du proverbe — mais plus encore peut-être du fait que ces phrases ou ce proverbe semblent jouer même rôle, et avoir même effet. L'on a vu que le proverbe dans l'un et l'autre exemple possédait une certaine autorité, une portée, qu'il était fait pour agir dans une certaine mesure le parlé, l'amener à revenir sur une première décision — nous avons vu plus tard ce qu'il fallait entendre au juste par cette autorité. Or un point curieux est que les phrases qui accompagnent le proverbe paraissent à leur façon poursuivre le même but. Non qu'elles soient une simple expression de ces proverbes avec lesquels nous avions pu un moment les confondre : nous avons vu que le proverbe n'avait pas besoin et évitait même qu'on lui préparât à ce point la besogne et que la phrase la plus incoordonnée lui suffisait fort bien. De telles phrases seraient pour son jeu plutôt un embarras qu'un secours. Au surplus l'action de ces phrases paraît légèrement différente de celle du proverbe. Soit encore l'exemple français :

Armières : Alors quand tout me trahit, dans cette heure d'épreuves, c'est toi qui viens encore me refuser l'argent dont tu disposes.
Mme Armières : Ma fortune appartient à mes enfants. Et c'est à eux que je ne pourrais rendre compte de son emploi.

Armières : Des enfants se poseront en juges de leur mère. Non, avoue-le, tu te défies de moi.
Mme Armières : Moi, t'abandonner aujourd'hui, quand tout te fait défaut. Tu as pu croire cela.

Comme les proverbes répondaient aux proverbes, c'est ici des phrases d'opposition qui répliquent aux phrases d'opposition. Nous n'en sommes que mieux placés pour remarquer le trait caractéristique de telles phrases : elles paraissent encore composées de telle sorte qu'elles viennent arrêter un fait qui menace d'être, qui risque de se produire. D'un mot elle semblent posséder ce trait que nous appelions plus haut *influence*.

Il semble que l'on ne puisse comprendre de telles phrases qu'en considérant par avance leur effet. Il y a en elles un mécanisme, une pointe qui doit faire qu'aussitôt entendues, Madame Armières ne pourra plus admettre que ses enfants puissent la juger, ni Ralay qu'il doive réclamer encore le mauvais *lamba* qu'il a prêté. Singulières phrases qui ne s'achèvent pas à elles-mêmes, qui semblent faites pour obtenir un effet bien déterminé — qui paraissent recevoir de leur construction même et de leur sens une aptitude à persuader. Phrases de discussion exigeant, pour être comprises, que soit d'abord reconstituée autour d'elles la dispute qu'à la fois elles expriment et veulent terminer; obscures si cette reconstitution tarde à se réaliser, prenant alors aisément le tour et la forme d'une énigme : le roi d'Emyrne, pendant une année de famine, cherche à se procurer des vivres. Il envoie donc un messager porter à Andrianomemboninahitra, riche propriétaire, la somme de onze Kizo en échange de laquelle il lui demande du riz. Mais Andrianomemboninahitra répond : « Le roi acheter du riz. Il n'y en a pas, dites-le-lui. »

Le roi acheter du riz... La phrase qu'animent dans la réalité le ton et l'accent du parlant — et que cependant ils n'animent pas nécessairement tout à fait, on le verra plus tard — est, en tant que phrase, difficile. Il faut entendre, suivant le tour particulier qui nous occupe : « C'est le roi qui achèterait du riz! C'est le maître du pays (et donc des rizières) qui paierait pour obtenir les produits de ce pays. Allons donc, la chose est inadmissible. », Le reste de la phrase se devant comprendre comme : « Si j'en avais, je lui en donnerais bien volontiers, sans lui permettre de me le payer. Mais je n'en ai pas. » Ainsi toute une série de ruses dans cette phrase complexe tendent à mieux convaincre le messager qu'Andrianomemboninahitra ne possède véritablement pas de riz et par ailleurs, étant de caractère assez noble pour refuser de vendre du riz à son roi, ne commettrait certes pas la bassesse de lui en cacher. De ces ruses, continuons à poursuivre la première. Nous tenons sa forme linguistique, la construction qu'elle semble nécessairement adopter. Ainsi pouvons-nous espérer pénétrer dans ses divers procédés, et démonter ses rouages.

Le roi envoie ensuite son messager demander du riz à Andriandrivotra à Andraisisa :

Voici ce que dit Andriandrivotra : Eh quoi! j'ai mangé du riz; ma femme et mes enfants ont mangé du riz. Et ce serait justement le roi qui n'en mangerait pas!

L'on a reconnu la tournure propre aux proverbes d'opposition. Faut-il ici parler encore de ruse? Il n'est point question, pour Andriandrivotra, de faire admettre ceci : il ne donnera pas de riz au roi; mais bien au contraire ceci : il va donner du riz, il est nécessaire qu'il en donne. En sorte que ce prince tient l'argument, en quelque façon, contre lui-même, contre ce lui-même qui aurait pu refuser du riz. Il s'agit ici encore de persuasion et d'influence, seulement jouées bien plus que véritables. Comment se dit le prince, « tu as mangé du riz, tu en as donné aux tiens, et c'est ton roi que tu laisserais affamé! ». Sur quoi l'on pourra supposer que le prince veut ainsi faire paraître aux yeux du messager son loyalisme et que — eût-il même hésité un moment — le devoir l'a emporté. Mais le point pour nous est secondaire et si l'argument contient une ruse, il convient simplement pour l'instant que nous en soyons dupes. Remarquons ici que l'on classerait aisément ces arguments suivant les mêmes divisions qui nous permettraient de distinguer entre des familles de proverbes : soit, comme dans les exemples que l'on vient de voir, opposition du sujet à l'acte qu'il accomplit ou qu'il souffre : *c'est justement le roi qui serait affamé; c'est le roi qui achèterait du riz;* soit opposition de l'acte au moment choisi pour l'accomplir : *c'est quand tout te fait défaut,* disait Mme Armières, que je t'abandonnerais; soit encore opposition d'un acte à l'acte simulé : *Ça t'ennuie qu'on veuille te faire plaisir;* soit enfin opposition de l'acte et de son résultat : *Je t'avais remis tout mon argent, et tu me chasses aujourd'hui sans un sou.* Et certes il est sensible qu'avec une liberté plus grande que celle du proverbe tel argument légèrement modifié pourra passer d'une famille dans la famille voisine : aussi bien n'a-t-il pas de forme fixe. Mais dans chaque cas donné c'est à un paradoxe et à une opposition bien déterminée qu'il fait appel : cette exacte coïncidence de ses diverses formes avec les diverses formes du proverbe n'en est que plus remarquable. Mais il nous faut revenir à une ressemblance plus troublante : un tel argument ne se peut comprendre de toute façon qu'en reconstituant autour de lui, ou imaginant s'il le faut deux adversaires, et leur dispute.

Il est possible de préciser ce point. C'est en considérant l'erreur de qui voudrait recevoir ces phrases pour leur simple sens apparent. « Oui, c'est bien singulier, dirait ainsi Mme Armières, des enfants se poseront en juges de leur mère. Comme les choses arrivent, quand même. » Et Ralay : « Mais oui, je gagne à l'échange et je me plains, c'est bien curieux. » Or que dire d'une telle façon d'entendre ces phrases sinon que ou bien l'erreur est voulue : c'est pour éviter de se voir influencé qu'ayant remarqué d'abord la véritable portée de la phrase l'on feint de n'y voir que l'expression d'un simple fait — contre lequel il n'y a pas à se révolter — simple parade à l'influence, et donc à la fois reconnaissance et crainte de cette influence. Ou bien l'erreur est spontanée, à laquelle prête fréquemment un certain ton détaché, « naturel » de l'argument. Seulement il est alors évident qu'elle tient à une incapacité d'épouser, de suivre dans son mouvement le sens véritable de la phrase :

« Mais croyez-vous, disait-on à Cailhava qui pendant la Terreur blanche ne s'occupait que d'une loi réglant la production théâtrale, *qu'il ne s'agisse ici que d'auteurs et d'acteurs?*

— Non, répondit Cailhava. Je sais bien qu'il s'agit aussi de compositeurs. »

Cailhava évidemment n'a pas compris. Mais enfin s'il avait compris, il eût dû comprendre contre lui-même. Singulière phrase dans laquelle l'influence ne se peut séparer du sens et comme telle posant un problème à la fois proche et lointain de celui que nous avons jusqu'ici traité mais de toute façon suffisamment grave pour qu'il nous faille l'examiner et tâcher de le résoudre. Or sa gravité s'accroît du fait qu'il ne nous est plus présenté par des phrases en quelque sorte d'exception, mais par les phrases les plus naturelles, les plus aisées, revenant en toute conversation, et constituant comme une articulation du langage.

Articulation qui peut être presque cachée, dissimulée par les mots et la tournure générale de la phrase qui ne continue pas moins à jouer, et à agir le sens; ce que l'on pourrait observer en procédant dans les exemples précédemment cités à une réduction progressive de l'argument. L'on peut ainsi maintenant [en] sa portée première imaginer le reproche adressé à Cailhava tel que :

> Naturellement, il ne s'agit en ce moment que d'auteurs...
> C'est bien d'auteurs que nous avons à nous occuper...
> En ce moment des questions d'auteurs!
> Cailhava pense qu'il s'agit d'auteurs...
> Il est question d'auteurs...

Il se peut qu'il ne demeure aucun mot propre à révéler l'argument. Et sans doute le ton, l'ironie de l'accent, l'expression du parlant y peuvent aider. Remarquons cependant que cet argument à présent tout intérieur « portera » semble-t-il d'autant plus que justement un ton trop appuyé ne trahira pas trop vite son intention secrète. Un « il est question d'auteurs » prononcé sur un ton trop indigné serait simple reproche, et presque injure :

> Il est question d'auteurs, espèce de sot!

Non, c'est la phrase, pure en quelque sorte, prise pour ses qualités de phrase, et d'ailleurs de sens difficile qui constitue bien ici l'argument. Seulement nous voyons qu'un mot, l'association passagère de deux mots, une simple tournure de la pensée y suffit.

De la même façon l'on peut imaginer la réponse d'Armières passant, sans rien perdre de son sens ni de sa portée, de ses formes les plus explicites aux plus dépouillées :

Alors c'est à présent le rôle des enfants de juger leur mère.
Ce seraient les enfants qui auraient à juger leurs parents.
Ce sont les enfants qui jugent leurs parents.
Tes enfants te juger!
Tes enfants te jugeront?

Qu'il soit exprimé ou sous-entendu, l'argument demeure dans tous les cas pareil à lui-même. Nous chercherons plus tard à découvrir ses traits essentiels. Mais il faut d'abord revenir sur le trait qui nous a permis de l'isoler, cette influence, cette portée qui nous a servi jusqu'à présent à le déterminer et à le reconnaître.

Nous sommes ici en présence, on l'a vu, d'un trait de certaines phrases qui ressemble fort par quelques côtés à ce trait de la phrase proverbiale qui d'abord nous frappait, que nous sommes parvenus ensuite à isoler et dans une certaine mesure à expliquer : son influence. Seulement par d'autres côtés cette nouvelle influence échappe à toutes nos précédentes observations.

Ne notons d'abord que leurs différences les plus apparentes. L'on a vu que l'influence dans le proverbe s'attachait à une phrase donnée, immuable dans l'argument au contraire à un type général de phrases, à une disposition, à une combinaison abstraite. Il en résulte que l'influence paraît étroitement attachée au proverbe, n'être que l'une de ses parties, au même titre que son sens ou l'un de ses mots. Au lieu qu'elle paraît réinventée à l'occasion de chaque argument. Elle est en quelque façon un droit du proverbe, elle n'est qu'une chance de l'argument. Aussi dissimulée au surplus dans le second cas qu'elle s'étalait volontiers dans le premier. C'est un ton plus pesant, une autorité qui s'affirme qui d'abord me dénonçaient le proverbe, un accent changé, en tout cas un fait nouveau dans la conversation, une distraction et une méprise de ce qui était avant lui. Au lieu que l'argument continue, rien ne trahit nécessairement sa présence. Cette combinaison même de mots qui semblait lui convenir particulièrement, il arrive qu'il la néglige : il n'est jamais aussi redoutable. Il se veut pareil à toute autre phrase : il exige volontiers d'être découvert. Au lieu que le proverbe s'annonçait lui-même et s'affirmait. Différence toute superficielle sans doute; il en est de plus profondes, dont celle-là n'est peut-être que l'aspect et le retentissement extérieur. Alors que l'autorité du proverbe demeurait parfaitement mystérieuse, rebelle à l'analyse, l'influence de l'argument au contraire semble s'expliquer elle-même. Autant le proverbe faisait mot, toutes ses parties soudées les unes aux autres, décourageant l'analyse, autant l'argument est ouvert, à ses mots l'on peut aisément en substituer d'autres. Son armature même de conjonction lui peut être retirée, l'on peut le suivre jusqu'au moment où il est près de disparaître, l'on peut mesurer l'effort de compréhension qui seul maintient dans une phrase désunie l'argument primitif. Il opère en pleine lumière. Ou plutôt, avec lui, c'est le lieu de l'influence qui est déplacé. Il nous fallait pour saisir les moyens, le jeu de cette influence, replacer le proverbe dans son milieu, le considérer dans ses rapports avec la phrase commune qui lui servait de support au lieu que l'argument est à la fois le moyen et le lien de l'influence, il tient lieu en même temps de proverbe et de phrase commune; il se finit à lui-même, et n'exige pour être suivi aucun élément d'une autre nature que ceux qu'il contient. Que si une certaine difficulté commune aux deux ordres de phrases peut nous faire illusion, il faut ajouter aussitôt que cette obscurité dans le cas du proverbe tient à ce que le sens n'a pas joué; elle est absence de sens. Elle tient dans l'argument, au contraire, à ce que le parlé s'est lancé sur une fausse piste : elle est un *autre* sens. D'un mot, avec le proverbe c'est tout ou rien, avec l'argument c'est une multitude d'hypothèses qui se peuvent substituer les unes aux autres. Aussi bien la question se peut-elle ainsi trouver dès l'abord placée sur un terrain qui facilite notre recherche. Cette influence d'insinuation et d'invention s'offre plus aisément à l'analyse qu'une influence en quelque sorte d'institution et d'autorité. Il est sensible que l'hypothèse d'une intervention personnelle de l'un des interlocuteurs n'a rien à voir ici. Ce n'est qu'assez tard que nous parvenons à la conclusion que le trait propre du proverbe consistait seulement dans la façon anormale, inattendue, dont il faisait sens. Au lieu qu'avec l'argument il semble du premier abord que ce soit l'évidence même. C'est aussi bien ce sens que l'on va à présent examiner.

Il n'est que de le considérer pour reconnaître du premier abord qu'une explication de l'influence fort simple se propose à nous, c'est à savoir que la contradiction est mauvaise et qu'il ne faut pas la tolérer ni la rechercher : cette intervention semble due simplement à l'intervention d'un principe moral.

Dira-t-on qu'il est parfaitement raisonnable de faire à quelqu'un le reproche que ses idées sont contradictoires, qu'il poursuit à la fois deux buts opposés, qu'il est mal qualifié pour atteindre le but qu'il se propose ou qu'il choisit pour agir le moment le plus défavorable — tous reproches auxquels se borne suivant le cas l'argument — l'on ne niera point qu'une certaine [force] et un poids puissent lui venir de tels principes moraux; qu'il est bien possible que sans la connaissance d'une contradiction et d'une opposition regrettables il n'existerait même pas, mais il n'est pas douteux non plus que cette contradiction enfin demeure à elle seule impuissante à provoquer ce qu'il nous a paru y avoir dans l'argument de plus caractéristique : soit cette portée, cette aptitude à persuader qui dès l'abord nous frappait : que l'on imagine, dans les exemples cités plus hauts, la question adressée à Cailhava telle que : « Insensé! C'est au moment où la société entière est bouleversée et mise près de sa ruine que vous allez vous refuser à voir autre chose que vos querelles d'auteurs? »

Ce reproche développé, expliqué, étayé a un sens fort clair et fort net. L'on découvre aisément quelle est la nature du reproche qu'il fait à Cailhava et devant la gravité duquel il est possible que Cailhava s'avoue vaincu, et se condamne lui-même. Mais enfin il a perdu tout ce qui faisait son âme, sa portée singulière; il n'est plus argument, semble-t-il, dès l'instant que Cailhava le doit sans hésitation comprendre. C'est un tel résultat que donnerait dans les autres exemples cités l'accentuation de la note morale. Supposons encore les arguments respectifs de M. et Mme Armières transformés dans le même sens et tels que :

Armières : Il faut être insensé pour supposer que le rôle des enfants peut être de juger leur mère.

Mme Armières : C'est envers moi la pire injustice que croire que je pourrais t'abandonner...

De ces nouveaux reproches l'on saisit exactement du premier coup le sens et la portée. Ils peuvent aussi bien émouvoir l'adversaire bien plus que ne feraient des arguments; ils sont clairs et plausibles. Peu importe, ils sont différents; ils ne possèdent pas cette pointe, cette vertu secrète qui nous frappait dans une attaque plus dissimulée. Veut-on préciser la chose : c'est une vertu persistante, attachée à la phrase et capable d'agir en quelque sorte du dedans de cette phrase une fois assimilée par l'adversaire que nous semblait posséder l'argument. Au lieu que le reproche moral encore qu'il se fonde sur une opposition identique a la simple vertu d'un coup bien asséné.

Il est des cas, au surplus, où tout élément moral paraît absent de l'argument. Où le trouver, dans l'épisode de la quête du riz : « C'est le roi qui achèterait du riz! »

Dira-t-on que l'on veut ainsi blâmer de sa folie un roi qui achète les biens qu'il possède déjà? Nous voilà loin de l'argument. Dira-t-on, et la chose est déjà un peu plus vraisemblable, que le prince veut par là, montrant l'excellence de son esprit, s'innocenter par avance du refus qui va suivre. Voilà qui est exact peut-être mais enfin bien forcé. Dira-t-on encore, dans *c'est le roi qui n'en mangerait pas,* qu'il s'agit de critiquer un roi affamé? Ce serait bien sot, d'établir qu'Andriandrivotra en donnant son riz accomplit une action non pas aussi méritoire qu'il le semble mais la plus naturelle qui soit. Quel embarras et quelle complication, pour aboutir à l'absence justement d'un jugement moral. Tout se passe en de tels cas comme si nous voulions à tout prix, pour expliquer la vertu de l'argument, lui découvrir l'origine qui nous paraît la plus plausible : un sens moral. Mais enfin ce sens jouât-il quelque rôle il nous suffit bien pour devoir chercher ailleurs que, trop apparent, il empêche l'argument d'exister.

Nous n'avons pu échapper à l'énigme que nous proposait le proverbe et lui trouver un sens acceptable — sens qui s'est trouvé aussitôt être dans tous les cas, peu s'en faut, le même, qu'en commençant par admettre qu'il était à tiroirs, double et contenant non point seulement la phrase qu'il nous présentait mais encore une deuxième phrase dissimulée à l'intérieur de la première, que tout jusqu'à un certain moment, les mots, la conjonction, l'allure même de la phrase, semblait appeler. Ce proverbe portait un masque ou plus exactement il avait une figure telle que s'attendant à de tout autres traits et à une tout autre expression et ayant les meilleures raisons de s'y attendre, l'on ne pouvait que prendre d'abord cette figure réelle pour un masque; qu'elle fût vraie, là était la surprise et la gêne.

Or cette duplicité au moins se doit retrouver dans l'argument. Elle en donne la clef au surplus si aisément évoquée la plupart du temps que l'argument n'a guère le temps d'être obscur. Si l'on rit de l'erreur de Cailhava, c'est qu'il est sensible que l'argument avait ce sens, cette direction cachée : « Dans un temps aussi grave que le nôtre, il faut s'occuper de tout autre chose que de frivolités littéraires. » Ainsi, sous les phrases qu'échangent les époux Armières, rétablira-t-on sans peine les lieux communs qui leur servent de base et — déformés — d'expression, soit :

Armières : Dans une heure d'épreuves l'on n'abandonne pas les siens.

Mme *Armières* : C'est au possesseur de la fortune que l'on doit compte de la fortune.

Armières : Les parents doivent juger leurs enfants (et non les enfants leurs parents).

Mme *Armières* : Les vrais amis restent fidèles dans les épreuves.

Or, remarquons tout de suite la différence de l'argument d'avec le proverbe : c'est que la suite inattendue, réelle dans celui-là, se trouve dans celui-ci chimérique, et comme imaginée à plaisir. Elle n'est, en général, qu'une simple supposition et la supposition du fait qui a le moins de chances de se produire. L'argument est délesté de tout poids de fait. Tout cet effort que se donnait le proverbe pour donner vie et appui dans la réalité à l'événement paradoxal, nous n'en trouvons pas trace ici. Bien au contraire, c'est la phrase sous-entendue qui est la plus présente, la seule vraie : « C'est au moment où je te rends service, dit Rabe à Rasoa, que tu veux me nuire. » Il s'entend, il est dans le mouvement de l'argument que Rasoa ne continuera pas à vouloir nuire; c'est toi, disait Armières, qui veux m'abandonner. C'est dire : « Tu ne continueras pas à m'abandonner, ce n'est pas possible, ça ne se fait pas. » Ainsi, des deux branches suivant lesquelles se partage l'argument comme le proverbe, c'est ici la dissimulée qui est l'essentielle. Au lieu que la figure apparente soit la vraie, elle n'est qu'un masque et un masque exactement fait pour tromper sur les traits de la figure réelle.

Quel est donc ici le lieu, quelle est la raison d'être de la suite inattendue? Pourquoi l'argument élève-t-il pour la priver aussitôt d'existence cette copie laborieuse, longtemps fidèle, jusqu'au trait essentiel que subitement elle déforme, de l'original qu'elle va dissimuler? L'explication paraît simple. C'est au parlé que l'on va attribuer la déformation. C'est sur lui qu'en pèse la responsabilité. Tu es prête à agir, dit Armières à sa femme, comme si dans une heure d'épreuves l'on abandonnait les siens.

— Tu me parles, répond Mme Armières, comme si c'était au possesseur d'une fortune que l'on ne devait pas rendre compte de son emploi.

— Et toi, réplique Armières, comme si c'était les enfants qui d'habitude jugeaient leurs parents.

Ainsi l'argument n'est-il qu'une simple caricature des actes, des pensées ou des paroles d'un adversaire; la comédie dont nous parlions à propos du proverbe devient, par lui, une comédie à clef où tout désigne le même homme : le parlé, celui qui souffre l'argument. Ce n'y sont plus les événements qui nous déçoivent, mais ce seul homme qui commençait de nous décevoir et qui, par l'effet de l'argument, suppose-t-on, va se retenir aussitôt et rentrer dans la règle. Lui seul invente la comédie et la met en scène — par laquelle le courageux se voit tenu pour lâche et le pauvre pour riche. L'argument est une façon de peindre à cet adversaire l'absurdité de sa conduite de telle façon qu'il doive à la fois se reconnaître et avouer la vérité du principe que sa conduite dément.

Notons le caractère unilatéral qui en résulte pour l'argument. Caractère après tout assez singulier si l'on songe qu'il s'agit d'une discussion dans laquelle chaque interlocuteur dans l'instant même qu'il poursuit sa conviction a intérêt à ne pas perdre le contact avec celle de son adversaire, où chacune de ses pensées se voit en quelque sorte double. Et l'on peut bien supposer après tout que le fait sous-entendu sur lequel se base l'argument relève de sa propre conviction. Rien, du moins, n'en est par lui exprimé. Tout se passe comme si une seule personne était en jeu : son adversaire. Il ne faut pas se lasser d'admirer le paradoxe d'un tel argument. (L'armée merina, partie pour prendre d'assaut Ambohibeloma où sont enfermés les captifs merina d'une précédente guerre, s'enfuit et laisse aux mains des ennemis une partie de ses soldats. Reproches du roi aux capitaines :)

— Vous étiez partis *pour aller délivrer* [les captifs] et *c'est justement* [les soldats] que vous aviez avec vous que vous avez laissé prendre.

Il n'est point ici question d'appliquer à ces fuyards le blâme le plus simple — à savoir qu'ils ont eu tort d'être lâches et de s'enfuir. Ce serait faire intervenir une idée étrangère, dont il est trop évident que le parlant la croit juste, autant au moins que le parlé — et par suite ce parlant lui-même. Au lieu qu'il s'agit uniquement du parlé.

— Vous n'avez pas compris, lui dit-on, ce dont il est question. Il n'est rien de plus différent, cependant, qu'un captif et le guerrier libre qui veut délivrer le captif. Vous les avez pris l'un pour l'autre.

Il n'y aurait guère à exagérer l'argument pour entendre à peu près : « Eh, vous avez confondu. Vous avez entendu qu'il s'agissait de donner aux ennemis de nouveaux captifs. »

Précisons la nature du reproche qui est ainsi fait. Il s'agit moins de condamner quelqu'un que de lui retirer en quelque sorte un droit : le droit d'agir, d'être là. Tout autre argument serait ce que peut être dans un congrès politique un discours répondant à un autre discours. L'argument est une demande d'invalidation : il s'agit de ne pas admettre à discuter un interlocuteur qui se comporte à l'envers. Le charge-t-on d'aller délivrer des prisonniers, il agit comme s'il lui fallait en livrer de nouveaux. Est-il question d'enfants et de parents, il semble supposer que les enfants sont les parents de leurs parents. Enfin [le roi] cherche-t-il du riz il se comporte comme si le propriétaire du riz n'en était pas le propriétaire. Encore cette demande d'invalidation ne s'accompagne-t-elle d'aucune appréciation, d'aucune critique apparente. Elle est simple image seulement telle, semble-t-il, qu'elle puisse suffire à décourager un interlocuteur et lui faire abandonner son premier sentiment — bien plus, le désir même d'intervenir dans l'affaire dont il s'agit.

Une mère grimace et dit à son fils en larmes : « Vois comme tu es laid quand tu pleures. » Il s'agit de tendre à un adversaire un miroir où tout à la fois il se voit et se condamne. L'on pourrait appeler l'argument : argument du miroir déformant.

Avons-nous avancé dans la connaissance de l'argument? Peut-être. De la même façon à peu près que nous aurions avancé dans la connaissance du proverbe après avoir analysé les proverbes de la suite inattendue sans que rien d'autre part fût venu nous renseigner sur l'usage et le jeu véritable du proverbe. Ainsi faut-il dire que nous avons découvert le sens d'arrivée de l'argument — son sens en quelque sorte établi — mais qu'il parvienne à ce sens, que ce sens réussisse, et se fasse accepter, et possède pour se faire accepter une vertu particulière, le fait qui nous semblait constituer l'argument demeure pour nous aussi mystérieux qu'il a jamais été.

Plus encore peut-être. Cette sorte de discrédit brusquement jeté sur le parlé tout entier, ce dégoût que l'on montre à l'égard de ses sentiments et de ses idées sembleraient, bien plutôt qu'une ruse propre à le convaincre, l'expression de la mauvaise humeur et de la lassitude : « Puisqu'il en est ainsi, cessons de discuter. Impossible de parler avec vous : nous ne nous entendons pas. » Il faut dire que le trait véritable de l'argument nous échappe de plus en plus. Au surplus la chose nous apparaîtra clairement si nous voulons imaginer des arguments simplement semblables à celui que nous venons de décrire :

— Je ne veux pas te gronder pour cette fois.
— Naturellement pour vous *il est bien d'aller vagabonder toute une journée*, de faire les cent coups.

Ou bien reprenant des exemples proches de ceux que l'on a cités plus haut :

Armières : Alors tu admets que tu as le droit de m'abandonner dans cette heure d'épreuves, alors que tout me trahit...
Mme *Armières* : Ma fortune appartient à mes enfants. Voudrais-tu donc que je leur dissimule l'usage que j'en fais. Tu ne peux vouloir cela.

Ainsi de suite : il faut bien reconnaître ici l'exact procédé de raisonnement que nous isolions plus haut : il y est avoué, en évidence. Seulement il faut ajouter aussi que dans la même mesure tout ce qui paraissait dans les phrases citées de nature argumentale s'est évanoui. Nous sommes en présence de simples jugements. Par où l'on pourrait être amenés à supposer que ce qui fait le trait propre de l'argument et lui donne ce trait particulier qui nous intrigue, c'est que précisément il n'avoue pas, mais qu'il dissimule aussi longtemps que possible avec son sens, cette singulière demande d'invalidation.

On le pourra aisément constater en faisant porter l'analyse sur un cas qui par la brièveté de l'expression prête aussi bien aux deux façons de comprendre, se peut plier en deux sens distincts. Soit, par exemple, l'argument que d'abord l'on citait :

« C'est quand j'arrive que tu pars. »

Que l'on veuille l'entendre d'abord en reproche : tu es absurde, cela n'a pas de sens : je venais te voir, j'arrive et tu pars. Il n'y a rien à faire avec toi, tu es incorrigible... Et l'on aura assez nettement la demande d'invalidation dont on parlait tout à l'heure — demande assez franche pour qu'aucune erreur ne soit possible, contre laquelle le parlé se devra défendre — mais on découvre mal à quels procédés secrets elle devrait de se faire accepter : pour tout dire, le contraire d'un argument.

Cependant tâchons à présent d'entendre la même phrase de manière légèrement différente — et non point comme un reproche mais — nous avons noté déjà cette tendance de l'argument — comme un simple fait, que l'on se borne à observer, sans en paraître autrement indigné ou mécontent. Il viendra, à peu près : c'est bien surprenant, il se trouve que tu pars juste... Dans la même mesure, nous verrons se reformer une ruse et un argument et je veux bien qu'il soit ici maladroit, du fait que lui sont retirés tous ses moyens de protection, tous les abris de langage, pour ainsi dire, que dans d'autres exemples, nous lui devions reconnaître. Ce n'était pas sans raisons que des arguments de M. et Mme Armières étaient si soigneusement absents tous les traits qui auraient montré que l'on avait affaire à un adversaire : soit impersonnels et strictement objectifs tels que : *des enfants juger...* soit personnels mais tels alors que le parlant les prenne sur soi et feigne d'y figurer seul, alors que de fait, il en est entièrement absent, tel que : « C'est à mes enfants *que je ne pourrais rendre compte.* » Pour les phrases qui éclaireraient l'un et l'autre argument : « (des enfants) à t'entendre (jugeraient) ou (c'est à mes enfants) si je t'obéissais (que je ne pourrais rendre compte) » elles paraissent soigneusement évitées. Aussi bien révéleraient-elles le trait de l'argument que l'on semble chercher à dissimuler le plus soigneusement. Mais c'est au contraire comme un simple fait, indépendant, ne devant rien à personne que se doit citer l'argument. Qu'en résulte-t-il au point de vue de sa compréhension? Suivant quelles voies, avec quelle sorte de retard se forme ainsi son sens; c'est ce qu'il nous faut à présent rechercher. Il ne faut point douter que son sens — comme nous l'avions remarqué déjà à l'occasion du proverbe — n'est point chose faite une fois pour toutes. Il se fait, il se forme et l'on vient de voir que le parlant n'hésitait pas à user de ce qui pouvait retarder cette formation. Dans quel but, et quel est l'effet de ce retard?

La détermination que l'on a tenté plus haut demeure vague et insuffisante. Que l'argument ait tournure de fait, la question demeure de savoir aux yeux de qui il a telle tournure. Qu'il l'ait aux yeux d'un spectateur désintéressé tel que nous, il importe fort peu. Une discussion est précisément un état où ce spectateur désintéressé n'existe pas. Nous n'en savons donc pas davantage sur la façon dont l'argument est entendu dans la réalité par celui qui le dit et celui qui le reçoit. Est-ce pour ce parlant ou pour ce parlé que l'argument doit paraître fait?

L'on a déjà noté que cet argument pour toutes ses parts visibles, exprimées, était emprunté au parlé; ce sont les sentiments, les pensées de ce parlé qu'il veut mettre en scène, le parlant avec lui s'efface et disparaît de la scène. Il y a plus : il est fait, ce qui est pour nous plus grave, de mots autant que possible empruntés au parlé, ou que ce parlé du moins puisse reconnaître d'abord, accepter comme étant les siens. L'on a déjà noté l'étroitesse du terrain où joue cet argument, le peu de moyens dont il use. Or la raison en est qu'il s'interdit la plupart du temps de recourir à un mot que le parlé n'ait pas prononcé, ou n'ait pas été sur le point de prononcer.

Le roi manisotro, Ramaromanompo, a été livré par ses sujets aux Tsimahafotsy, ses ennemis. Cependant les Manisotra, pris de remords, viennent le réclamer aux Tsimahafotsy, qui répondent :

« C'est maintenant qu'il est dans nos mains que vous le voulez. » (T.960. 3. 1.)

L'on sous-entend aisément : vous ne l'avez pas gardé quand vous l'aviez, et c'est à présent que vous l'avez perdu par votre faute que vous voulez le reprendre. Oui, mais du sentiment profond qui guide la réponse, rien ne transparaît. Bien plus cette réponse est faite des mots mêmes qu'ont pu employer les Manisotra pour réclamer leur roi. La plus innocente qui soit, elle ne fait que répéter une demande : voulez-vous nous rendre le roi que nous vous avons remis — c'est le roi que vous nous avez remis que vous nous demandez de vous rendre.

Quel que soit l'argument du miroir considéré, l'on ne peut manquer d'y être frappé de cette soumission entière non point seulement à l'opinion du parlé mais à la façon qu'il a de l'exprimer. Ainsi de la quête du riz : « Le roi, devait dire le messager, désire vous acheter du riz. — Quoi, répondait le prince, c'est le roi qui désire acheter du riz. » Et il est bien sensible que l'accent intérieur, le nœud de sens de la phrase a pu varier : cette variation du moins se voit dissimulée aussi longtemps qu'il est possible. « Envoyez du riz à votre roi, disait ailleurs le messager. — Quoi, répondait un second prince, c'est moi qui n'enverrais pas de riz à mon roi. »

Sous les arguments mêmes qu'échangent Armières et Mme Armières malgré leur rapidité l'on découvrira le même trait : « C'est toi qui me refuses l'argent dont tu disposes, dit Armières. » Et il est certes possible que les paroles que Mme Armières vient de prononcer n'aient pas été exactement : « Je te refuse... » Du moins ces nouveaux mots sont-ils tels qu'elle ne puisse entièrement les renier. Si elle ne l'a pas dit encore, si elle a usé de mots moins brutaux il faut bien que Mme Armières accepte de *refuser*, d'accomplir l'action qui s'appelle *refuser*. Ainsi des arguments qui suivent. Ne répètent-ils point des expressions véritablement dites, ils contiennent du moins des expressions qui eussent pu l'être, que le parlé s'il ne les a pas tenues avait du moins « sur les lèvres ».

Qu'est-ce à dire? L'on a noté que dans toute discussion cette sorte de terrain plan, reconnu des faits qui se trouvent dans la conversation, par exemple, échappait aux interlocuteurs — que la question du langage, s'y posant subitement avec force, faisait que chaque interlocuteur distinguât entre des faits, si l'on peut dire, très faits, hautement faits, ceux-là même qu'il exprime — et les paroles par lesquelles son adversaire s'essaie — mal — à traduire les mêmes faits ou d'autres faits voisins. Il est sensible dès lors que l'argument du miroir est construit de façon à apparaître au parlé qui les reçoit — encore qu'il vienne du parlant — non point comme des paroles, mais comme un fait. Si scrupuleusement suit-il le système d'idées et de mots de ce parlé que ce dernier n'est point libre de ne pas le tenir du premier abord pour fait. Il est cela même qu'il a dit, qu'il allait dire, il est sa part — une part dont il ne peut pas aussi vite se dédier. Il ne contient que les mots auxquels il fait confiance, et n'exprime qu'une opinion de laquelle il ne peut d'abord se déprendre.

Il semble que nous tenions ici le *retard* essentiel de l'argument. C'est bien lui que nous notions d'abord comme le trait le plus saillant de ces singulières phrases d'influence. Aussi bien reste-t-il à observer son effet sur le sens qui se doit former en quelque sorte contre lui, qui se forme tout de même, qui ne peut guère demeurer sans se former. Cailhava lui-même va être renseigné — soit par le sourire, l'attitude des assistants, soit par le lent travail que la phrase va faire dans son souvenir (esprit?). Or chaque instant de perdu ici est un terrain perdu pour la cause que défend le parlé et voici le point intéressant. Cailhava alors même qu'un instant après une première réponse maladroite, il percevrait le reproche exact sera d'autant plus embarrassé pour y répondre qu'il a commencé par faire véritablement sienne la phrase empoisonnée, à double entente que lui tendait le parlant. Contre qui pourrait-il s'irriter, sinon contre lui. En acceptant de dire qu'il n'était question que d'auteurs (et de compositeurs) il a *vérifié* la justice de la critique. Ainsi de tout argument du miroir : que le parlé s'y reconnaisse d'abord, c'est leur effet particulier et leur vertu. Leur effort aussi. Pour leur sens définitif il fait son chemin, il ne peut manquer de venir —

tant, faut-il supposer, il est fondé la plupart du temps sur une vérité admise, lieu commun, évidence. Plus cette vérité met de temps à apparaître comme la chose que rendait — et rendait mal — l'argument lui-même, plus aussi le parlé se trouvera, par la suite, démuni et désarçonné.

Il est désarçonné, déchu de sa position de discutant d'une façon toute particulière. L'on a vu que l'argument était bâti de façon telle qu'il le pût accepter d'abord comme fait. Mais lorsque se vient substituer à ce fait, dans le véritable sens, le fait réel dont celui-là n'était que la contrefaçon, eh bien, ce fait se transforme en paroles.

Une discussion crée entre les deux discutants un état d'esprit tout spécial. Ce n'est point seulement comme on l'a dit de façon un peu simple les paroles d'un adversaire qui sont tenues pour *paroles,* les siennes que l'on tient pour faits. Ou si telle est bien l'attitude générale des discutants, elle prête à mesure que la dispute se complique et se diversifie à de nombreuses exceptions. C'est de soi-même qu'il convient parfois de se défier; l'on se demande alors comment l'on a pu prononcer telles *paroles* imprudentes ou maladroites — et dans le discours de l'adversaire il se trouve aussi de loin en loin quelque vérité dont nous pouvons faire notre profit, quelque fait que nous pouvons joindre à notre système de faits. Ainsi maintenant toujours une distinction nécessaire entre faits et mots, l'attribution des uns et des autres peut varier dans de certaines proportions.

L'on en a ici un exemple. Car enfin ce fait que vient d'accepter le parlé, dès l'instant que l'on découvre sous lui le fait véritable, perd sa dignité, il n'est plus fait. Il est fait paroles et les paroles exactement par lesquelles le parlé doit bien reconnaître que lui-même exprimait le fait qu'il vient à présent seulement de découvrir. Seule façon de sortir de la difficulté où il se voit jeté. Cailhava qui reconnaît enfin le sens de l'argument peut bien penser qu'on l'a joué. Ce qu'il ne peut nier c'est que dans sa pensée et — ce serait peu — exactement dans son langage, cette vérité : « Ce n'est pas dans une période où la société entière est bouleversée que l'on peut s'occuper uniquement de futilités littéraires » est devenue, a été exprimée par : « Il n'est question que d'auteurs. » Ainsi encore dans la quête du riz, le messager ne peut qu'être honteux d'avoir rendu une vérité si évidente que « le possesseur du riz ne peut acheter ce qui est à lui » par « le roi — possesseur du riz — veut acheter du riz ». Et Mme Armières devra reconnaître qu'elle a dit, pour rendre ce fait que « dans une heure d'épreuves, l'on ne refuse pas à ses amis ce que l'on possède » exactement le contraire, soit « dans une heure d'épreuves je te refuse mon argent ». Seule façon pour les uns et les autres de sortir de l'impasse de sens où l'argument les entraînait, que cette division des plans, cette distinction des faits et des mots à laquelle justement la discussion antérieure les prépare et les accoutume. Seulement l'habileté particulière de l'argument est d'obtenir qu'ils découvrent contre eux-mêmes, pour sortir de l'obscurité et de l'incohérence, une telle solution.

L'on voit à présent la portée exacte de la demande d'invalidation que l'on notait plus haut. L'argument obtient que cette demande soit à un moment donné proposée par le parlé contre lui-même. L'on voit aussi son sens exact. Exactement il s'agit de retirer le droit de discuter, de se servir du langage à quelqu'un *qui ne sait pas parler*, qui appelle le bien : mal, A : non-A — et pour reprendre un vieil exemple, le courageux : lâche, et le riche : misérable. Veut-on reprendre, un par un, les exemples cités plus haut, leur sens avec la grave modification que lui impose son retard, le temps dans lequel il se forme s'établirait ainsi :

C'est : « tu ne me refuseras pas cet argent en ce moment » que tu voulais dire.

...

C'est : « une mère doit juger ses enfants » que tu pensais.

...

C'est : « un roi n'a pas à acheter du riz » que tu voulais dire. Mais de semblables résumés, il est sensible qu'ils

laissent échapper ce qu'il y a dans le sens de plus précieux, et d'unique, ce qui le fait argument. Il faut se représenter que l'argument *devient* ce sens et *devient* donc exactement puisque le parlé y parle :
c'est « je ne refuserai pas... » que je voulais dire.
c'est « une mère doit juger... » que *je* voulais dire.

Et donc je parle à l'envers, je ne suis pas digne de parler. Ainsi le nœud de l'argument se découvre-t-il moins dans son sens achevé — que l'on ne peut rendre au surplus de façon tout à fait exacte — que par le mouvement suivant lequel ce sens se forme.

C'est à une conclusion analogue que nous nous étions vus conduits en ce qui concerne le proverbe : là aussi une influence d'ailleurs fort différente de celle qui accompagne l'argument se voyait mise en jeu par le retard du sens à se former! Il fallait pour l'imaginer se placer en quelque sorte à l'intérieur de ce sens, prendre part à son mouvement. D'autre part, cette influence nous paraissait déjà due à ce que le langage s'y voyait mis en jeu : il était subitement moins question de savoir si ceci ou cela était la vérité que d'établir si le langage pouvait continuer — de l'aider à continuer.

Tout s'y passait en quelque sorte, encore que de façon inavouée et obscure (et cette obscurité même n'est pas un trait négligeable de l'événement) comme si les discutants délaissant les intérêts et les questions en jeu s'attachaient brusquement à la solution de quelque problème de lexicologie ou de grammaire.

Aussi bien ce rapprochement, et celui tout superficiel que l'on a été amené à faire entre la forme de toute une classe de proverbes et celle des arguments du miroir, porte encore sur un nombre de cas trop restreint pour nous apprendre grand-chose. Mieux vaut poursuivre notre étude des classes de proverbes. Les arguments, qui leur ressemblent, ne peuvent nous apprendre jusqu'à présent que peu de chose ou rien sur les proverbes que l'on a analysés plus haut. Mais il n'est pas négligeable sans doute que ces proverbes nous aient conduit à découvrir un fait linguistique aussi général qu'ils sont eux-mêmes particuliers et isolés, et avec l'argument comme une articulation véritable du langage.

N'exagérons pas le rôle utile de cette articulation. Influençant sans doute, mais enfin il suffit d'examiner n'importe quelle discussion pour remarquer que l'influence est son état normal, qu'elle se développe dans un milieu d'influence. Si habituelle et en un sens si « connue » est au surplus l'influence particulière de l'argument du miroir qu'il ne manque pas contre elle de défense. Un autre argument du miroir déplaçant la question, la portant sur un autre point d'un autre langage, peut en être une. Ainsi de la discussion entre Armières et Mme Armières. Il en est d'autres. Il serait curieux que l'examen de nouvelles classes de proverbes nous donnât l'occasion de les découvrir.

D'un langage sacré

Ce texte est vraisemblablement celui d'une conférence : il a été dactylographié avec des interlignes de deux centimètres, sans doute pour en faciliter la lecture; de plus, il s'adresse à un public : « J'ai dit tout à l'heure — et vous vous étiez bien aperçus — que mon expérience... »

Il doit dater de 1939 et a peut-être été lu au Collège de Sociologie dont il suit bien la ligne. En effet, Roger Caillois, dans une lettre du 15 avril 1940, parle de la traduction de ce texte en espagnol dans la revue argentine Sur. *La directrice de cette même revue, Victoria Ocampo, écrit également le 7 mai 1940 que le numéro de février, avec cette traduction, sera en retard de cinq ou six semaines.*

Botzarro s'étant tu vingt ans, on le sait, son langage prit une telle vertu qu'il lui suffisait d'un mot désormais pour éteindre un incendie, de dix mots pour faire croître un cèdre.

Je ne l'ai pas connu. Mais j'ai vécu quatre ans dans un pays où chaque homme pouvait, au prix d'un léger effort, se croire Botzarro. Je raconterai dans le détail l'expérience, vieille de trente ans, que j'ai faite, à Madagascar, du proverbe — et dont je n'avais guère compris le sens avant aujourd'hui.

Le proverbe distinct.

Avant de m'appliquer à connaître le langage proverbial, j'ai éprouvé de façon assez vive son existence par la gêne et, si je puis dire, par le tort qu'il m'apportait.

J'ai appris le malgache à l'usage, en vivant parmi les Malgaches. C'est après un an d'exercice, et comme je commençais à parler assez couramment, que j'ai eu le sentiment d'une différence profonde, et peut-être irréductible, entre mon langage et celui des Malgaches. C'est quand je me suis aperçu qu'ils disposaient, à certains passages de la conversation, d'une langue seconde, plus solennelle et à quoi une convention tacite paraissait attacher toute influence. Pour être privé du secours de cette langue, mes paroles me semblaient privées de dignité et de poids.

Je m'appliquais à reconnaître cette langue. C'était assez facile. Elle contenait des mots archaïques; elle était obscure; les phrases y étaient prononcées plus rapidement, d'un trait, comme si elles n'avaient fait qu'un mot. Il arrivait qu'elle fût rimée et mesurée. Mais surtout elle était dite à la fois avec une gravité et un détachement particuliers. Rabe se levait chaque fois qu'il prononçait un proverbe. Ralay se penchait en avant, et écartait les bras. Rasoa prenait une expression à la fois tendue et comme dépossédée.

Je n'observais rien ainsi que ne sachent tous ceux qui ont observé les proverbes. Quand Léon Bloy écrit : « Qui n'a remarqué la prudence solennelle, le *morituri sumus* de ces braves gens lorsqu'ils énoncent les sentences qui leur furent léguées par les siècles », il marque assez nettement à la fois le caractère solennel mais aussi la dépossession qui distingue les phrases proverbiales de toute autre phrase.

Le proverbe efficace.

Bien entendu, la différence eût été peu de chose si elle n'avait pas été suivie d'effet. Mais ce que j'observais aussi — et d'où venait ma gêne — c'est que le proverbe était particulièrement propre à convaincre, à persuader. Le Malgache ne dit pas « prononcer un proverbe » mais « couper la discussion, briser, trancher du proverbe ». Non que l'on donnât automatiquement raison, dans une dispute, à qui venait de dire un proverbe. Du moins fallait-il, pour que la dispute repartît, qu'il lui fût répliqué par un autre proverbe — ou, mieux encore, par deux ou trois proverbes. Comme si la conversation, une fois parvenue à ce plan supérieur, ne pouvait plus déchoir dans la suite.

Ici encore, je n'observais rien qui n'eût été connu de tout temps. Un recueil de proverbes du xvie siècle s'appelle : « Des moyens de l'emporter en toute dispute »; un autre : « Bonnes réponses à tous propos. » De Solon aux druides, de Pythagore à Franklin, l'efficacité est le trait que l'on refuse le moins aux proverbes. Et chacun sait que leur autre nom : *adages,* exprime précisément cette efficacité : *ad agendum,* pour agir.

Le proverbe ambigu.

Vous devinez ce qu'il me reste à dire : c'est qu'il arrive que le proverbe échoue. C'est qu'il se trouve alors aussi démuni, aussi ridicule et inefficace qu'il était puissant tout à l'heure.

Vous le devinez, mais il faut avouer que j'ai été assez long à m'en apercevoir. D'abord, parce que les Malgaches que j'écoutais étaient infiniment habiles, sitôt qu'ils sentaient l'échec, à masquer la qualité proverbiale de leur phrase, et à finir le proverbe sur un ton aussi léger qu'ils l'avaient commencé grave. C'est aussi sans doute que j'étais résigné d'avance à mettre toutes les maladresses de mon côté, et n'imaginais guère que les Malgaches pussent se trouver, devant leur propre langage, aussi démunis que je l'étais. Mais je dus me rendre à l'évidence. Non seulement, il arrivait que le proverbe échouât : mais cet échec encore prêtait à plaisanterie, l'on disait : « Naturellement, avec tes proverbes », ou « Quand il a sorti un proverbe, il croit avoir tout dit. »

Exactement comme un Français bourgeois peut dire : « Laisse-nous tranquille avec tes phrases toutes faites. » Ou encore — je cite Bloy — « L'homme qui ne fait aucun usage de sa faculté de penser est borné dans son langage à un petit nombre de proverbes. » J'ajoute que cette ambiguïté du proverbe prenait par ailleurs, à Madagascar, la même apparence sociale qu'elle peut trouver en Europe : que les paysans marquaient en général plus de respect aux proverbes que les citadins, et les vieillards que les jeunes gens.

Le proverbe sacré.

L'on appelle volontiers les proverbes : *expressions consacrées*. Disons tout court : expressions sacrées. Ils offrent de ce sacré les caractères essentiels, ils sont, dans l'ensemble, d'un langage, *distincts, efficaces, ambigus*. Ils offrent enfin je ne sais quel aspect mystérieux et secret, qui ne va pas sans magie. Plutarque les compare aux mystères d'Éleusis qui recèlent, sous une forme vulgaire, une sublime philosophie. Érasme aux silènes d'Alcibiade dont l'extérieur disgracieux cache une âme divine. L'Ecclésiaste disait déjà que le Sage est celui qui a su pénétrer le secret des proverbes. Il semble enfin que les diseurs de proverbes aient formé, à travers le temps et l'espace, comme une société secrète.

C'est du moins une société secrète assez singulière : elle ne se cache pas, elle opère en public, et ses mots de passe — à la différence des autres mots magiques — courent les rues. Elle demeure pourtant secrète et tout se passe comme si elle était suffisamment défendue de l'indiscrétion par je ne sais quelle difficulté, qui protégerait les proverbes.

Seulement, je ne vois point du tout pourquoi cette difficulté nous devrait arrêter. Bien au contraire : toutes les conditions semblent ici réunies, qui nous devraient permettre de passer outre. C'est qu'à la différence des autres mots magiques le proverbe, à côté de son mystère, offre un sens apparent. Il ressemble aux autres phrases, aux phrases communes — mais il s'en distingue aussi. L'on voit chaque jour des phrases communes *passer* proverbes. Et il semble ainsi qu'il suffirait, pour forcer le secret du proverbe, et de son caractère sacré, de fixer les conditions, et le détail de ce passage.

C'est aussi ce que je vais tenter de faire. Je voudrais simplement marquer d'abord trois points de méthode, qui nous empêcheront d'aller tout à fait à l'aveuglette.

Trois points de méthode.

Le premier point va de soi. Nous cherchons à expliquer certain caractère du proverbe. Or *expliquer* un événement, c'est, par définition même, le réduire à un ou plusieurs éléments déjà clairs et définis. C'est ramener l'inconnu à du connu, qui l'éclaire. Ainsi le physicien découvre que l'atome de lithium est fait d'un noyau et de deux couches électroniques. Le détective, que l'assassin a vécu dans les forêts et qu'il a fréquenté les Chinois.

Le second point n'est pas moins évident. Si je me demande quels sont, dans le cas du langage, les éléments déjà connus, aussi clairs que l'existence des Chinois ou la définition du noyau atomique, j'en vois deux, que la conscience commune oppose très nettement : c'est d'une part le signe, et de l'autre la chose qu'il signifie : le mot, et l'idée qui l'accompagne. Toutes chances seront donc pour que ce caractère particulier du proverbe : le sacré, se laisse réduire à une combinaison particulière de mots et d'idées.

Le dernier point est le plus délicat. Le danger de toute observation du langage est qu'elle exerce sur ce langage le même effet qu'une maladresse — et il est peu de matières où l'observateur *dérange* à tel point l'objet qu'il observe. Ainsi la distinction même du mot et de l'idée ne nous est-elle guère sensible qu'à la réflexion. L'orateur, le causeur s'en soucie assez peu. Il faut — pour attirer son attention, par exemple, sur les *mots* dont il use — que la langue lui fourche, ou que le mot lui manque, ou encore qu'il se voie subitement animé du souci scientifique, qui est le nôtre. Mais nous aurons soin de ne pas le pousser jusqu'au point qu'il nous retienne de reconstituer le naturel, l'aisance et l'indistinction du langage courant.

II. D'UNE EXPÉRIENCE DU PROVERBE,
ET DE L'ÉCHEC QUI S'ENSUIT [1]

Apprêts de l'expérience.

J'ai dit que tout se passait pour moi comme s'il y avait eu, à l'intérieur de la langue malgache, un langage second — assez voisin, pour l'apparence, d'un argot ou d'un langage technique — mais ayant ce trait particulier qu'une convention tacite semblait lui attacher toute influence. J'avais ainsi le sentiment que l'autorité, dont j'éprouvais assez péniblement l'absence dans mon propre langage, était de nature extérieure, matérielle, et que, si je ne la possédais pas, c'était par simple ignorance. En bref, elle me paraissait tenir à des mots — et je ne doute pas que l'idée commune que nous nous

---

1. Il n'y a pas de I dans le manuscrit.

faisons du « pouvoir des mots » ne soit venue fortifier ici mon sentiment. Simplement, je ne recherchais pas — comme on le fait à l'ordinaire — si ce pouvoir était en soi louable ou dangereux. Je devais simplement tâcher de m'en emparer. Il me fallait apprendre les mots. C'est ce que je commençai aussitôt de faire.

J'ai peur de paraître, en tout cela, un peu plus naïf qu'il n'est naturel de l'être. C'est que je m'étais imposé d'apprendre le malgache à l'usage, et à l'usage seul. Je ne sais trop, aujourd'hui encore, ce que valait le parti pris qui m'écartait, à ce moment-là, des grammaires et des dictionnaires. Peu importe. S'il était même absurde, j'ai dû à cette absurdité de curieuses expériences, dont je n'ai pas fini de tirer parti.

Première réussite.

Je m'appliquai donc à retenir les proverbes que j'entendais dire, et ceux que l'on me confiait. Je ne rencontrai pas toutes les difficultés que l'on eût pu craindre. J'avais appris la langue malgache, jusque-là, par phrases plutôt que par mots. Je continuais. De plus ces nouvelles phrases me trouvèrent prêter particulièrement à mémoire. Leur *portée,* sans doute, me paraissait simple — mais leur sens apparent (j'entends le sens qu'elles eussent eu, si elles n'avaient pas été proverbes) était merveilleusement divers, animé, piquant : tantôt de l'ordre d'une fable et tantôt d'une anecdote. C'est cette anecdote que je retenais, le plus aisément du monde dans des proverbes comme :

> Voix de cigale couvre les champs
> Corps de cigale tient dans la main

ou comme

> Œuf d'alouette au bord du chemin
> Ce n'est pas moi le coupable; c'est l'alouette

J'en étais quitte pour oublier ensuite ce détail apparent. Certes, le proverbe tout entier n'était à mes yeux qu'un seul mot. Mais c'était un mot du moins dont l'étymologie était sensible, et frappante. Il se peut aussi que les proverbes français :

> L'occasion n'a qu'un cheveu
> A bon chat, bon rat

aient un sens réel aussi différent de leur sens apparent — et d'où le cheveu ou le chat ne sont pas moins absents que *sel* n'est absent de *salaire*, et *lien* ou *ligature* de *religion*. Peu importe si le cheveu comme le chat servent à les retenir.

J'y trouvais un second avantage.

Suite de la réussite.

C'est que les proverbes vont par familles. Les mêmes surprises, les mêmes enchaînements s'y répétaient. Ces phrases offraient, par groupes, le même ordre intérieur, la même composition. Tout proverbe m'apparaissait comme un moule ou un poncif, propre à former, au prix de quelques substitutions, cent proverbes divers. Et je passais aisément de :

> Si les dents sont cassées, tant pis pour la tête

à :

> Si les cheveux sont blancs, tant pis pour la tête.
> Si l'œil est crevé, tant pis pour la tête.
> Si la bouche est épaisse, tant pis pour la tête.

Ainsi encore le proverbe :

> C'est l'œuf qui donne des conseils au poulet

(dont la nuance rappelle le proverbe français : « Il veut apprendre à sa mère comment on fait les enfants ») me conduisait tout naturellement à d'autres proverbes, tels que :

Coup de fusil contre le tonnerre : c'est le petit qui tire sur le grand.
Visite au tombeau : c'est le visiteur qui fait le travail du maître de maison.
Comme le pou : c'est ce que l'on porte sur la tête qui vous mord.

et tous les autres proverbes qui évoquent un monde à l'envers. De ce monde à l'envers, je me souciais assez peu. Du moins m'était-il précieux de l'évoquer, le temps de retenir la phrase. Il arrivait que d'autres proverbes fussent rythmés et rimés, comme des vers. Tout en eux paraissait enfin propre à favoriser mon projet.

Les difficultés ne vinrent qu'un peu plus tard.

D'un premier échec.

Ce fut quand je me trouvai à la tête de quelque trois à quatre cents proverbes et fort empêché de m'en servir.

Car j'avais imaginé tout d'abord, assez naïvement, que l'usage des proverbes me serait donné avec le reste — comme il arrivait pour les phrases communes — et qu'il me suffirait de les retenir pour aussitôt profiter de leur pouvoir. C'est le contraire qui arrivait, et la maladresse où j'étais de me désolidariser du proverbe que je venais de prononcer accentuait encore mon échec. J'ai dit que les proverbes — et jusque dans les discours des Malgaches — demeuraient ambigus, extrêmement prêts à échouer mais prêts à triompher. Mes proverbes à moi n'étaient pas du tout ambigus mais faisaient régulièrement long feu.

J'en remarquai assez vite la raison. Un philologue suisse, Charles Bally, a écrit un fort beau traité sur les dangers de l'étymologie. Il montre que les enfants et les étrangers se tromperaient moins sur le sens des mots d'une langue, si les professeurs n'avaient la rage d'appeler leur attention sur des étymologies — vraies ou fausses, mais la plupart du temps si éloignées du sens actuel du mot qu'elles sont tout au plus bonnes à embrouiller ce sens.

Et je devais m'avouer, de la même manière, que le sens apparent des proverbes — et cette étymologie visible — si elle m'aidait puissamment à les retenir, n'était guère bonne dans la suite qu'à me tromper sur leur sens, et leur usage. J'en donnerai trois exemples.

A. Rabenahy qui est *fokonolona* — c'est-à-dire conseiller communal — me parle de potins qui courent sur son administration, et ajoute : « Comment veux-tu que je réponde? *Bœuf mort ne chasse pas les mouches.* »

Je lui dis : « Mais vous êtes encore un bœuf bien vivant. » Alors un de nos amis me reproche : « Comment peux-tu traiter Rabenahy de bœuf? »

Je répliquerais volontiers que c'est Rabenahy tout le premier qui s'est traité lui-même de bœuf si je n'avais déjà eu mainte occasion d'observer que le proverbe n'est presque jamais pris pour la métaphore qu'il me paraît être.

B. Rabenahy dit devant moi à son fils Ralay : « Il faut pourtant que tu te décides à te marier. » A quoi Ralay : « Eh, ce serait le cas de dire : *Qui se hâte en mariage, court au divorce.* »

Je ne remarque pas que c'est là un proverbe, et je réplique à peu près : « Ce n'est pas parce que l'on se marie jeune que l'on divorce aussitôt. » Mais il serait peu de dire que l'on ne m'écoute pas. L'on ne m'*entend* même pas. Rabenahy réplique par un autre proverbe. J'aurai mille autres occasions de remarquer que le proverbe n'est qu'un tout indécomposable, où les liaisons du sens demeurent invisibles.

C. Rabenahy nous propose d'aller à pied au marché. Ralay lui répond : « *Le respect se vend.* Si tu vas à pied, on se moquera de toi. » Je fais la remarque que je ne tiens pas tellement à être respecté. Là-dessus, je m'aperçois que je parle dans le vide, et pour moi seul. Mais Rabenahy réplique : « *Voix de cigale couvre les champs. Corps de cigale tient dans la main.* Tu n'es pas riche. Ne cherche donc pas à épater le monde. »

Il n'a pas été plus tenu compte de mon objection que si elle avait été faite dans une langue inconnue. Que l'on imagine là-dessus cent déceptions pareilles. L'on verra que le proverbe diffère de son sens apparent au point de n'être reconnaissable ni dans la métaphore, ni dans la liaison abstraite, ni même dans les simples mots qu'il semble nous offrir.

Suites de l'échec.

L'on voit à quelle attitude de tels échecs me conduisaient insensiblement. Puisque le langage tout seul demeurait impuissant à m'assurer l'influence, c'est donc que cette influence venait d'ailleurs que des mots : des pensées et des choses. Si la langue proverbiale n'était pas une langue secrète, restait qu'elle fût une science secrète, dont chaque proverbe constituait l'une des lois. C'est à la seule étude de ces lois en elles-mêmes que je me proposais de m'appliquer désormais. Diverses réflexions venaient encore m'assurer dans cette voie.

L'une était de simple bon sens. Si différents de nous que puissent être les Malgaches, je ne poussais pas le goût de l'exotisme jusqu'à les vouloir à tout prix extraordinaires. Or il est plus *naturel* qu'un homme obéisse à une foi et à une pensée, qu'à un simple mot.

L'autre m'était directement suggérée par les Malgaches eux-mêmes : et précisément par l'embarras visible où ils se trouvaient jetés chaque fois que je leur demandais de m'expliquer un proverbe : tantôt se bornant à me répéter ce proverbe, comme s'il allait de soi; tantôt le situant dans une discussion imaginaire, qu'il venait dénouer, leurs explications offraient une maladresse symétrique de la mienne. Comme si le proverbe avait été un fait simple et irréductible au point de ne prêter à aucune explication.

Enfin je pensais voir clairement la source de l'illusion qui m'avait fait croire, pour commencer, à l'influence d'un mot. Et de vrai, tant que je me refusais à pénétrer dans son sens, à y adhérer, à prendre son parti — simplement sensible à ses traits extérieurs, à sa solennité, à son archaïsme, à son rythme — le proverbe n'était pour moi qu'un mot. Il me fallait seulement éviter de le voir plus longtemps à l'image de ma maladresse.

III. D'UNE SECONDE EXPÉRIENCE ET D'UN NOUVEL ÉCHEC

Où je commence par réussir.

Je me lançai avec ardeur dans cette nouvelle expérience.
J'ai laissé entendre que tout ce qui était malgache me jetait dans un enthousiasme assez léger. J'étais, je pense, comme la plupart des voyageurs qui se sentent volontiers eux-mêmes assez incohérents et partagés, mais reconnaissent dans les Primitifs l'unité et la ferveur d'une vie cohérente. Enfin, j'étais prêt à admirer chez les Malgaches des mœurs ou des propos qui m'eussent parfaitement déplu en Europe. Il ne me déplaisait pas de chercher dans les proverbes une philosophie profonde, et comme les événements-clés, dont les faits, auxquels nous assistons, n'eussent été que les apparences. Je cherchais cette philosophie, et bien entendu je la trouvais. Il est une sorte de philosophie que l'on trouve toujours quand on la cherche.

Le sentiment que les Malgaches étaient eux-mêmes tout occupés à la rechercher avec moi venait encore à mon secours. Je m'expliquais à présent leurs disputes proverbiales. Il ne s'agissait plus d'user — ou d'abuser — de l'influence, en quelque sorte mécanique, d'un proverbe, mais — serrant la vérité du plus près — d'établir si l'événement qui les partageait relevait de telle ou telle loi. (Exactement comme deux physiciens, s'interrogeant sur la cause d'un phénomène donné, peuvent hésiter entre l'électricité ou la chaleur.)

Rabenahy dit à son fils Ralay : « Cette fois, je pense que tu vas cesser de jouer. Tu as perdu cinquante francs dans ta soirée.

— C'est à présent qu'il me faut jouer pour les rattraper.

— Rappelle-toi le proverbe : *Ce que l'on espère ne vient pas, ce que l'on tenait est perdu.*

— Oui, mais avec un peu de patience il vient un moment où c'est *naissance de veau à l'automne : joie et richesse à la fois.* »

Les Malgaches sont un peuple ingénieux, raffiné, et d'une grande politesse. Il ne me déplaisait pas de les imaginer tout occupés à un jeu subtil d'explications et d'origines.

Où je trouve quelques sujets d'inquiétude.

Je crains d'être, dans les descriptions que je tente, systématique à l'excès. Bien entendu, je poursuivais, durant toute la période que j'évoque, mes progrès en malgache. Il est vraisemblable que je continuais aussi à apprendre par cœur des proverbes, et même à les glisser au petit bonheur dans ma conversation. Mais enfin, mon attention se portait ailleurs.

J'en ai gardé des témoignages. J'avais imaginé, par exemple, d'esquisser un classement des proverbes suivant la philosophie ou la métaphysique — réalisme, idéalisme, dialectique — dont ils me semblaient relever et qu'ils exprimaient à leur façon. J'y parvenais assez bien.

Je cherchais par ailleurs à faire partager à mes amis la sympathie que m'inspiraient les Malgaches. Je leur communiquais dans mes lettres les proverbes qui m'avaient paru particulièrement justes ou révélateurs. J'en dressais des listes. J'en étais venu à lire les recueils de proverbes malgaches que j'avais fini par me procurer — non pas comme j'aurais lu un dictionnaire — mais plutôt comme une suite

de fables ou de petits drames, dont chacun portait en lui son sens complet :
Jeune fille petite qui regarde les jeux : on la voit quand elle s'en va, ou *On attend que la mauvaise langue soit partie pour balayer la maison.*
L'on peut imaginer là-dessus mille brefs romans, et je mettais beaucoup de bonne volonté à les imaginer.

A la longue, il me vint pourtant un scrupule : c'est que je faisais, sans trop me l'avouer, un choix — et un choix assez étroit — parmi les proverbes qui m'étaient donnés. Ce sont les proverbes paradoxaux ou malicieux, que je retenais surtout. Mais d'autres proverbes, de simple évidence, me semblaient inutiles. Je les négligeais. Il me suffisait bien de rencontrer trente proverbes sur cent capables de m'intriguer et de m'instruire pour admettre que ces trente-là étaient les *vrais* proverbes. A la longue, le procédé me parut un peu tendancieux.

Je rencontrai un sujet plus grave d'inquiétude.

D'un second échec.

J'ai dit que mes progrès en malgache se poursuivaient pendant ce temps. J'apprenais de nouveaux mots sans cesse, et même il m'arrivait d'observer que je venais (sans trop y avoir songé) de me servir d'un proverbe. Tandis que j'ajoutais chaque jour quelques traits nouveaux à l'âme malgache, subtile et raisonneuse, que j'imaginais — chaque jour quelques nouveaux proverbes aussi prenaient place dans mon langage. A la longue, un fait me frappa : ce n'étaient pas les *mêmes* proverbes qui figuraient ici et là. Comme si ma réflexion et mon langage avaient joué sur deux plans différents, c'est des proverbes ingénieux ou singuliers que j'avais dressé des listes — et il se trouvait que j'étais embarrassé ensuite de les dire. Au contraire, c'est des proverbes les plus évidents, et en apparence les plus dénués d'intérêt que je me servais le plus aisément. Comme :

> Un morceau de pierre est pierre.
> Quand les larmes tombent c'est que le cœur était gros.
> Qui aime les procès se ruine.

Je rencontrai d'autres embarras.

J'ai dit que l'apparition d'un proverbe dans une discussion portait cette discussion, en quelque manière, à un état supérieur, d'où elle ne pouvait déchoir par la suite. En ce sens qu'il fallait céder ou, si l'on tenait à son point de vue, répondre par un autre proverbe. Seulement j'avais dû aussi m'apercevoir assez vite que les répliques avaient d'autant plus de poids et de dignité qu'elles contenaient davantage de proverbes. Répondre par deux proverbes à l'argument qui n'en offrait qu'un, et par trois à deux, et par quatre à trois, c'était mettre à coup sûr le bon droit de son côté. Cet usage des proverbes se voit codifié dans les *hain-teny*. Mais la conversation la plus simple le marque déjà. Au proverbe de Ralay « naissance de veau à l'automne » que j'ai cité plus haut, Rabenahy répondait par deux proverbes :

— N'attends pas un malheur pour cesser de jouer. Ne fais pas *comme l'aveugle : c'est quand il a déjà été touché qu'il esquive la pierre*. Ne fais pas *comme la souris : c'est quand elle a reçu le coup qu'elle saute de côté*.

Il s'assurait ainsi l'avantage.

Je me trouvais ainsi insensiblement reconduit à voir dans l'influence des proverbes une action purement matérielle, machinale, quantitative.

Autres aspects de l'échec.

Car il semble qu'un raisonnement juste ne gagne rien à être répété deux ou trois fois — à plus forte raison dix ou quinze fois, comme il arrivait dans certaines disputes. Si les trois pourtant l'emportaient sur les deux et les huit sur les sept, il me fallait bien admettre que c'était ici la phrase elle-même, pure de pensée, qui jouait son rôle, et exerçait son influence. Or les preuves de cette influence purement langagière commençaient — et plus je m'enfonçais dans une considération purement intellectuelle du proverbe — à me venir de tous côtés. Mille signes m'avertissaient que ce n'était point l'idée, mais la phrase qui pesait dans le plateau. Je dus observer d'abord en ce sens une prolifération insensée autour de chaque proverbe. Il semblait que toute phrase — fût-elle absurde ou insignifiante — eût droit à sa part d'influence sitôt qu'elle calquait sur lui son rythme et sa composition. Ainsi par exemple de :

> Ame d'esclave : ravager

sortaient, au petit bonheur :

> Ame d'enfant : ne penser à rien
> Ame d'Iketaka : faire la coquette
> Ame d'Ikoto : détruire

et mille autres proverbes, au hasard de la rime. J'enrageais de voir qu'on leur reconnaissait à tous même autorité.

Je n'étais pas moins scandalisé de voir qu'à l'inverse le proverbe qui m'avait paru le plus subtil, ou le plus juste perdait toute valeur et — peu s'en faut — tout sens dès que j'omettais en le répétant telle particule ou conjonction de peu de sens — ou bien encore lorsqu'il m'arrivait d'altérer l'ordre de ses mots. Ainsi :

> Rire de qui danse sans tambour

était proverbe, et portait son poids. Mais si l'on disait par exemple : « Il y a de quoi rire : il danse sans tambour » ou bien : « Il est ridicule de danser sans tambour », le proverbe ne jouait plus, et la phrase tombait à plat.

La conclusion naturelle était qu'il me fallait en revenir à considérer le proverbe tout entier comme un seul mot, dont le sens importait assez peu, et qui ne devait sa portée qu'à sa qualité proprement matérielle.

Paradoxe de la déception.

Je me voyais ainsi rejeté à la première opinion que j'avais formée de l'influence proverbiale — trop sûr d'ailleurs qu'à son tour elle me rejetterait assez vite à l'opinion que j'abandonnais. C'est bien ce qui arriva. Je devais me voir plusieurs fois encore balancé de l'une à l'autre explication : du langage secret à la science secrète — sans qu'aucune d'elles pût me retenir longtemps. Mais l'effet le plus sûr qu'elles exerçaient sur moi était de me rejeter au sentiment opposé, ainsi ballotté sans cesse du mot à l'idée, de l'idée au mot — et y perdant enfin je ne dis même pas toute explication mais toute idée précise de *l'influence proverbiale*. Mon expérience, si poussée qu'elle fût, me laissait une grande gêne, et du désarroi. Je me résignai certes, mais non sans une irritation — qui eut pour effet de me laisser à l'endroit des proverbes infiniment susceptible, et comme terrorisé. Par une curieuse rencontre, j'étais en même temps devenu fort habile à les dépister. Je les sentais venir de loin. Je devinais quelles phrases s'apprêtaient à devenir proverbes. Jusqu'aux lieux communs me donnaient une singulière, une irritante préoccupation.

Il me reste à dire le plus curieux. C'est que cette honte, ou cette sorte de crainte ne m'empêchaient pas d'user des proverbes. Et bien au contraire mes progrès de ce côté-là s'étaient poursuivis — comme si mon hésitation et mes doutes, loin de nuire à mon expression, lui offraient au contraire un terrain favorable. Il m'arrivait fréquemment d'observer, non sans fierté, que je venais (sans l'avoir certes préparé) d'user assez habilement d'un proverbe. Il m'arriva même, ayant à parler, de préparer d'avance divers proverbes, dont je me servais ensuite ou non, suivant les circonstances. Ainsi prit fin, d'une manière assez piteuse, mon expérience du proverbe. Je fus nommé, vers ce temps-là, chargé de cours de malgache à l'École des Langues orientales, et je renonçai à écrire la thèse sur l'influence du proverbe, dont j'avais déposé le sujet en Sorbonne. Il y avait de bonnes raisons, sinon au premier, du moins au second de ces deux événements. Il n'existe rien de plus humiliant que de pouvoir parfaitement faire ce que l'on n'est pas capable de comprendre.

IV. RAISON DU SACRÉ

Des « grands mots ».

Il ne se passe pas de jour que l'un de nos grands hommes politiques ne fasse plus ou moins directement allusion au pouvoir des mots magiques ou, comme l'on dit, des « grands mots ». Hitler parlait, il y a un mois, du « pouvoir des formules » (comme *futurisme*), Chamberlain du pouvoir des mots (comme *égalité des droits*). André Maurois, traitant de politique, disait avant-hier que nous ne sommes séparés que par des mots. Et on sait que Maurras et J. R. Bloch expliquent toutes nos divisions intérieures, l'un par le fâcheux pouvoir du mot *démocratie,* l'autre du mot *ordre.* Ainsi la question des mots ou des phrases sacrées est-elle de tout instant. Il n'est pas besoin d'aller à Madagascar pour faire l'expérience du proverbe.

Je doute que cette expérience en devienne plus satisfaisante. Car notre premier mouvement est de penser que les grands hommes disent des bêtises. Novalis a écrit que le mot de liberté a bouleversé des mondes. Oui. Mais nous savons pourquoi : c'est qu'il y avait beaucoup de braves gens qui étaient prêts à se faire tuer pour la liberté, qui croyaient à elle — des gens pour qui *liberté* était tout le contraire d'un mot : la réalité suprême. Ainsi du reste. Je veux bien que *cubisme* ne soit qu'un mot pour Hitler, *ordre* pour Jean Richard Bloch, et *démocratie* pour Maurras. Mais ce sont pour le démocrate, le réactionnaire ou le peintre cubiste, tout le contraire d'un mot : une science, et une conviction secrète. Or c'est du peintre, du réactionnaire et du démocrate qu'il s'agit. En vérité, il y a une sorte d'absurdité violente à parler de pouvoir des mots. Car l'expérience la plus simple nous montre que, là où se montrent les « mots », il n'y a pas de pouvoir — mais là où il y a pouvoir, l'on ne remarque même pas les mots. Je ne vois pas de « pouvoir » qui ne tienne à l'ardeur, à la conviction — à la pensée.

Des « grands mots » (suite).

Cependant, à peine avons-nous fait cette découverte que les exemples opposés se présentent en foule. Car il est des mots que chacun craint, que l'on évite, et qui exercent donc un pouvoir au moins négatif.

On évite le mot *dévaluation;* on dit « alignement monétaire ». Le mot *guerre;* on dit « défense nationale ». La *Revue des deux mondes* refuse les titres où figure le mot *mort.* Quand on a relevé dernièrement le traitement des députés, on n'a pas dit : « augmentation de l'indemnité parlementaire ». On a dit : « coefficient tenant compte de l'élévation du coût de la vie ».

Il est aussi des mots que l'on recherche : certains mots orduriers portent bonheur. Certains arrangements de mots exercent une influence heureuse. La publicité le sait bien, et la poésie. *Du beau... du bon... Dubonnet* est plus efficace que ne serait *Le Dubonnet est bel et beau*. Nous avons tous forgé, dans notre enfance, des mots magiques, qui nous jetaient dans un abîme de dévouement, dans un vertige sacré. De leur sens, nous n'avions pas grand souci. Michel Leiris en a donné deux ou trois exemples, qui me semblent assez frappants. On peut aimer une femme parce qu'elle s'appelle Rose. On peut prendre le parti de la *Liberté* ou de la *Révolution*, parce que ces mots « sonnent bien », et sans avoir longuement réfléchi à la nature de la Liberté ni aux chances de la Révolution.

Mais il y a plus. Et notre démonstration même de tout à l'heure se retourne contre nous. Il était aisé d'expliquer l'illusion de Maurras ou de Jean Richard Bloch par une illusion commune : nous imaginons les autres gens tels que nous serions à leur place, si nous agissions comme eux. Or, Maurras et J. R. Bloch tiennent la démocratie ou l'ordre pour de simples mots. Donc (pensent-ils) les républicains qui agissent pour la démocratie, les réactionnaires qui obéissent à l'ordre, sont agités par de simples mots. L'illusion est évidente.

Mais il faut prendre garde qu'elle n'est pas moins commune et naturelle qu'évidente. Ce serait peu : elle est si commune qu'il lui suffit d'apparaître pour devenir vraie. Vraie d'abord pour Maurras et Jean Richard Bloch, sans doute. Mais quel est le réactionnaire ou le démocrate convaincu qui a *toujours* été démocrate ou réactionnaire? Qui ne s'est interrogé un jour sur les raisons de sa foi? Qui n'a suivi, ou seulement *compris*, l'une des objections qui lui étaient faites? — ainsi conduit, lui aussi, à tenir *ordre* ou *démocratie* pour un mot. Bien plus, à obéir à un mot, s'il demeure réactionnaire ou démocrate.

Ainsi, dans ce nouveau domaine du langage sacré, comme dans l'autre, le langage secret nous rejette à la science secrète, et la science secrète au langage secret. L'on ne sort pas du cercle.

D'un essai de redressement.

Il semble que l'on n'en sortira pas, à moins d'un vigoureux effort de redressement, et d'évasion.

Oui. Mais l'on peut aussi se demander si nous n'en sommes pas déjà sortis.

J'ai dit tout à l'heure — et vous vous étiez bien aperçus — que mon expérience de Madagascar avait été piteuse. Oui, mais je commençais seulement de découvrir qu'elle était plus banale encore que piteuse. Naturellement j'avais pu penser sur le moment que j'étais tombé sur un beau sujet, et qui pourrait me conduire à quelque découverte d'importance. Mais je remarquais à présent que j'étais simplement tombé sur le sujet que m'eût offert, si j'étais resté chez moi, chaque journal et chaque conversation. Et qu'ils offrent à chacun de nous, à tout instant. Car enfin s'il est une question grave, et qu'il nous faille agiter à tout moment, c'est bien de savoir comment il nous est possible de convaincre autrui, de lui faire croire ce que nous croyons, de lui montrer ce que nous pensons voir. Et tout aussi bien — puisque la réflexion n'est guère qu'une conversation que nous tenons à nous-mêmes — comment il nous est possible de nous convaincre nous-mêmes, par quelles voies, par quels mots. En bref, je me posais la plus vieille question humaine et la plus naïve : comment parler? comment se servir du langage?

Or il est sensible à présent que mon échec même — mes échecs — me donnait un commencement de réponse.

C'est qu'ils n'avaient pas moins de banalité que la question. C'est qu'ils n'étaient pas moins *ordinaires* et comme une suite normale, légale de ce langage sacré : comme un effet constant de ce langage. J'étais allé chercher bien loin une définition du langage sacré — ou plutôt j'avais essayé avec beaucoup de conscience les définitions banales (et d'ailleurs contradictoires) de ce langage sacré, que me donnait le sens commun. Cette définition, je la tenais enfin, à la faveur de mon échec : le langage sacré était *ce* qui entraînait nécessairement cet échec. Tenu pour langage, il était *ce* qui évoquait avec force de la pensée; tenu pour pensée, du langage. Il était tel en tout cas *que l'on ne pût y penser sans le compléter*, langage par autant de pensée, pensée par autant de langage.

Disposition de la pensée.

Que cette opération n'allât pas sans trouble ni sans embarras, on l'a vu de reste. Simplement nous faut-il à présent admettre que le trouble ou l'embarras fait *aussi* partie du langage sacré. La déroute de l'intelligence est aussi un événement de l'intelligence. Et la terreur — mais l'excessive susceptibilité à l'endroit du proverbe où me laissait mon expérience malgache — cette déroute, ce mystère, cette efficacité, surtout cette séparation de toute autre phrase qu'il me fallait lui reconnaître, n'étaient pas si distincts après tout des traits de distinction, d'efficacité, d'ambiguïté par lesquels nous tentions de caractériser le sacré. Et tout se passait assez bien pour moi comme si j'avais, pour mon propre compte, au lieu de le connaître, *réinventé* ce sacré.

Mais nous nous trouverions menés, par une autre voie, à une conclusion plus précise encore.

Il y suffit d'appliquer les règles, que nous nous sommes posées tout d'abord. Et cette règle, par exemple, qu'il convient, après chaque observation du langage, de reconstituer le langage comme s'il n'avait pas été objet d'observation, et par là même déformé. Or l'application est ici d'autant plus aisée que nous savons par ailleurs que le désarroi où nous jette le proverbe est aussi une *part* de ce proverbe en ce sens que — loin de nous empêcher de nous en servir — il nous a paru qu'il facilitait tout au contraire son usage. Je n'ai jamais si bien parlé proverbe qu'ensuite de ma déception.

D'où nous pouvons maintenant conclure que tout usage du proverbe suppose la même déception devenue régulière, normale — acceptée.

Or la déception venait de ce que le proverbe, par une transmutation et une métamorphose continuelle, nous apparaissait comme une pensée où nous le supposions phrase, mais phrase où nous le supposions pensée. En sorte que nous pouvons à présent définir l'usage du proverbe. Cet usage, et plus il est clair et naturel, suppose un arrière-fond où le langage ne soit pas tenu différent de la pensée — ou du moins la différence du langage d'avec la pensée ne soit plus *propre à nous surprendre* et à nous gêner. Où la métamorphose nous semble naturelle.

Renversement des clartés.

L'on peut dire là-dessus qu'il s'agit là d'une découverte difficile, et lente, et assez peu banale. Mais bien entendu, c'est le contraire qui est vrai. Et, si elle nous est particulièrement difficile, c'est que nous avons été mal élevés. Notre professeur de géométrie ne nous a jamais dit qu'un triangle était aussi un carré. Notre professeur de sociologie nous a toujours affirmé que le sacré était différent du profane. Mais chaque primitif sait qu'un homme devient, dans certains cas, une vache ou une chauve-souris. Chaque enfant a appris qu'une citrouille était aussi un carrosse, et un lézard, un maître d'hôtel. Et ce n'est sans doute pas un simple hasard si les contes sont pleins de transformations et de métamorphoses : peut-être ne s'agit-il que de nous préparer insensiblement à admettre des métamorphoses plus graves, et qui ne peuvent même pas se dire...

Qui ne peuvent se dire... Car enfin je ne vois pas de définition de la pensée qui ne signifie enfin qu'elle n'est pas le langage. L'on dira qu'elle ne se voit pas (comme un signe écrit); qu'elle ne s'entend pas (comme une parole); qu'elle ne tombe sous aucun sens (quand les mots tombent sous tous les sens). Mais je ne vois pas non plus une définition du mot, qui ne porte qu'il n'est pas la pensée. Que reste-t-il à la place de cette formation redoutable — ni pensée ni mot, mais infiniment propre à être le mot le plus épais, la pensée la plus subtile — que suppose la clarté d'un proverbe? Rien. Le pur vide. Le pur chaos — auquel personne n'échappera plus d'un instant. S'il est un trait du sacré, désormais incapable de nous surprendre, c'est qu'il soit effroyable.

Effroyable sans doute, mais, j'y reviens, habituel. Et particulièrement habituel à l'endroit du langage. Peut-être nous eût-il suffi, pour le reconnaître, d'observer que les mots qui servent, en toute langue, de *clefs* aux grammaires et aux rhétoriques, sont essentiellement ambigus et désignent la pensée comme le langage. Je ne veux pas dire qu'ils soient nécessairement indifférents : ils peuvent signifier avec une terrible précision, suivant le cas une construction de pur langage (sans la moindre pensée) ou de pure pensée (sans le moindre souci du langage).

Ainsi en va-t-il de logos, d'*oratio*, de *discours*. Ainsi encore de *littérature*. Ainsi de *proverbe* même. Tout ce que j'ai assez maladroitement dégagé tient dans un nom. Mais il s'agissait de parvenir à l'entendre, et à l'éclairer.

Sur cette entente, et cette clarté, je n'ai plus qu'un mot à dire : c'est qu'elle ressemble assez peu à la clarté que nous attendions. Ce n'est pas l'extrême attention qui l'obtient, mais la distraction extrême. En bref, il s'agit de porter le regard *un peu plus loin* qu'un proverbe que l'on abandonne à sa métamorphose, à sa contradiction, à son obscurité. Il s'agit d'éclairer l'objet particulier qui nous occupe, par le contraste de cette obscurité.

L'on admet, à l'ordinaire, que l'on a expliqué un fait obscur ou inconnu quand on l'a réduit à des éléments connus. Mais il semble que la clarté des proverbes — et sans doute de tout langage sacré — procède d'une opération inverse, que l'on pourrait appeler le *Renversement des clartés*.

Il ne s'agit plus de réduire le fait à des éléments plus clairs — mais de le faire apparaître sur un fond plus sombre. De lui donner cette sorte de lumière que rayonnent, au sortir d'un grand danger, les actes les plus simples : *manger*, les objets les plus simples : *une tasse*.

Je ne voudrais pas achever ces remarques sur un exemple un peu absurde. Mais celui-ci est assez exact pour que je le risque tout de même :

Quand une dame trouve qu'elle a la peau trop brune, elle a deux moyens de se corriger : elle peut se servir de fards qui la pâlissent. Elle peut *se réduire* à des fards.

Mais elle peut aussi prendre pour amie inséparable une négresse. Le second procédé n'est pas moins sûr que le premier. Et l'on voit bien que notre réflexion la plus haute ou la plus basse les emploie tour à tour l'un et l'autre.

Barré sur le texte manuscrit et non repris sur le texte dactylographié.

Simplement et pour ce qu'elle contient d'insaisissable et de dangereux peut-être, *la disposition de pensée* que nous signale le langage sacré demeure-t-elle plus mystérieuse, et d'approche plus difficile. Elle ne nous révèle au demeurant qu'une vérité qui nous est à tout instant confusément évidente.

*Réflexion sur la thèse
de Jean Paulhan*

Silvio Yeshua, né en 1930, professeur de littérature française à l'Université de Tel-Aviv, a soutenu une thèse sur Valéry et publié, entre autres, Valéry, le roman et l'œuvre à faire, *chez Minard, en 1977. Il dirige actuellement la traduction en hébreu des œuvres de Valéry et de Paulhan. Il prépare également, avec Frédéric Grover, une biographie de Jean Paulhan et c'est à lui que l'on doit l'existence de la Société des Lecteurs de Jean Paulhan.*

Sigles :
HT 1913 : *Les hain-teny merina* / Poésies populaires malgaches / recueillies et traduites / par / Jean Paulhan / Paris, Librairie Paul Geuthner, 1913, 461 pages.
HT 1939 : Jean Paulhan, *Les hain-teny*, Paris, Gallimard, 1939, 216 pages.
Œuvres... : le mot *Œuvres*, suivi de chiffres romains (de I à V) et de chiffres arabes, renvoie au volume et à la page de l'édition en cinq tomes des *Œuvres* de Jean Paulhan, Paris, au Cercle du livre précieux, Tchou éditeur, 1966 à 1970.

Jean Paulhan et les hain-teny :
de l'étude savante au récit initiatique
par
Silvio Yeschua
(Université de Tel-Aviv)

> « Savez-vous pourquoi certains artistes ne sont pas devenus ce qu'ils nous promettaient : parce qu'ils ont posé la question dans leur œuvre, alors qu'ils auraient dû faire de leur œuvre cette question, devenir eux-mêmes la question. Ah! c'est qu'ils n'ont pas assez travaillé. »
>
> Jean Paulhan [1].

Il n'est pas du tout exceptionnel — c'est même peut-être plutôt la règle — qu'un auteur ne nous parle que de soi et de ses préoccupations les plus intimes sous couvert de nous entretenir des affaires d'autrui. « Il faut se mettre sciemment à la place de l'être qui nous occupe... et quel autre que nous-mêmes peut répondre, quand nous appelons un *esprit*? » avouait Valéry dans sa *Note et Digression* [2], vingt-cinq ans après avoir osé parler de Léonard [3]. Le même Valéry avait coutume de dire que, si l'on voulait se faire une idée du travail que Mallarmé (« cet homme (qui) avait médité sur tous les mots [4] ») avait fait sur sa langue, il fallait étudier son ouvrage sur *Les Mots anglais*.

---

1. Jean Paulhan, cité par Maurice-Jean Lefebve, in *N.R.F.*, n° 197, p. 688.
2. Paul Valéry, *Œuvres*, édition de la Pléiade, tome I, p. 1232.
3. *Ibid.*, p. 1153-1199.
4. *Ibid.*, p. 639.

Je crois qu'il en va de même pour les divers écrits que, entre 1912 et 1939, Jean Paulhan a consacrés aux *hainteny*, ces poésies orales des Merina du centre de Madagascar : poésies obscures, posant plus d'un problème de compréhension, et qui servaient de sortes d'arguments dans des joutes oratoires traditionnelles, tombées depuis en désuétude, mais qui avaient encore lieu, de loin en loin, lors du séjour qu'y fit Paulhan de 1908 à 1910. L'examen de ces études pourrait être capital pour la bonne intelligence de Paulhan et de son œuvre. Cependant, il restait encore à entreprendre.

I

On n'a pas assez remarqué la profondeur de l'évolution qui se dessine des premiers aux derniers de ces écrits. On a bien signalé des différences de longueur, d'élaboration [5], ou encore de celles qui dépendraient du public visé [6]. L'essentiel, cependant, est passé sous silence.

Dans les premiers, datant de 1912 et de 1913 [7], l'attitude de Paulhan est, en quelque sorte, extérieure : c'est celle, curieuse et même indiscrète, du savant qui se mêle de ce qui ne le regarde guère : il observe, étudie, décrit et explique les usages et le langage, l'histoire, les mœurs et les coutumes d'un peuple lointain, exotique, mal connu; pour ce faire, il braque son attention sur l'un des traits de la civilisation de ce peuple — trait que son étude privilégie arbitrairement par

---

5. Voir l'article « Les hain-tenys » dans la Bibliographie des œuvres de Jean Paulhan, assurée par Jean-Claude Zylberstein, in *Œuvres*, V, 503-504.
6. Voir le premier paragraphe de l'article de Jacques Faublée dans le présent volume (Cahiers Jean Paulhan, n° 2, p. 397).
7. — 1° Paulhan, Jean, « Les hain-teny merina », in *Journal asiatique*, Paris, janvier-février 1912, p. 133 à 162.
— 2° HT 1913.

rapport à d'autres, en principe également dignes d'intérêt : tels poèmes obscurs, les *hain-teny*, au sens, au mode d'emploi impénétrables, qu'échangent parfois entre eux deux récitants, entourés d'un public plus ou moins enthousiaste, dans des joutes (ou duels) poétiques, à l'issue desquelles il y a toujours un vainqueur, et un vaincu... (Mais en vertu de quoi? se demandera Paulhan; de quelle règle? de quel principe permettant de juger de l'efficacité de ces poèmes-arguments?)

Le postulat de base de ces études semble porter que rien ne doit rester obscur dans le phénomène étudié : il s'agira donc d'exposer, de décrire et — surtout! — d'expliquer. « Or — à en croire Paulhan lui-même — *expliquer* un événement, c'est, par définition même, le réduire à un ou plusieurs éléments déjà clairs et définis. C'est ramener l'inconnu à du connu, qui l'éclaire [8]. » Jamais, dans ces premiers travaux, l'auteur ne semble avoir été effleuré de l'idée que l'obscurité pouvait n'être pas toujours une gêne, un obstacle à écarter; qu'elle pouvait avoir son prix; qu'il pouvait y avoir quelque avantage à la conserver, à la cultiver, ou à en rechercher le bon usage.

Ce parti pris réductionniste est bien étrange, après tout; et il nous aurait sans doute étonnés davantage si nous n'y étions pas tellement habitués : car c'est à lui que nous reconnaissons souvent le discours scientifique... C'est également à lui qu'est sans doute dû l'ennui qui quelquefois se dégage de ce genre de discours : l'explication donnée, la réduction faite, que reste-t-il à en dire? On a envie de penser, de passer à autre chose. Plutôt que *l'obscurité* du phénomène, c'est le phénomène tout entier qui se trouve écarté, éliminé du champ de nos préoccupations et de notre curiosité.

C'est un peu, je le crains, ce qui arriva à Paulhan avec ses premières études sur les hain-teny : passablement bien accueillies par les orientalistes de Madagascar et d'Europe,

8. Voir le premier paragraphe du chapitre intitulé « Trois points de méthode » de *D'un langage sacré*, ici même, p. 316.

reconnues, selon sa revendication [9], comme les premières à être tentées « sur l'un des faits les plus complexes, et les plus étrangers à toute logique européenne, du Folklore malgache », elles laissaient le reste de l'humanité indifférente, et leur auteur insatisfait.

Je ne dis pas qu'elles manquaient de mérites. Ou d'intérêt. Qu'on en juge :

Avant Paulhan, on n'avait publié des hain-teny que dans le texte malgache, sans explication ni traduction (puisqu'on n'avait même pas tenté d'en percer le sens ou d'en réduire l'énigme), et sous forme de prose (n'ayant pas reconnu leur caractère de poésie). Le travail de Paulhan est d'un tout autre ordre. Deux années durant, au cours de nombreux voyages et de séjours dans des familles merina, il recueille environ huit cents hain-teny. Il en publie (dans l'édition Geuthner de 1913) cent cinquante-trois, divisés en huit groupes, selon un classement thématique auquel il restera toujours fidèle (et jusque dans la dernière étude qu'il leur consacrera en 1939); chaque poème est accompagné de sa traduction en français (traduction qu'il n'arrêtera pas de fignoler pendant plus d'un quart de siècle), et de notes explicatives; la présentation, tant de l'original que de la traduction, fait ressortir le caractère poétique de ces textes. Il les fait précéder d'une étude de 70 pages, dans laquelle, après avoir esquissé le fort piteux « état actuel des connaissances » à leur sujet, il offre à ses lecteurs :

1° La description de la manière concrète dont ces poèmes s'insèrent dans la vie socioculturelle des Merina, où ils apparaissent toujours dans des échanges, dans des débats — soit réels, soit purement ludiques (chapitre I : « Observation des hain-teny »).

9. Voir le dernier paragraphe de l'Introduction de HT 1913 : « Que si ces lois apparaissent, sur certains points, insuffisantes, l'on voudra songer que cette étude est la première tentée sur l'un des faits les plus complexes, et les plus étrangers à toute logique européenne, du Folklore malgache. »

2° Le texte (accompagné de sa traduction française et d'éclaircissements fondés sur l'opinion d'un spécialiste et de quelques vieillards merina, solidement ancrés dans leurs traditions nationales) d'une série de sept hain-teny qui furent récités (en l'occurrence par simple jeu) au cours d'une soirée. Le dernier récitant fut, comme toujours, le vainqueur — son adversaire n'ayant trouvé aucun hain-teny à opposer à son dernier (chapitre II : « Une discussion en hain-teny »).

3° Un examen linguistique et prosodique, d'où ne sont pas absents des éléments de comparatisme, par quoi est établi le rattachement des hain-teny à la poésie, plutôt qu'à la prose (chapitre III : « En quel sens le hain-teny est une poésie »).

4° Un examen des caractères principaux du vers merina, où assonances et répétitions jouent à la place de rime et de mesure fixe. Ce qui se répète, ce sont des syllabes, des mots, des groupes de mots, des phrases entières. Les phrases répétées sont des proverbes que tout le monde connaît, ou des phrases nouvelles construites sur le patron de proverbes connus. Ainsi, le hain-teny est présenté comme étant « un développement, et, en quelque sorte, une illustration du proverbe, élément traditionnel et primitif de la langue poétique malgache » (H.T. 1913) (chapitre IV : « Le vers merina et les lois de composition des hain-teny »).

5° Un examen du sens général et de la structure des hain-teny : on constate que tous ces poèmes traitent d'amour : ce sont des querelles amoureuses. Ils servent cependant aussi bien dans toutes sortes d'autres querelles : d'intérêt, de droit [10]... En outre, chaque hain-teny, prononcé par chacun des récitants, se compose lui-même d'une querelle, ou d'un débat, semblable à celui auquel il participe (contre l'autre récitant) : deux voix parlent donc dans chaque hain-teny de la bouche du même récitant : c'est tantôt celle avec laquelle

---

10. La querelle (ou la discussion) entre amants apparaît donc, dans ces poèmes, comme une métaphore généralisée de tout débat, de toute opposition de vues ou d'intérêts, de tout affrontement; et l'amour — comme la métaphore universelle de toute binarité.

il s'identifie, tantôt celle qu'il prête à son adversaire (pour mieux le vaincre...) (chapitre V : « Le hain-teny, exposition d'une querelle amoureuse »).

6° L'examen de la question, posée ici comme principale : le hain-teny étant « essentiellement une poésie d'autorité » (p. 66), une sorte d'argument qui peut gagner une dispute (ou la perdre), on recherchera « d'où lui vient cette autorité et à quels signes il est possible de la reconnaître ». Cette question, capitale en vérité (parce qu'elle semble viser la découverte du critère sûr qui permettrait de juger de la valeur de toute poésie, de toute littérature — de tout art), est tranchée ici avec une prestesse fort cavalière : l'autorité du hain-teny dépendrait uniquement de sa teneur en proverbes. Celui des deux récitants qui ne saurait, dans sa réponse, mettre un plus grand nombre de proverbes que n'en avait mis son adversaire dans le hain-teny précédent perdrait la partie (chapitre VI (et dernier) : « L'autorité du hain-teny »).

On voit bien les avantages d'une telle approche — claire, englobante, tranchante; on n'en voit pas moins les inconvénients :

L'on y va un peu trop vite des premières impressions d'opacité totale, d'obscurité, d'incohérence [11] — à une transparence, à une clarté, à une intelligibilité tout aussi absolues. Tout y est pour satisfaire l'esprit, et l'esprit reste sur sa faim. Et si le malaise du lecteur n'était, ici, que le reflet de celui de l'auteur? Paulhan y semble, en effet, s'occuper beaucoup de ce qui le préoccupe fort peu, effleurant à peine les véritables objets de ses préoccupations.

Qu'a-t-elle donc, cette « logique européenne [11] », pour avoir pu, si bien et si durablement, faire obstacle à toute intelligence des hain-teny?' Si Paulhan a véritablement su lever cet obstacle, quelle *autre* logique a-t-il donc mis à sa place? Et si nous reconnaissons trop bien, dans la trame et

11. Voir l'Introduction de HT 1913, *passim*.

la facture même de son écrit, la vieille machine aristotélicienne et cartésienne — a-t-il donc vraiment réussi à nous rendre les hain-teny (lesquels, dit-il, y répugnent) compréhensibles? (Et l'on a reconnu les germes du débat qu'il mena toute sa vie autour du fameux « principe de contradiction » — dit également « de non-contradiction » — du sacro-saint « A=A », auquel, pour les besoins de la « vie véritable », il voulut pouvoir substituer — mais sans en perdre ni parole ni raison — un « principe de non-identité [12] ».)

Ou encore : comment s'expliquer que rien ne nous soit dit sur les difficultés de compréhension que présentent les textes mêmes des hain-teny? Qu'aucun travail d'interprétation, d'exégèse, n'ait été tenté à leur endroit? Qu'on se soit borné à consulter savants et vieillards, et à substituer leurs textes clairs, mais prosaïques et plats, à ceux, obscurs, mais si puissants, de ces poèmes?

Comment, enfin, s'expliquer que, dans une querelle, l'on puisse avoir gain de cause non parce qu'on a mieux su prouver son bon droit, mais parce qu'on a été plus habile à accumuler *un plus grand nombre* de proverbes? (Et l'on a reconnu le débat, si paulhanien et si permanent, autour du « pouvoir des mots ».) Car, s'il est vrai que le hain-teny tient toute son autorité (et par conséquent son efficacité et toute sa valeur) de sa seule teneur en proverbes, il faudrait sans doute se demander d'où donc viendrait au proverbe lui-même ce singulier pouvoir... Et Paulhan pose, en effet, cette question; mais après l'avoir à peine effleurée, il s'arrête (pourquoi?) : « Et la question, écrit-il, se poserait, sans doute, de savoir d'où vient au proverbe sa valeur singulière (...) : je ne l'aborderai pas ici [13]. »

Je suppose que ces questions ont tracassé Paulhan autant, pour le moins, qu'elles nous intriguent : il a passé sa vie à tourner autour d'elles, il leur a consacré son œuvre. A la

---

12. Voir *Œuvres*, III, 406, cité par Pierre Oster, « Ici commence mon désespoir d'écrivain », in *N.R.F.*, n° 197, p. 871.
13. HT 1913, p. 57.

dernière, particulièrement, il entendait consacrer toute une (double!) thèse de doctorat en Sorbonne [14]. Cette thèse sur l'autorité et l'influence des proverbes ne devait pas aboutir. C'est son esprit qui, cependant, souffle dès ces *Hain-teny merina* (de 1913), qui en sont comme l'introduction, ou l'entrée en matière. Mais cet esprit — qui était l'esprit scientifique, ou universitaire, *tel que le concevait Paulhan* — ne devait avoir pour lui d'utilité ou de vertu que rétroactivement, en quelque sorte : comme étape à dépasser, et qui fut dépassée. Qui le fut, justement, dans les années trente.

14. Voir, ici même, les extraits de la correspondance de Jean Paulhan avec Lucien Lévy-Bruhl et avec Léon Brunschvicg, ainsi que tous les documents relatifs à cette thèse qui dut l'occuper entre 1910 et 1936. On y remarquera bien des incohérences, de la confusion, et même quelque gêne : Lévy-Bruhl avait-il vraiment accepté de diriger cette recherche, comme le suggère Paulhan? A quelle date le sujet de la thèse a-t-il été déposé en Sorbonne? Dans sa lettre à Brunschvicg (de 1936), Paulhan laisse entendre que c'était en 1910. Mais en 1912 (le 5 mai), Lévy-Bruhl l'invite seulement à un entretien au sujet de cette thèse, et il trouve bon de préciser : « Je voudrais pouvoir vous être de quelque utilité; malheureusement, mon incompétence sur le sujet que vous traitez ne me le permettra guère. » Comment comprendre, d'ailleurs, que même en 1918, Lévy-Bruhl puisse encore écrire à Paulhan : « Cette " sémantique du proverbe " que vous me dites devoir soutenir en Sorbonne (...) »?
D'autres obscurités ou contradictions : dans sa lettre à Brunschvicg (1936), il parle de ses thèses comme étant achevées, il en est à souhaiter : 1° d'« être admis à (les) soutenir en Sorbonne » (?); 2° que Brunschvicg accepte « d'être le premier à les lire » (??).
Ou encore : dans *D'un langage sacré* (1936), à la fin du troisième chapitre, nous lisons cette phrase déroutante : « Je fus nommé, vers ce temps-là, chargé de cours de malgache à l'École des Langues orientales, et je renonçai à écrire la thèse sur l'influence du proverbe, dont j'avais déposé le sujet en Sorbonne. » (Or nous savons que la nomination en question eut lieu en 1910!)
N'insistons pas sur toutes ces difficultés, et renonçons à conclure. Si ce n'est ceci : l'expérience de la thèse n'a pas été, pour Paulhan ni pour son œuvre, une expérience féconde, heureuse; mais plutôt une expérience qu'il lui fallait dépasser, pour pouvoir aller vers autre chose...

II

Tout change du tout au tout (j'exagère à peine) dans les derniers écrits de Jean Paulhan sur les hain-teny. Je veux parler surtout du petit volume intitulé *Les hain-tenys* (sic), qu'il publia, en 1939, dans la collection blanche de Gallimard (216 pages : textes français de 127 hain-teny, précédés d'un essai de 64 pages). Mais deux autres écrits, publiés en 1930, l'avaient préparé : *Les hain-teny, poésie obscure* et *Sur une poésie obscure* [15].

On remarquera l'insistance, dès les titres, sur l'obscurité de ces poèmes — aspect que l'ouvrage de 1913 et l'étude de 1912 avaient presque complètement escamoté (tant y était forte la tendance à *réduire* les difficultés, à faire régner au plus vite la clarté du connu...). Cette obscurité, que le titre énonce à deux reprises en 1930, il préférera, en 1939, se l'approprier, la figurer, et *l'être* plutôt que d'en parler : qu'est-ce que c'est, en effet, que les hain-teny? Ce mot inconnu — nom commun, composé, au pluriel [16] — et qui, servant de titre à tout un ouvrage, semble suggérer que nous *devrions* le connaître, a bien l'air d'une énigme... Que veut-il dire? Est-il français? *Le Petit Larousse* l'ignore... Les premiers mots de l'introduction nous l'apprennent, il est vrai : « Les hain-tenys sont des poèmes populaires en usage chez les Malgaches (...). » J'avouerai cependant avoir longtemps cru que

15. Le premier, c'est le texte d'une conférence que Paulhan donna à Monaco en 1930 (publié par l'Imprimerie de Monaco, 1930, 41 pages); le second, ne présentant que de légères différences par rapport au premier, fut publié dans la revue *Commerce*, n° XXIII, Paris, printemps 1930, p. 191 à 260. Ces deux textes témoignent déjà de la nouvelle conception que se fait Jean Paulhan tant des hain-teny, que du type de travail qu'il convient de leur consacrer.

16. Notons l'apparition, ici, pour la première fois du s du pluriel au mot *Les hain-tenys*, graphie au demeurant incorrecte du point de vue de l'orthographe malgache.

Paulhan les avait inventés : leur nom, leur texte, et surtout l'étrange et obscur récit (obscur mais fascinant) de ses aventures avec eux. Je suppose que d'autres ont fait la même expérience, et que Paulhan l'avait bien voulu ainsi...

Nous avons donc ici un texte difficile, qui traite de textes obscurs, difficiles eux aussi, et qui, plutôt que de les éclaircir au plus vite, relate une longue et complexe expérience avec eux — expérience d'où n'étaient absentes ni les difficultés, ni les erreurs, ni les impasses — ni l'intuition (un peu diffuse) d'une étrange, d'une paradoxale réussite.

Que s'était-il donc passé entre les écrits de 1912/1913 et ceux des années 30, et qui fût de nature à déterminer ces métamorphoses?

C'était tout d'abord la constatation qu'il s'était trompé. Sur les hain-teny d'abord : leur valeur ne tenait *pas* uniquement au nombre de leurs proverbes (voir HT 1939, p. 44 à 47). Sur lui-même ensuite : au fond, il n'avait que faire de ce genre de travaux savants et tout extérieurs. Si les hain-teny l'avaient intéressé, ce n'était pas du tout à cause de leur exotisme, ou de leur différence[17]; bien au contraire, ils l'avaient passionné parce que *parler* le passionnait, et *discuter;* parce que la poésie le passionnait, aussi, et la littérature, et le langage en général; et tout cela se trouvait, dans ces poèmes malgaches, dans un état très pur : pur de critiques, de théories, de préjugés; il y trouvait comme le laboratoire tant de la discussion, de l'art de persuader, que de l'art d'enchanter et de donner accès à *la vraie vie* par la parole.

A quoi bon, désormais, tenter d'en faire une thèse? Le premier venu sait parler (et faire tant d'autres choses encore...)

17. Cf. le chapitre « D'un essai de redressement », in *D'un langage sacré,* ici même; et notamment ce passage : « Naturellement j'avais pu penser sur le moment que j'étais tombé sur un beau sujet, et qui pourrait me conduire à quelque découverte d'importance. Mais je remarquais à présent que j'étais simplement tombé sur le sujet que m'eût offert, si j'étais resté chez moi, chaque journal et chaque conversation. Et qu'ils offrent à chacun de nous à tout instant. »

sans avoir la moindre idée quant à l'explication de ces phénomènes; et Paulhan parvenait lui aussi à faire quelquefois de fort bons hain-teny, tout en étant incapable d'expliquer comment il fallait s'y prendre pour y réussir. Convaincu de son incapacité de *comprendre* ce qu'il était parfaitement en mesure de faire [18], humilié (fort salutairement d'ailleurs) dans ses « doctorales » ambitions de réduire l'obscurité de tant de merveilles à la clarté des platitudes et du déjà connu — il ne lui restait qu'à concevoir tout autrement son travail d'écrivain : il s'agissait désormais non de tenter *d'expliquer* des problèmes, mais de *faire le récit* de ses démêlés avec eux : un récit qui, renonçant à *poser* la question, chercherait à la *devenir...*

Tout, dans l'essai qui sert d'ouverture aux *Hain-tenys* de 1939, semble fait pour dérouter le lecteur : nous sommes loin ici du flambeau de la science qui, dans celui de 1913, ne cherchait qu'à dissiper les ténèbres et à leur substituer au plus vite ses blafardes clartés. Ici, la difficulté de ces étranges poèmes malgaches est non seulement *dite,* elle est aussi *figurée* par la difficulté de l'écrit qui en traite; et le lecteur, cherchant à comprendre le sens de cet essai, se trouve contraint à refaire, sur le plan de sa lecture, l'expérience que vécut et dont parle l'auteur : « sans en négliger la maladresse, ni les erreurs » (p. 7).

Cette difficulté y est d'ailleurs partout présente, à commencer par le niveau le plus périphérique. Ainsi, par exemple, le titre général de l'essai : « Les hain-tenys, poésie de dispute. » La justification de ce titre se fera attendre : ni l'intro-

---

18. Cf. le dernier paragraphe du chapitre III de *D'un langage sacré*, ici même : « Ainsi prit fin, d'une manière assez piteuse, mon expérience du proverbe (...) et je renonçai à écrire la thèse sur l'influence du proverbe (...). (A cela) il y avait de bonnes raisons (...). Il n'existe rien de plus humiliant que de pouvoir parfaitement faire ce que l'on n'est pas capable de comprendre. » Autant dire que l'homme est l'animal humilié par excellence...

duction, ni le premier chapitre (sur trois) ne l'expliquent. Il faut patienter jusqu'au milieu du deuxième (et le lecteur est par là invité, sinon contraint, à s'initier à la patience qui fut indispensable à l'auteur dans l'aventure qu'il relate) [19]. Ou encore : les titres des sections, tels qu'on les trouve dans la table des matières, ne concordent pas toujours avec ceux qui figurent dans le texte (dans les marges). Un seul exemple : là où la table donne, pour la dernière section du dernier chapitre, « Comment le proverbe est entendu de qui le prononce », nous trouvons (p. 60), dans la marge du texte, « Comment le proverbe est entendu de l'intérieur ». Nous apprenons par là (entre autres choses, sans doute) à rechercher, à détecter un sens vers quoi convergeraient des énoncés divers, qui le viseraient sans pouvoir (ou ne voulant pas) le *dire*. Un dernier exemple, enfin : la brusque solution de continuité entre les chapitres I et II (p. 22-23), II et III (p. 41-42) — comment la comprendre? Nous devrions, il me semble, considérer tel passage de la fin du premier chapitre où, quoiqu'il y soit question de tout autre chose, un conseil, ou « mode d'emploi » général nous est donné : « si la transition demeure obscure », il faut supposer « quelque passage plus abrupt » (p. 22); autrement dit, il faut prendre chaque difficulté comme problème à résoudre (et la discontinuité, par exemple, comme indice de « la nécessité d'interpréter [20] ». Le conseil me semble de poids de la part d'un écrivain dont l'œuvre *présente ce mélange* si caractéristique d'une apparence de légèreté et de l'absence de toute facilité.

19. Les lecteurs de Paulhan connaissent bien sa « découverte », comme quoi la difficulté (celle de comprendre, de parler ou d'écrire; de danser, ou de vivre un amour...) peut être aussi une sorte de grâce : un défaut, mais qui, à force de patience, peut se transformer en qualité exceptionnelle (et cf. mon étude, Jean Paulhan et la " rhétorique " du secret », in *Jean Paulhan le souterrain*, colloque de Cerisy, Paris, 10/18, 1976, p. 66-86).
20. Cf. Tzvetan Todorov, *Symbolisme et Interprétation*, Paris, Seuil, 1978, 170 pages; voir notamment le chapitre intitulé « La décision d'interpréter » (p. 25-36), et plus particulièrement la p. 34.

Mais la difficulté se retrouve à d'autres niveaux, et jusque dans la composition de l'essai, et dans les principales étapes de l'expérience qu'il retrace. Ainsi, l'introduction (p. 7-9) en est, par-dessus tout, un éloge de la difficulté.

S'ouvrant sur une brève définition des hain-teny, qui met en vedette leur caractère « énigmatique », « difficile » et « obscur »; résumant ensuite, en deux lignes, les quatre étapes de l'expérience qu'en eut Jean Paulhan (« Je les ai connus d'abord par les livres, un peu plus tard je les ai entendu réciter; je suis parvenu enfin à les inventer et à les réciter moi-même. »), il passe à l'exposé d'une profession de foi sur les dangers de la compréhension facile et les vertus de la difficulté, de l'obscurité [21]. Le reste du livre s'annonce donc comme un développement raisonné de cet exposé, où les hain-teny ne doivent visiblement jouer que le rôle de prétexte et d'exemple particulier, dont l'examen et les enseignements pourraient et devraient s'étendre à la poésie, à la littérature en général — et à tous les autres « événements » (mot paulhanien s'il en fut!) de la vie de l'esprit.

Le premier chapitre, intitulé « Une poésie obscure », retrace le premier contact, tout livresque, que Paulhan avait pu avoir avec les hain-teny. Présenté par des critiques qui les entendaient mal et qui déclaraient qu'il n'y avait rien à y entendre, qui n'y voyaient que « jeux de mots absurdes et incohérents » (p. 11), ces poèmes, ou des passages en eux (ceux qu'il parvenait à traduire), n'en offraient pas moins, au lecteur passionnément attentif qu'il était, un sens parfois

---

21. C'est que — Jean Paulhan en est convaincu — « les seuls événements que nous avons lâchement cru comprendre du premier coup risquent de nous demeurer à jamais inconnus » (HT 1939, p. 8-9; les versions de 1930 attribuent cette « vérité » à Goethe); tandis que les difficultés, par le temps même et l'effort qu'elles exigent de nous, nous développent, et finissent par nous transformer en l'homme capable de les résoudre... Outre que l'obscurité de tel passage d'un ouvrage est ce qui fait le mieux ressortir le sens du reste (on relira ici avec profit l'exemple « absurde » sur quoi s'achève *D'un langage sacré*).

assez clair : il y découvrait des « exhortations », « maximes », « sentences », « conseils » (p. 12), « confidences », « réflexions », « aveux » (p. 13), « plaintes », « effusions lyriques » (p. 17) ou expressions de désir (p. 21). C'étaient parfois, plutôt, « un petit drame », « une fable » (p. 15), une « querelle » ou un « simple dialogue » (p. 16) — dans lesquels il arrivait qu'on retrouvât les conseils, les confidences (etc.) en question. Mais toujours, dans tous les hain-teny, la partie claire finissait par buter sur quelque phrase « obscure ou saugrenue » : « le poème gnomique s'achevait en fatrasie » (p. 13); « drame, plainte, confidence ou conseils s'égaraient dans une fantaisie obscure » (p. 17). Comment comprendre donc ce traitement particulier auquel étaient soumis tous les sujets pouvant entrer dans un hain-teny : ce « traitement par l'obscurité » (p. 18)?

On se souvient qu'il n'avait point été question, dans *Les hain-teny* de 1913, de la difficulté de compréhension du texte même de ces poèmes, de leur aspect littéraire; là, nous étions plongés d'emblée dans la dimension — et dans la problématique — sociale du phénomène. Mais ici le problème littéraire est posé, et il a même droit à une solution partielle, provisoire, et qui, dans l'ensemble de l'étude (ou faut-il plutôt dire « du récit »?), formera la première étape (étape à dépasser!) de l'initiation. Paulhan se résout à lire les hain-teny de la même manière dont, dit-il, vers la même époque, les lecteurs (mais pas nécessairement les meilleurs) de Stéphane Mallarmé ou de Stefan George lisaient les poèmes de ces écrivains. Suivant ce mode de lecture, les parties obscures sont prises pour des images, ou pour des métaphores chargées de dégager les parties claires de leur sens et de leur réalité première (et un peu grossière...), les plongeant « dans un monde de similitudes et de correspondances » (p. 22), les dissolvant dans un état poétique (p. 21). Des transitions se laissent parfois aisément apercevoir entre parties claires et obscures : ainsi, le « lac, privé des oiseaux accoutumés », représente et poétise-t-il intelligiblement l'oubli. Et lorsque la transition, trop obscure, est difficile à détecter, l'on peut toujours supposer, entre parties obscures et claires, « quelque passage plus abrupt » (p. 22).

Cette première vue de Jean Paulhan sur les hain-teny nous les présente donc comme des poèmes gnomiques, amoureux, et que poétisent leurs parties obscures. Le défaut de cette explication, aux yeux de Paulhan lui-même, était qu'elle n'expliquait pas tout : bien des obscurités demeuraient obscures, et le passage, même abrupt, vers quelque clarté, vers quelque ressemblance avec la réalité connue, ne se laissait pas toujours mettre en évidence. Il y avait en outre des hain-teny « plus longs et faits de tant de morceaux alternativement clairs et obscurs » (p. 22) que le lecteur s'y perdait assez vite.

Il fallait donc faire progresser l'expérience, et retrouver les hain-teny.« hors des livres, dans leur réalité vivante » (p. 22) et sociale. Paulhan se promettait de parvenir alors à « les réduire tous aux mêmes règles » qu'il avait pu dégager *(ibid.)*.

Mais ses progrès devaient le conduire assez vite à une deuxième vue des hain-teny, « exactement opposée », dit-il, à la première.

Opposée, parce que là où, selon la première vue (chapitre I), les parties claires du hain-teny constituaient l'essentiel du message, les parties obscures ne venant que s'y surajouter afin de les poétiser — selon la deuxième (chapitre II), ce sont les parties obscures qui constitueront l'essentiel, les phrases claires ne servant guère qu'à les préparer.

Opposée, mais non moins erronée, non moins « jouée » (p. 60), bref, tout aussi peu satisfaisante que la première. Car cette deuxième vue, à peine un peu plus nuancée, est identique à la solution « définitive » proposée par *Les hain-teny* de 1913 : ici aussi, après avoir découvert l'existence, dans la vie des Merina, des débats poétiques (HT 1939, chapitre II), et le rôle des hain-teny dans ces débats (p. 29-

30), après avoir prouvé, surtout, que les parties obscures de ces poèmes n'étaient que des proverbes (p. 31) — on aboutit à la même conclusion : « la valeur d'un hain-teny dépend de sa teneur en proverbes » (p. 34), chaque proverbe formant en quelque sorte une « unité d'influence » *(ibid.);* ici aussi, l'interprétation proposée est « mathématique » (p. 41), « mécanique » (p. 44). Le sens des hain-teny, qui seul avait intéressé Paulhan dans la première étape de sa recherche (ou de son initiation) (chapitre I), ne l'arrêtera plus guère dans la seconde (chapitre II); il ne veut plus désormais (comme d'ailleurs en 1913) que comprendre les lois de leur autorité (p. 31); et ces lois seraient de nature numérique. De sens, il n'est plus sûr du tout que ces poèmes en aient un de précis (p. 31). Quant aux gens qui participent aux débats poétiques, récitants et assistants ensemble, on ne peut que se les imaginer se livrant à des calculs, « à un dosage savant et froid de phrases faibles et fortes » (p. 41), c'està-dire, respectivement claires et proverbiales, obscures — et cela indépendamment de tout sens qui pourrait s'y rattacher, et de tout rapport avec le réel extra-textuel.

Tout cela est-il bien probable?

A cette question, Paulhan avait, en 1913, tendance à répondre : probable ou non, c'est comme cela que les choses se passent. Et l'on voit bien ce qui, dans cette conception assez invraisemblable, pouvait lui paraître attrayant : elle permettait de juger avec précision de la valeur et de la portée pratique des hain-teny, de prévoir les traits et les qualités du hain-teny qui allait répondre à tel autre qu'on venait d'entendre; bref, il y avait en elle quelque chose de vérifiable, comme dans une loi physique (p. 44). Or quoi de plus tentant, semblait-il nous dire encore en 1913, que de trouver, pour les choses de l'art et de l'esprit, une loi, une règle, une clef — qui soient sûres, fiables? Je crois qu'en 1939 [22] *chercher*

---

22. Aussi bien que dans *Clef de la poésie*, ou dans *Petite Préface à toute critique*, etc.

lui semblait préférable à *trouver* : car dans ces choses-là, le plus sûr moyen de se tromper, c'est de croire avoir trouvé. Et en effet, il s'était trompé : tant en croyant comprendre les hain-teny abstraction faite de leur insertion dans la réalité socioculturelle (chapitre I), qu'en faisant abstraction de leur sens, les ayant réduits à la seule « autorité », et à je ne sais quelle martingale mécanique, qui permettrait de gagner à chaque coup (chapitre II)... Or qui ne sait que, dans la composition des œuvres d'art, aussi bien que dans les disputes (tant réelles que ludiques), ainsi que dans la danse, ou dans la guerre, ou dans l'amour — celui qui gagne (parfois...), ce n'est jamais celui qui a, ou qui croit avoir, trouvé « la bonne recette », mais celui qui *se lance* : aussi courageusement, aussi généreusement, aussi joyeusement que possible... Paulhan, en tout cas, en sera intimement persuadé.

Et il apprendra ainsi (chapitre III) à mieux comprendre les hain-teny, à mesure qu'il tiendra moins aux certitudes que lui fournissait sa martingale. Il finira donc par admettre (p. 45-46) que le sens — ce « trouble-fête » qui vient tout compliquer mais sans lequel rien n'en vaut tout à fait la peine — a lui aussi son mot à dire dans la réussite d'un hain-teny : aussi général, aussi lâche, aussi abstrait soit-il, il faut qu'il puisse trouver à s'appliquer. Il les comprendra aussi de mieux en mieux à mesure qu'il *en fera* lui-même davantage : à force d'inventer et de réciter lui-même des hain-teny, il s'apercevra de par sa propre pratique que, si calculs et dosages jouent, ils valent « tout autant pour la signification que pour le poids et l'influence » (p. 59); mais il s'apercevra surtout qu'ils ne jouent pas, qu'ils ne peuvent pas jouer, et qu'on rate la dispute qu'on a trop bien préparée. Les proverbes, il faut les laisser venir, appelés par le sens, et par la situation. « C'est à un usage plus habile ou plus généreux des proverbes, dans la dispute réelle, que l'un des récitants doit de l'emporter sur son rival — et qu'à l'intérieur de chaque hain-teny, le personnage élu par le récitant doit aussi vaincre l'adversaire qu'il imagine » (p. 57).

Quelque chose d'autre viendra ainsi remplacer les deux premières vues erronées de Paulhan; mais il ne l'appellera ni vue, ni théorie. C'est plutôt un « sentiment », et qu'il est « difficile de préciser » (p. 60). Les proverbes des hain-teny ne lui apparaîtront plus, désormais, comme des procédés, tout extérieurs, de « poétisation »; c'est en eux, bien au contraire, qu'il verra le but-d'emblée du hain-teny, sa charge — inséparablement — et de sens et d'autorité, ce que tout le reste du poème ne fait qu'annoncer et qu'ébaucher, et qui vient à son tour accomplir et révéler tous les autres « événements » du poème (p. 61).

Enfants, nous avons tous eu besoin des autres pour apprendre à parler. Sans le dépaysement qu'ils nous infligeaient, sans l'obligation où ils nous mettaient de trouver toujours, de notre monde au leur, des « passages » — aussi réalisables, en vérité, qu'ils sont difficiles à concevoir — aurions-nous jamais su quitter notre mutisme natif?

Il n'est pas impossible que, pour devenir poètes, écrivains, artistes, certains hommes aient de nouveau besoin, à un âge beaucoup plus avancé, d'un dépaysement analogue. Jean Paulhan me semble avoir trouvé le sien parmi les Malgaches. Le livre intitulé *Les hain-tenys* (de 1939) retrace cette expérience, avec ses étonnements, erreurs et tâtonnements. C'est une véritable initiation qui nous est ici racontée et proposée en même temps. Paulhan l'avait traversée, à Madagascar, entre ses vingt-quatre et vingt-six ans; mais il devait avoir besoin de plus de vingt années encore pour pleinement saisir ce qui lui était arrivé, et pour être en mesure d'en faire la narration adéquate. Le récit de son initiation (initiation à la poésie, à la littérature, à l'art en général), en même temps qu'il est l'aboutissement de celle-ci et la preuve de sa réussite, pourrait et devrait devenir pour le lecteur le point de départ, et le déroulement même, d'une expérience toute semblable.

Car lire, et surtout lire un texte difficile, est une aventure semblable à celle d'écrire, de parler ou d'aimer. Là aussi, il faut passer par des échecs, des erreurs, des tâtonnements — pour n'aboutir enfin qu'à une capacité de se lancer. Voilà ce que je crois comprendre de la conclusion des *Hain-tenys*. Tout au plus, le lecteur, aux prises avec un texte obscur, devra-t-il se rappeler que le langage, semblable non à une vitre mais à une lentille (p. 64), nous montre *à l'envers* les événements de l'esprit : car l'esprit va tout droit à l'essentiel, commence par ses buts (en l'occurrence, les parties obscures des hain-teny, les proverbes), et ne se soucie que plus tard des étapes intermédiaires (soit des passages clairs, ou « faibles », des hain-teny); tandis que le langage doit bien passer par des préparatifs (clairs, « faibles »), pour n'aboutir *qu'en fin de parcours* à ces mêmes « buts-d'emblée » de l'esprit (les parties « fortes », obscures).

Dans le cas de Paulhan, l'initiation a exigé une longue patience et du travail : vingt ans, trente ans peut-être de travail... Mais à moins de cela, nous n'aurions eu qu'une étude, plus ou moins savante, posant des questions, cherchant à y répondre... *Les hain-tenys* de 1939 ne posent plus la question, ils la sont. Leur auteur, Jean Paulhan, l'est devenu sans aucun doute lui aussi. Désormais, le lecteur a quelque chance de devenir lui aussi la question, de faire lui aussi son initiation : il lui suffirait de travailler comme il faut.

VISION ACTUELLE
DES HAIN-TENY

Les hain-teny

Conférence prononcée à Tananarive, en juin 1949, par Flavien Ranaivo.

Dans cette intéressante étude, le conférencier fait fréquemment référence à Jean Paulhan. Il discute son interprétation du mot hain-teny et regrette qu'il n'ait voulu (ou pu) recueillir que des hain-teny populaires. Malgré ses réserves et contestations, Flavien Ranaivo nous donne un charmant témoignage de sa reconnaissance envers Jean Paulhan.
Flavien Ranaivo, auteur, poète, essayiste, est membre de l'Académie des Sciences d'Outre-mer. Considéré par la critique comme un poète malgache très authentique, il se caractérise, selon Léopold Senghor, par une « poésie des temps forts ».

Il y a bien longtemps que l'article ci-dessous a été publié. Dans le respect de l'homme dont nous célébrons aujourd'hui la mémoire, je n'y apporte, après réflexion, aucune modification.
En revanche, en guise de présentation, je me dois de révéler ce que représente pour moi Jean Paulhan. Dans nos relations, il ne s'agissait ni de correspondances ni d'entrevues

littéraires, car je l'avais rencontré en tout et pour tout deux fois, brièvement, dans les années 1950-1951, la différence d'âges ne nous ayant même pas permis d'évoquer des souvenirs communs de l'Ile chère et lointaine. Mais l'influence du maître a été pour moi déterminante dans la littérature.

J'étais, jusque vers l'âge de quatorze ans, l'enfant sauvage intégral, parcourant les collines arides de mon pays d'où émergeaient de rares pieds de sauge parmi les herbes sèches et dures comme des baïonnettes, les *bozaka,* ou fouinant dans les sentes qui se tortillaient sous les arceaux des manguiers aux denses feuillages, en quête d'oiseaux imprudents à portée de sarbacane. Le soir cependant me rendait doux : las des vents et des soleils, j'écoutais avec quelles délices les contes du folklore que récitait ma grand-mère. Et dans mes rêves d'enfant, ces contes s'amplifiaient jusqu'à meubler tout mon cerveau.

Mais brusquement, je devais prendre le chemin du lycée. Dès lors, j'avais complètement perdu et ma nature d'enfant sauvage et ma « culture » originelle.

Et voilà que vers mes vingt et un ans, au hasard de mes lectures, je tombai sur *Les Hain-teny merina* de Jean Paulhan. Ce fut une véritable révélation et j'en étais si bouleversé que sur-le-champ je retrouvais mes sources : il était bien là mon passé d'enfant sauvage et doux, dans toutes ses couleurs à la fois violentes et tendres.

Ainsi je renaissais, mais après avoir pénétré d'autre part les arcanes des lettres occidentales, leurs modes de penser suivant les circonstances et leurs méthodes dont, à la vérité, je me sers rarement et comme simples références.

Ainsi, c'était un homme de lettres français qui m'avait fait découvrir la beauté de la poésie malgache.

Flavien Ranaivo.
Mai 1979.

N. B. Avec l'accord de l'auteur, nous avons supprimé la plus grande partie des exemples poétiques. Indispensables et agréables dans une conférence — orale — ils perdaient de leur valeur à la seule lecture des yeux.

Dans le dictionnaire malgache-français Abinal-Malzac, considéré généralement jusqu'à ce jour comme le meilleur ouvrage de ce genre, le terme *hain-teny* est traduit par le simple mot de proverbe.

Le R. P. Malzac, dans sa remarquable étude sur la chanson populaire malgache, ne voit dans les hain-teny que des jeux de mots absurdes et incohérents. Il est vrai, ajoute de son côté Jean Paulhan, qu'on les appelle encore *ankamantatra*, c'est-à-dire devinettes.

Le Révérend Sibree, lui, considère les hain-teny comme des proverbes érotiques. Il est exact, apprécie Jean Paulhan, qu'on les dénomme encore *ohabolana*, proverbes, ou bien *anatra*, conseils.

Et voici la définition donnée par Jean Paulhan lui-même, l'homme qui a su dégager toute la valeur poétique — parfois philosophique — des hain-teny et qui les a transcrits fidèlement dans la langue de Voltaire pour les révéler au monde littéraire.

Les hain-teny sont des poèmes populaires en usage chez les Malgaches : poèmes énigmatiques, difficiles à plus d'un égard et voisins de ceux que l'histoire nomme poésie obscure, fatrasie ou poèmes de troubadours.

A en juger par les témoignages oraux et surtout par l'importance et la qualité de ses ouvrages, le R. P. Malzac connaissait à fond les mœurs et la langue du pays. Il était, en outre, aidé de nombreux Malgaches intelligents et parlant bien le français. Faut-il croire que l'éminent linguiste n'était pas ouvert à la poésie pour avancer de tels arguments? Certes non, d'autant plus qu'il est des hain-teny, comme il est des poèmes, à la portée de tous quoique les appréciations soient différentes, dépendant du caractère et de l'humeur de chacun. Point n'est besoin, en effet, d'être poète pour reconnaître le thème de la séparation dans le poème en hain-teny ci-après :

> — Dites, ô herbes, ô fougères :
> la Bien-aimée-aux-yeux-de-jais,
> qui baigne son ombre
> dans l'étang bleu des nénuphars,
> a-t-elle passé par ici?
> — Elle a passé hier,
> elle était là avant-hier.
> — Et quel message a-t-elle laissé?
> — Poutres d'or, murs de cuivre.
> Là-bas, sur le bord de la sente-aux-nymphes,
> aux pieds, l'accrocha le chiendent
> non pour la faire trébucher
> mais pour lui faire des confidences...
> Le message?
> « Parfums de nostalgie;
> le souvenir chagrin.
> Je rêvais d'un jeune homme
> venu pour m'admirer
> et non d'un bel hôte
> qui me sourit et passe.
> Évanouies les caresses;
> épuisé tout l'amour :
> y en aura-t-il un peu
> qu'à l'autre elle donnerait.
> Ce bijou mien-ci,
> le veux unique au monde.
> Si dois le partager,
> que gingembre feuillu devienne :
> arôme et remède à la fois.
> Grenouilles des heures sombres?
> ou coucou du printemps?
> Amour de bruine, jeune homme,
> ou traîne du vent?

Car les rosées d'hiver n'appartiennent qu'aux matins.
Et j'aimerais que m'aime
non point un amoureux
mais le mélancolique :
celui triste s'attache,
un vaincu l'amoureux.
Si mieux que moi, changez ;
mais si simple caprice :
rupture voulue.
— Se tortille, se tortille à souhait
ce chemin au flanc de la colline ;
s'il s'égare dans la brume ;
qu'il n'en veuille qu'à lui seul.
Adieu donc, adieu,
et dites-lui que moi-même et l'oubli
sommes déjà bien loin. »

(Flavien Ranaivo)

Il faut donc chercher ailleurs les raisons de ce jugement. Le peu d'intérêt qu'il porta à la poésie pure en est peut-être une.

De cette réflexion cependant, Jean Paulhan retiendra, nous l'avons vu, le caractère énigmatique des hain-teny.

Pour le révérend Sibree, il est manifeste que c'est le réflexe normal de missionnaire qui appelle son attention principalement sur le caractère érotique ou essentiellement païen de ces « proverbes ».

L'on conviendra en effet que certains hain-teny adoptent une allure assez incompatible avec la morale religieuse. D'après Jean Paulhan, tantôt ce sont des désirs clairement exprimés, tantôt des propositions nettes, parfois en des termes qui frisent la crudité, ou en des termes à peine couverts.

Les hain-teny modernes ne font pas exception d'ailleurs, comme on peut le voir chez Rabearivelo.

Mais s'il est des hain-teny qui ne sont pas reconnus éducatifs, ce n'est pas là motif à les qualifier d'immoraux dans l'ensemble. D'ailleurs si Jean Paulhan retient, comme nous l'avons vu, de cette réflexion du révérend Sibree l'appellation de *ohabolana* (proverbes) pour les hain-teny, il précise d'autre part que ceux-ci sont également désignés sous le nom de *anatra*, littéralement leçons, bons conseils.

Nous en venons maintenant à la définition du mot *hain-teny* donnée par Jean Paulhan. Elle met en évidence, comme nous le savons, le caractère énigmatique souligné par le R. P. Malzac. En revêtant le terme *énigme* de son sens le plus large. L'on s'aperçoit que Jean Paulhan fonde en effet tout son remarquable ouvrage sur la signification du mot *hain-teny*. D'après lui :

> le nom de hain-teny peut indifféremment signifier *science du langage, science des mots* et encore *paroles savantes.* Si on le sollicite un peu : paroles sages... Quand le Malgache sait parler, poursuit-il, il n'est rien qu'il ne puisse obtenir. Le hain-teny m'apparaissait ainsi comme le jeu où s'exerce la dispute, où s'impose cette *science des paroles* qui semble être au Malgache la connaissance essentielle. Leur nom me devenait clair. C'était bien *mots savants, science du langage* qui le pouvaient rendre le plus fidèlement. Certains obstacles, qu'il m'arrivait de rencontrer, m'affermissaient dans cette   ... découverte.

Ici, étant donné l'importance de cette conception — c'est toute la théorie Paulhan — nous nous permettons d'ouvrir une parenthèse pour exposer notre point de vue sur le sens du terme *hain-teny.* Dans Abinal-Malzac dont nous avons parlé au début de cet exposé, il figure comme composé de deux mots : *hain* et *teny.* Le même ouvrage distingue trois mots (tous les familiers de la langue malgache le savent). Le premier est une interjection, le second est un substantif qui signifie brûlure, chaleur. Il ne peut donc être question de ceux-là. Le troisième, celui auquel fait allusion Jean Paulhan, signifie su, connu, pu, qu'on peut faire, dont on est capable, qu'on peut gouverner. *C'est un participe.* Donc adopter la définition Jean Paulhan, c'est convenir que dans ce cas possessif *teny* est complément du participe *hay*. Ce qui n'est pas conforme à la logique. Il nous faut par conséquent faire une contre-proposition. L'examen de la nature même des hain-teny nous a permis de constater que ce sont des poèmes authentiques qui n'étaient pas tous à la portée de tout le monde et composés, créés par une catégorie restreinte de personnes que nous dénommerions aujourd'hui « poètes » mais qui, aux yeux des profanes, aux yeux du grand peuple étaient tout simplement des *fantaisistes*, fantaisistes du langage, fantaisistes de la pensée. Il existe en effet un substantif, *haitra*, plus connu par son duplicatif *haitraitra*, traduit précisément par fantaisie caprice, bizarrerie — qui semble répondre exactement au sens que nous aimerions attendre des hain-teny. Pour la composition du terme hain-teny a-t-on employé haitra ou son duplicatif haitraitra? On ne sait, mais dans l'un comme dans l'autre cas la thèse peut être soutenue. Si c'est *haitra* qui a été employé, le mot s'écrirait pour le cas possessif haiteny sans « n » avant le trait d'union; comme pour tous les mots se terminant par *tra* : zaitra, zai-pantsika, etc. Il paraît vraisemblable que Jean Paulhan ait été induit en erreur — et nous tous aussi d'ailleurs pour avoir acquis l'habitude d'écrire hain-teny avec un « n » — par une faute imputable sans doute à un linguiste non poète. Nous avons pu, nous-même, rencontrer quelques vieux Malgaches illettrés renommés pour leur science de joutes oratoires auxquels nous avons demandé de prononcer lentement le nom des poèmes en malgache. Nous n'avons jamais perçu le « n » de Hain-Teny.

Deuxième cas : haitraitra. Si c'est ce mot qui a été employé à l'origine, hain-teny aurait été haitraitran-teny qui a donné, par contraction, hain-teny. Le terme haitraitran-teny est d'ailleurs usité aujourd'hui encore par certains auteurs (exemple : Vaovao frantsay-malagasy du 29 août 1947, p. 584).

Poèmes obscurs, les hain-teny le sont, et pittoresques dans

l'obscurité. Mais généralement ils ne sont pas aussi hermétiques que le prétendent certains. Si Paulhan écrit :

> Les hain-teny de premier abord les plus clairs et ceux que je parvenais à traduire s'ouvraient sur des exhortations à la prudence, à l'économie, à la fidélité :
>
>> Que les montagnes ne nous séparent jamais,
>> Ni les rochers, ni les plateaux!
>> Tiens! Mais quel est ce mince sentier
>> Qui nous sépare?
>> Je pensais voir une anguille; c'est un têtard.
>
> Je rencontrais ailleurs des maximes et des sentences :
>
>> Il est dur d'oublier tout d'un coup,
>> Il est aisé d'oublier peu à peu.
>> Va dire au lac de patienter :
>> Les oiseaux n'y viendront plus boire.
>
> Mais dans chaque hain-teny, la maxime ou le conseil venait soudainement buter sur une phrase aussi saugrenue que ce lac, ces oiseaux, ce têtard.

Mais poète, il remarque que

> l'avantage singulier d'une poésie obscure est qu'elle ne nous laisse parvenir à ce sentiment qu'après une hésitation et de longs tâtonnements. Un état poétique, avant de nous surprendre, se forme sous nos yeux de toutes pièces. Il supporte, il exige d'être considéré. Il exige d'autant plus que la poésie est plus mal connue.

Et Paulhan ne tardera pas à les dénouer :

> Le proverbe de l'anguille et du têtard signifie simplement le chagrin d'une déception; les amants ne redoutaient point pour leur amour les pires épreuves, pourtant c'est un incident qui leur en montre la fragilité, un mot mal entendu, des

goûts qui diffèrent, ce mince sentier entre eux. Le proverbe du lac conseille la patience et la résignation : ce lac demeure immobile et calme (alors que le chasseur à l'affût des oiseaux qui doivent tout à l'heure y venir boire déjà s'agite et ne tient plus en place). Ainsi, dit l'amoureux, je saurai, moi aussi, oublier peu à peu...

Un autre point nous est donc acquis : les hain-teny ne sont pas des devinettes, encore moins des jeux de mots incohérents.

Il n'est pas non plus nécessaire d'être initié aux arcanes de l'hermétisme pour goûter les délices des poèmes réputés fermés, tels cette chanson en hain-teny de Jean-Joseph Rabearivelo :

> Bouvreuil s'étant posé sur les joncs,
> ô la liane!
> Sa queue n'a pas été mouillée,
> ni ses pattes éclaboussées.
> Pont d'argent, pont de corail suis-je,
> ô la liane!
> Nous n'avons pas encore marché ensemble :
> serions-nous déjà fatigués?
> Nous n'avons pas encore mangé ensemble :
> serions-nous déjà rassasiés?
> Vous vous retournez par-devant la corne des moutons,
> ô la liane!
> La tige de la citrouille :
> à peine mesure-t-elle un empan que déjà elle se tord!

...ou ce hain-teny recueilli par Jean Paulhan :

> Seriez-vous le maître de mille esclaves en fuite,
> Votre pagne est une feuille de bananier,
> Votre salaka est d'écorce sèche,
> Vous jugez les disputes des grillons.
> — Je suis un petit qui cherche la vérité.
> Si l'on est près de mentir,
> Je m'écarte : Je suis votre jeune frère.

Bien qu'il ne soit pas aussi catégorique que le révérend Sibree pour affirmer que les hain-teny sont des proverbes, Jean Paulhan est convaincu qu'il n'est pas de hain-teny qui ne s'achève sur plusieurs proverbes. Il va même jusqu'à conclure que la vertu d'un hain-teny dépend uniquement de sa teneur en proverbes.

Pour notre part, il y a là sinon une fâcheuse méprise, du moins une extension démesurée, voire maladroite, du sens attribué au mot proverbe.

Il est vrai que dans tous les pays du monde, certaines gens, les campagnards en particulier, s'attachent à étayer leurs arguments de proverbes. Le Malgache ne fait pas exception. Mais ce n'est pas là raison suffisante pour affirmer que les hain-teny sont des proverbes. On rencontre quelquefois des proverbes dans les hain-teny comme les derniers vers de celui-ci :

Dites-moi, Prince d'argent, Prince de cuivre;
Le-prince-qui-vient-sans-qu'on-l'ait-appelé était-il ici?
Et quelles furent ses paroles?
— Vous êtes à l'étang, dit-il, et vous n'avez pu emplir une cruche.
Vous êtes le canal et vous n'avez pu retenir le torrent.
Ce sont les grenouilles qui croassent
mais les têtards seuls sont les maîtres de l'eau.

(Jean Paulhan)

Mais ces hain-teny à proverbes sont plutôt rares.

Nous avons poussé la curiosité jusqu'à lire intégralement les proverbes recueillis par le révérend Houlder et ceux traduits par le R.P. Nicol, qui constituent dans l'ensemble, à notre avis, la quasi-totalité des proverbes malgaches connus à ce jour : nous n'en avons pas rencontré beaucoup qui se retrouvent dans l'ouvrage de Jean Paulhan, ni dans *Anganon'ny Ntaolo*.

Il est vraisemblable que certaines figures de hain-teny remarquables par leurs couleurs, leurs formes et leurs rythmes, comportant des sentences d'allure proverbiale, soient devenues par la suite populaires et prises, cataloguées plus tard comme proverbes. Ce phénomène n'est pas constaté que dans la Grande Ile. Cette confusion s'est aggravée chez nous par l'existence de proverbes d'aspect poétique, tels :

> L'ancêtre qui ne veille sur vous, sortez-le de son sommeil pour vous aider aux travaux des champs.

> Je me suis retourné pour vous regarder et je suis tombé en trébuchant.

> La nuit compacte s'éclaire, l'étang profond se sonde, le grand fossé se comble, mais le mal accompli est irréparable.

Comme le nombre des proverbes n'est pas illimité, le fait de considérer les hain-teny comme un ensemble de proverbes a conduit certains auteurs à conclure qu'ils sont caractérisés par la rigidité de leur cadre et une mécanique précise, ce qui, naturellement, ne peut admettre une grande variété de sujets. Aussi les thèmes des hain-teny recueillis par Jean Paulhan, gravitant d'ailleurs tous autour de l'amour, sont limités aux seuls événements les plus courants de la vie : le désir, le consentement, le refus, l'hésitation et les rivales, la séparation et l'abandon, les regrets et les reproches, l'orgueil, la raillerie.

Or ne sont pas rares les hain-teny qui n'ont pas trait à l'amour.

On conçoit aisément que la valeur d'un hain-teny composé uniquement de proverbes — ou plus exactement de figures à l'allure proverbiale, c'est-à-dire d'éléments, de vers façonnés à l'avance à l'emporte-pièce — dépendra exclusivement de l'habileté du « constructeur », car il s'agit là de mécanique et non de poésie pure. Certains auteurs néanmoins ont su marier mathématique et poésie avec une dextérité telle que si leurs poèmes paraissent manquer quelque peu d'originalité ils sont d'une facture fort ravissante, autant que populaire, et deviennent captivants comme par enchantement.

Nous-même, nous avons essayé de composer un poème, en partie seulement de cette façon, dans lequel nous avons tenté, sans grand succès du reste, d'allier la naïveté des élégiaques villageois à la science citadine, dans notre « Vulgaire chanson d'amant » :

>Ne m'aimez pas, ma parente,
>comme votre ombre
>car l'ombre au soir s'évanouit
>et je dois vous garder
>jusqu'au chant du coq;
>ni comme le piment
>qui donne chaud au ventre
>car ne pourrais alors
>en prendre à ma faim;
>ni comme l'oreiller
>car on serait ensemble aux heures du sommeil
>mais on ne se verrait guère le jour;
>ni comme le riz
>car sitôt avalé vous n'y penseriez plus;
>ni comme les douces paroles
>car elles s'évaporent;
>ni comme le miel
>bien doux mais trop commun.
>Aimez-moi comme un beau rêve,
>votre vie la nuit,
>mon espoir le jour;
>comme une pièce d'argent,
>sur terre ne m'en sépare,
>et pour le grand voyage :
>fidèle compagne
>comme la calebasse :
>intacte, sert à puiser l'eau
>en morceaux, chevalets pour valiha [*].

L'on constatera d'ailleurs que nous avons dû, dans ce poème, employer, parfois à rebours, certains faux proverbes qui sont en réalité des figures de hain-teny populaires.

Malgré la similitude apparente de la facture, la différence entre proverbe et figure de hain-teny est éclatante. On en fait la constatation dans les deux poèmes suivants que l'on situe facilement de part et d'autre de ce que nous venons de lire. Le premier est hain-teny pur :

>CHANSON DE JEUNE FEMME (extrait)
>Je suis étonnée;
>le grand rocher stérile
>brava la pluie diluvienne
>et c'est dans l'âtre que crépitent
>les mauvais grains de maïs.
>Tel ce fumeur de renom
>qui prisa du tabac
>quand il n'eut plus de chanvre à brûler.
>Pied de chanvre?
>— Germe dans l'Andringitra [1],
>s'effrite dans l'Ankaratra [2],
>n'est plus que cendre chez nous.
>...
>
>(Flavien Ranaivo)

Celui-ci est presque intégralement proverbes authentiques dont l'ensemble seulement revêt l'aspect poétique :

>ÉPITHALAME (début)
>Un petit mot, monsieur;
>un petit conseil, madame.
>Je ne suis pas celui-qui-vient-souvent
>comme une cuillère de faible capacité,
>ni celui-qui-parle-à-longueur-de-journée
>comme un mauvais ruisseau à travers la rocaille,

1. *Andringitra* : colline du nord de l'Imerina.
2. *Ankaratra* : montagne du sud de l'Imerina.

je suis celui-qui-parle-par-amour-pour-son-prochain.
Je ne suis point la-pirogue-effilée-qui-dérive-sur-l'eau-tranquille
ni la citrouille-qui-se-trace-un-dessin-sur-le-ventre,
et si ne suis à même de fabriquer une grande soubique *
je suis toutefois capable d'en faire une petite.
...

(Flavien Ranaivo)

Dans les hain-teny modernes, les faux proverbes servent souvent d'amorce, tout le reste est création.

Dans d'autres, les faux proverbes servent de clé ou de conclusion.

Pour nous, les hain-teny sont donc tout simplement des poèmes dont certains sont devenus populaires. On ne doit en donner une définition plus précise car il est sinon impossible, du moins délicat de définir — même par rapport à ses frontières — tout un état d'âme, toute la poésie d'un pays.

Il est cependant certains caractères propres aux hain-teny qu'il [3] convient de signaler. Le poète Senghor, et, plus près de nous, Marcel Cabon utilisent les expressions : parler en hain-teny, penser en hain-teny.

La première caractéristique est, nous l'avons vu, l'abondance des images, souvent inattendues et colorées à l'extrême.

Les images sont même parfois si abondantes qu'elles paraissent confuses. On y chercherait en vain le fil d'Ariane mais l'ensemble reste en équilibre stable et constitue une arabesque fort agréable.

Parfois, comme dans certains poèmes allemands, la musique des mots forme d'elle-même des images. Il n'est malheureusement pas possible de les traduire en tenant compte de l'onomatopée :

Akory Rabenaitraitra
No nirintona tsy misy ady?

---

3. *Marcel Cabon* (1912-1972), autodidacte mauricien, fit du journalisme de la critique littéraire et publia quelques plaquettes de poèmes.

> Sa taitra ny akanga marevaka
> Ka nandao ny akoho niara-nihafy?
> Mihetaketaka foana ny aketa,
> Mibitabitaka foana ny ambolo...

Les deux derniers vers expriment l'orgueil symbolisé par les sauterelles dont le bruit des ailes, quand elles volent, est évoqué par les premiers mots.

Une deuxième caractéristique des hain-teny — surtout les anciens hain-teny — est l'insistance toute particulière sur un parallélisme dans les symboles et dans les comparaisons, parallélisme qui est plaisant lorsque employé modérément :

> Indigotier qui fleurit pour la deuxième fois;
> Ambrévade qui fleurit pour la troisième :
> ramassez ce que vous avez répandu,
> reprenez ce que vous avez délaissé :
> trois fois vous avez changé,
> et trois fois vous n'avez guère trouvé mieux.
>
> (Rabearivelo)

Répété à satiété, le parallélisme devient insupportable, comme il est des mauvais poèmes dans toutes les langues du monde.

Aujourd'hui encore, il n'est pas rare de voir, dans les cérémonies de demande en mariage, des orateurs, des heures entières, parler tantôt en hain-teny, tantôt en proverbes en employant pour chaque figure un parallélisme qui va jusqu'à 20-30 images, symboles ou comparaisons. Ce sont, en Imerina, les diseurs de Kabary les mieux prisés.

Au point de vue rythme et consonance, des traces profondes ont été laissées par les poèmes anglais. Les hain-teny anciens en sont fortement empreints, et c'est un des traits qui frappa le plus Jean Paulhan :

> Les hain-teny étaient dits sur deux tons et comme prononcés sur deux registres différents. Ils paraissaient contenir des phrases fortes et des phrases faibles. Certains de leurs vers

étaient prononcés de façon négligente et comme détachée. Certains autres — et le plus souvent les derniers de chaque poème — sur un ton appuyé, plus lent, plus grave et comme extérieur. Les assistants, aussi bien, qui accueillaient les premiers négligemment, marquaient en entendant les seconds, par leur sérieux et leur gravité soudaine, une sorte d'attention passionnée, allant parfois jusqu'à se répéter les uns aux autres, quand le récitant s'était arrêté, les vers qui les avaient émus.

Bien que se trouvant encore aujourd'hui à la base des poèmes rimés, ce trait disparaîtra avec le temps dans les poèmes à vers libres et on lira les hain-teny modernes à la manière française, la saveur n'en sera point altérée.

Les hain-teny d'autrefois étaient essentiellement poésie de dispute. Voici ce qu'écrit Jean Paulhan à ce sujet :

> Deux Malgaches, autour desquels les assistants sont assis en cercle, se font face. L'un d'eux prend la parole et prononce quelques vers, dont il marque fortement le rythme. L'autre répond sur le même ton brusque et tranchant, ou bien ironique. Le premier riposte. A mesure que la dispute avance, les répliques deviennent plus longues, plus fortement scandées. Les assistants marquent parfois, d'un commun accord, leur approbation, leurs réserves; ou bien il se forme parmi eux deux partis : chaque récitant a ses partisans, qui l'encouragent de leurs acclamations et de leurs rires. Les combattants crient leurs réponses; et l'un d'eux brusquement trouve sans doute les mots décisifs, car l'autre hésite, ne répond plus rien, s'avoue vaincu.

> Ces disputes donnent, par leur violence, et par l'acharnement des récitants, le sentiment, plutôt que d'un débat poétique, d'une querelle d'intérêt assez âpre où chaque réplique serait un nouvel argument. Il arrive que ce sentiment soit fondé et que le débat poétique ait son utilité précise : l'on reçut un soir, dans une maison d'Ambatomanga où je demeurais, un couvreur de toits. Cet ouvrier venait de terminer un

travail pour lequel il réclamait une demi-piastre au maître de la maison. Les deux hommes ne purent tomber d'accord sur le prix et, le soir, discutent en poèmes. Le couvreur, battu, dut céder. Ainsi dispute un propriétaire avec son voisin sur la limite d'un champ; un malade avec son guérisseur qui l'a mal soigné. Mais il arrive le plus souvent que les duels poétiques se fassent par simple jeu. Les enfants en gardant les troupeaux, les hommes et les femmes au cours de veillées feignent volontairement quelque querelle imaginaire, d'où s'élèvent de longs débats.

Il est dans chaque village des vieillards, passés maîtres en cet art. L'admiration que l'on témoigne au vainqueur, la passion avec laquelle les assistants prennent le parti de l'un ou de l'autre discutant, suffisent à donner au jeu une gravité et parfois un aspect tragique, que n'ont pas toujours les querelles.

Si ces duels poétiques sont tombés aujourd'hui en désuétude, il n'en reste pas moins les vestiges. L'art de marchander, par exemple, en est un. Si le nouveau débarqué est loin d'être rompu à ce genre d'exercice, les vieux malgachisants sont passés maîtres dans l'art.

On raconte que :

> Le voyageur français Demartelle, qui se rendit à Madagascar dans les dernières années du XVIIIe siècle, a laissé dans une lettre le récit de la bataille de Betafo, à laquelle il assista, et qui fut, suivant la chronique malgache, l'une des plus acharnées qu'ait connues l'histoire de l'Imerina. La lutte entre les armées merina et betsileo dura cinq jours, pendant lesquels les soldats combattirent à coups de lance, de flèches et de pierres. Ils se servaient aussi de *discours et d'injures.* Cependant quelques hommes étaient armés de fusils, et Demartelle aperçut même un canon que l'on transportait en hâte d'un côté à l'autre du champ de bataille. Le soir du cinquième jour, les troupes betsileo se replièrent en désordre, et l'on put compter les victimes. Il y avait cinq blessés. L'un d'eux avait reçu à la tête un coup de pierre; il donna pendant quelques jours de vives inquiétudes.

Il est difficile... d'imaginer ce que pouvaient être de telles batailles. Pourtant une coutume singulière... pouvait en donner une idée : ce sont les duels poétiques.

Mais tout évolue.

On ne saura donc faire grief à Jean Paulhan d'avoir défini de cette façon les hain-teny. L'éminent écrivain l'a fait avec toute sa conscience professionnelle, toute la célérité désirable, toute la science et toute la compétence dont eût pu faire montre, en ce temps-là, un homme qui a porté la confiance et l'admiration aux natifs dont il partageait les travaux et les soucis. Sa conception s'explique par le fait que, la grande majorité ne s'intéressant que peu ou prou aux lettres — les « poètes dans l'âme » compris —, ceux-ci n'ont pas songé à coucher sur papier les hain-teny qu'ils ont pu créer, et que Paulhan dut s'en tenir aux textes souvent transmis oralement. Comme le peuple est un gros enfant qui ne retient que ce qu'il comprend, seuls les hain-teny vraiment populaires ont pu être rassemblés.

C'est le progrès réalisé à Madagascar dans le domaine des lettres qui dévoile peu à peu le vrai visage des hain-teny.

Hain-teny

Au début de son article, E. Andriantsilaniarivo semble répondre à Flavien Ranaivo et donne lui aussi sa traduction de « hain-teny ».

Dans cette étude minutieuse des hain-teny et des ohabolana, dans cette sorte de panorama culturel, il réalise un peu ce qu'avait projeté de faire Jean Paulhan dans une de ses thèses complémentaires (Essai de classification des proverbes malgaches). Comme celui-ci, il met en parallèle des proverbes français et malgaches.

E. Andriantsilaniarivo, né en 1912 à Tananarive, fit des études aussi brillantes à Madagascar qu'en France jusqu'à l'agrégation.

Il fut successivement professeur de lettres, puis de civilisation malgache, fonctionnaire parlementaire, premier conseiller à l'ambassade de Madagascar, chef de mission de l'U.N.E.S.C.O. et en même temps journaliste.

C'est par-dessus tout un spécialiste de la langue et de la civilisation malgaches dont il a une profonde connaissance.

Au clair de lune, les soirs de printemps ou d'automne, après dîner, c'est l'assemblée plénière sur la grand-place du village; une assemblée bien compartimentée et aux occupations bien différenciées.

Les hommes, en « conseil municipal », discutent, à grand renfort de discours, des affaires du *fokonolona* [1]. Les femmes, leur dernier-né sur les genoux, parlent chiffons, marché, cuisine ou ménage. Les petits chantent, jouent, dansent. Les jeunes, eux, se sont isolés dans un coin.

Un garçon se lève, désigne sa partenaire et commence :

— Je vous aime.
— Et comment m'aimez-vous?
— Je vous aime comme l'argent.
— C'est donc que vous ne m'aimez pas : affamé, vous m'échangeriez contre des vivres.
— Je vous aime comme la porte.
— C'est donc que vous ne m'aimez pas : est-ce l'aimer que de la malmener sans cesse?

Viennent successivement d'autres termes de comparaison et leur réfutation, jusqu'à ce que l'un des interlocuteurs ait proféré l'ultime argument devant lequel l'adversaire demeure muet.

C'est là un thème d'amour. C'est le plus fréquent, du moins parmi les *hain-teny* qui ont été recueillis. Quoi d'étonnant en effet à ce que, réunis, des adolescents des deux sexes parlent, de façon d'ailleurs tout à fait inoffensive, de leur préoccupation prédominante et commune?

En a-t-on noirci des pages et des pages à ce sujet!

Le *hain-teny* poème d'amour : déclaration, acceptation, refus, dispute, séparation, hésitation, reproches, regrets, abandon... A croire que l'amour est le thème unique et exclusif du *hain-teny*.

Rien n'empêche cependant que le tournoi ait lieu entre deux garçons ou deux jeunes filles, et que soit abordé n'importe quel sujet : argent, affaires, qualités, défauts, pluie ou beau temps, travail...

---

1. *Fokonolona* : commune (approximativement).

Qu'est-ce donc que le *hain-teny?*

Jean Paulhan, qui a le plus fait pour répandre la connaissance de ce genre poétique malgache, traduit le mot par « science des paroles », adoptant ainsi l'étymologie traditionnelle le donnant comme composé de *hay* (su, connu) et de *teny* (parole). En quoi il se trouve en excellente compagnie puisque le vénérable Firaketana, ce merveilleux « Trésor de la langue et de la culture malgaches », en cours de publication depuis 1937, propose la même filiation.

Or *hay* n'est pas un nom qui signifierait « science, connaissance », mais bien un adjectif verbal, un participe de forme passive (su, connu) qui ne saurait en aucun cas avoir un complément d'objet direct. Tout au plus pourrait-il être suivi d'un complément d'agent : *Tsy hain-teny lazaina,* inexprimable en paroles.

Il faut donc trouver autre chose.

Flavien Ranaivo avance *haitra* (fantaisie) + *teny,* ce qui donnerait comme sens « fantaisie du langage » et comme orthographe *hai-teny,* sans *n.* Mais outre que *haitra* ne se trouve que sous la forme de son duplicatif *haitraitra* (caprice, bizarrerie), le hain-teny n'est pas un simple amusement, une fantaisie gratuite. C'est pourquoi nous préférons le faire venir de *haika* (provocation, défi) + *teny,* ce qui nous conduira tout naturellement au sens autrement plus satisfaisant — et plus conforme à ses origines — de « défi verbal, joute oratoire ». Le mode de composition serait comparable à *pai-tanana,* coup frappé à la main *(paika + tanana)* ou *po-tandroka,* choc de cornes, argument péremptoire *(poka + tandroka).* Quant à l'orthographe (sans *n* dans l'un et l'autre cas), il serait aussi illusoire — et d'ailleurs inutile — de vouloir imposer *hai-teny* que de prétendre, en français, alléger *poids* de son *d* pédantesque et abusif. Aussi bien cette tendance, en malgache, à insérer à toute occasion une nasale dans les mots composés est de plus en plus fréquente à mesure que se perd la conscience distinctive des éléments composants, comme cela se passe surtout pour les noms propres :

Razana*m*parany (zanaka + farany) est une triste aberration.

« Joute oratoire » est donc la traduction la plus acceptable de *hain-teny*.

Au surplus, tout en partant de la fausse interprétation initiale, toutes les études sur le *hain-teny* en arrivent finalement, par une sorte de redressement inconscient, à parler de tournois, de duels poétiques.

Joute, tournoi, duel : autant d'expressions bien belliqueuses pour une inoffensive démonstration verbale.

Y a-t-il là de quoi nous dérouter vraiment?

Pensons au *concerto* musical où le soliste virtuose dialogue, rivalise (*certamen* en latin signifie « combat ») avec l'orchestre avant de terminer sur l'accord final (sens actuel du mot).

Et le mot « concours » ne désignait-il pas à l'origine une dure compétition physique avant de s'appliquer à des manifestations aussi poétiques que les jeux floraux?

Peut-être mes anciens élèves de latin ou de grec se rappellent-ils mes rapprochements enthousiastes mais hasardeux des *hain-teny* avec les « chants amébées » de la IIIe Églogue des Bucoliques de Virgile ou des Idylles de Théocrite.

Ici comme là, il s'agit de couplets alternatifs où les deux adversaires se réfutent les arguments avant de tomber d'accord s'ils arrivent à se convaincre mutuellement, ou de se séparer définitivement si leur contradiction est insoluble.

Revenons à nos jeunes improvisateurs du soir.

A quel jeu se livrent-ils? quelle est la portée de ce défi *(haika)* qu'ils se lancent?

Il s'agit pour eux d'une sorte d'exercice quasi scolaire, une espèce de préparation à l'art suprême qu'est le *kabary*, le discours.

Le *kabary* représente la somme de toute la culture traditionnelle malgache. Naguère encore il accompagnait obligatoirement tout événement, tout acte de quelque importance de la vie sociale malgache : naissance, circoncision, première coupe de cheveux, fiançailles, mariage, enterrement, retournement des morts..., et le succès de la cérémonie se mesurait autant à la pompe de l'appareil extérieur (banquet, ornements, costumes, etc.) qu'à l'éloquence de l'orateur ou des orateurs successifs.

La vie sociale malgache est ainsi faite que tout individu aura, un jour ou l'autre, à prononcer un *kabary*.

Il fut un temps où le lycéen français couronnait ses « Humanités » classiques par une année de « Rhétorique » avant d'aborder la « Philosophie ». Il était censé y apprendre à assembler en un tout harmonieux toutes les connaissances éparses et disparates qu'il avait acquises dans les classes précédentes.

Sans pousser la comparaison plus avant, disons qu'il est un âge où le jeune Malgache devra passer de l'accumulation sporadique et désordonnée des éléments à leur mise en œuvre méthodique, de la théorie à la pratique.

Ces éléments qu'il s'agit de coordonner, il les a enregistrés dès sa plus tendre enfance, au gré des complaintes traditionnelles qui ont bercé ses jeunes oreilles d'une certaine musique, d'un certain rythme.

Comptines, saynettes, rondes, chansons et autres divertissements puérils, sans doute sera-t-on tenté de classer tout cela sous la rubrique « amusements sans portée, enfantillages ». Voire : ils n'en renferment pas moins de précieuses données qui, soyons-en persuadés, resserviront par la suite.

A preuve : cette énumération des parties du corps du bœuf :

> Ses cornes sont belles et élancées;
> Son front s'incline en pente douce;
> Ses yeux : deux lacs à l'ombre des arbres...

et la description se poursuit sur trente à quarante vers auxquels chacun est libre d'en ajouter d'autres de son cru : admirable exercice d'observation et de comparaison, excellent entraînement au rythme de la pensée et de l'élocution.

Certaine « litanie matrimoniale » est même déjà une suite de proverbes :

> Qui épouse un(e) grand(e)
> N'a plus à emprunter une échelle;
> Qui épouse un(e) petit(e)
> Se meuble d'un demi-tambour...

thème susceptible d'autant de variations que de qualités ou défauts que l'on peut déceler à cet âge.

Laissons de côté les contes *(angano)* et leur contenu. Compte tenu de leur auditoire plus prompt à s'émerveiller qu'à philosopher, la forme de ces *angano* a finalement plus d'importance que leur fond.

> Or ce que nous y retrouvons, ce sont justement, nous dit Charles Renel, les procédés caractéristiques de la transmission orale dans les milieux tout à fait illettrés. Ce sont les formules et clichés, les développements emphatiques, l'énumération et la séquence, les jeux de mots, les proverbes, et les phrases rythmées ou chantées, contenant des onomatopées et des assonances.

(Soit dit en passant, ne croirait-on pas avoir affaire à une analyse des artifices de composition de *L'Iliade* ou de *L'Odyssée?*)

Qu'en retiendra l'enfant?

Pour bien des écoliers français, « cherra » est le nom d'une certaine « bobinette » que le Petit Chaperon rouge doit tirer en même temps qu'une énigmatique « chevillette », deux mystérieux ustensiles dont ils ignorent et l'existence et l'usage. (Après tout, Villon a bien pris Alcibiade pour une « dame du temps jadis ».)

L'enfant malgache n'est pas mieux loti, et beaucoup d'expressions lui échapperont. Raconter n'est pas faire une explication de texte.

Mais outre le plaisir qu'il éprouve au récit des prouesses de ses héros, son oreille se familiarise à certaines inflexions, à certains rythmes, à certaines associations et sans besoin de les décortiquer, les enregistre, les digère, les assimile. Il les répétera dans ses jeux. Les plus grands les reprendront à leur manière, à l'usage des plus petits.

Ainsi ce conte d'apparence si puérile contribuera-t-il, concurremment avec d'autres facteurs, à la formation du futur orateur, but final de cette éducation purement empirique.

Passif jusque-là, l'enfant prend plaisir à entendre ses parents ou ses aînés mais n'intervient pas.

Avec les *ankamantatra* ou *fampanononana*, qui feront appel à son raisonnement, il participera désormais activement à son propre apprentissage. Ces devinettes ou énigmes exigent en effet une sagacité attentive, un sens aigu des détails, une observation appliquée.

Qu'est-ce que c'est?... A ce signal, les oreilles se dressent, le cerveau s'apprête à fonctionner.

Sujets d'examen : l'homme d'abord, ses qualités et ses défauts, son corps, son destin, etc. :

Sombre, on croyait qu'il ne s'éclaircirait jamais; une fois clair, plus rien à faire pour l'éclaircir. = Le crâne chauve.

Blanche découpe, Rose jette dans le fossé. = La dent et la langue.

Coupez-le : il ne se dessèche pas. = Le cheveu.

A la marmite, il ne cuit pas; au feu, il flambe. = Le cheveu.

Tournez-vous : vous ne l'atteindrez pas; portez-y la main : rien de plus aisé. = L'oreille.

Vous ne la lancez ni ne la projetez; elle va pourtant très loin. = La pensée.

Tas de plumes enfante caillou blanc; caillou blanc enfante tas de plumes. = La poule et l'œuf.

Coupez-la, elle se met à danser. = La queue du lézard.

Sur le dos, genoux en dessous; sur le ventre genoux au-dessus. = La sauterelle.

Touffe d'herbe animée. = Le hérisson.

Donnez-lui un coup de hache : la plaie est invisible. = L'ombre ou l'eau.

La saisir, impossible; la voir, rien de plus facile. = L'ombre.

Dans l'eau, elle ne se mouille pas; sur la terre ferme, elle ne se flétrit pas. = L'ombre.

Édentée dans sa jeunesse; ronde dans sa vieillesse. = La lune.

Impossible de le soulever, mais il est aisé de le déplacer. = Le sentier.

Si grand seigneur que vous soyez, vous n'en happerez pas une poignée. = L'air, le vent.

Nombre de ces énigmes et devinettes reposent sur des jeux de mots : les enfants en sont friands... (mais la traduction ne les rendrait pas).

Bien entendu, ils s'amuseront à en créer de nouvelles entre eux : excellent pour l'observation visuelle et surtout pour le sens auditif du rythme; une devinette non cadencée n'est pas valable.

Première initiation pratique à la rhétorique donc.

Retournons maintenant une de ces énigmes :

Telle l'ombre : l'eau ne la mouille pas; la terre ferme ne la flétrit pas.

C'est un des nombreux proverbes qui symbolisent la constance, la stabilité.

En se distrayant, l'enfant aura ainsi fait connaissance avec l'*ohabolana*, l'élément le plus important du *kabary*.
....
A l'échelon au-dessus se trouve l'*ankifidy*, le jeu des préférences.

Qu'aimes-tu mieux ? — L'alternative est posée sous la forme d'une double énigme. Peu importe le choix ; l'essentiel est de préalablement en reconnaître les termes.

Deux grands yeux dans les hautes herbes ou deux petits yeux dans la pierraille ?

La réponse, avec explicitation des éléments du choix, donnera un proverbe :

Mieux vaut avoir deux grands yeux au milieu des hautes herbes, tel le bœuf, que deux petits yeux parmi la pierraille, tel le *kary* (chat sauvage, attribut du sorcier).

L'*ankifidy* aura donc, lui aussi, débouché sur une catégorie d'*ohabolana* fertile en antithèses pittoresques et saisissantes : les proverbes à option.

Mieux vaut se cacher et rester luisant comme le mollet, que de s'exhiber terne comme (le devant de) la jambe.

Mieux vaut avancer lentement et parvenir à la vieillesse que de se précipiter et rester chétif (= chi va piano va sano).

« Proverbes » : que voilà un mot qui revient bien souvent sur nos lèvres, un genre auquel semblent préparer pas mal de jeux d'enfants. Nous en avons déjà rencontré un certain nombre de spécimens.
Les *ohabolana* (= comparaisons verbales) constituent à la fois les principaux ornements et les arguments décisifs d'un *kabary* (discours) digne de ce nom... et n'oublions pas

que le but final de tout ce long et progressif apprentissage est la maîtrise de la parole.

Constatons dès l'abord une coïncidence significative : certains proverbes authentiquement malgaches se retrouvent tels quels, ou en plus ou moins imagés, chez d'autres peuples. C'est la preuve que la sagesse n'est l'apanage exclusif d'aucune société.

Telle vie, telle mort.

Un seul arbre ne fait pas la forêt.

Les mottes de terre retournées sont les témoins du travailleur (= A l'œuvre on connaît l'artisan).

Rien de difficile dont ne vienne à bout la vaillance (= A cœur vaillant rien d'impossible).

Les caprices sont le propre de l'homme, la décision appartient à Dieu (= l'Homme propose, Dieu dispose).

Fruits de l'observation et de l'expérience quotidienne, les *ohabolana* étendent leur domaine à tout ce qui peut se concevoir ou se percevoir, s'imaginer ou se réaliser.

L'existence

La vie est une bêche unique : si elle se brise, plus moyen de la remplacer.

Ce n'est pas son détenteur qui s'ôte la vie (c'est le Créateur qui la lui enlève).

Les larmes ne retiennent pas la vie.

Le Créateur

Dieu regarde d'en haut : il voit ce qui est caché.

Dieu n'appartient pas à un seul.

Ne pensez pas à la solitude de la vallée, mais à Dieu qui est au-dessus de votre tête.

Nier l'existence de Dieu et sauter les yeux fermés.

L'humanité
Les hommes sont facilement bons et aussi facilement méchants.

Les hommes ne sont ni secs ni mouillés.

Tous les hommes ne sont pas faits sur le même modèle.

Qualités et défauts, vertus et vices, l'orateur n'aura pas de peine à y puiser de quoi agrémenter son discours de teintes pittoresques et spirituelles.
Il en est d'admirables, d'une moralité exemplaire :

Ne repoussez pas du pied la pirogue qui vous a servi à traverser (reconnaissance).

Le mensonge est comme le cache-sexe : il n'enchaîne que son propre propriétaire.

La justice est comme le feu : à tenter de le dissimuler, on s'y brûle.

Et voici, plus blasé
La justice est comme le rêve : on ne le trouve qu'en dormant.

La justice est comme un arbre droit : on ne le trouve pas sans aller en forêt.

Gouverner les hommes, c'est tenir de la boue dans les mains : si vous la pressez trop fort, elle vous file entre les doigts; si vous la portez trop lâchement, elle coule; il faut la maintenir avec ménagement.

Mais d'autres sont méchants, cyniques même, à l'instar de la vie, elle-même souvent sans pitié. Ainsi des proverbes sur les lépreux, et de tous ceux, en général, qui portent sur des tares physiques :

Lépreux traversant à la nage : il ne se noie qu'à l'arrivée (n'ayant pas de doigts pour s'agripper à la rive).

Lépreux tentant d'attraper une anguille : ils sont lisses et sans prise des deux côtés.

Aveugle au pied d'un flambeau : ténèbres et lumière juxtaposées.

Gringalet capturant un brigand : « Tenez-le, je l'ai attrapé; au secours il m'emporte. »

Chauve se débarbouillant la figure : le crâne y passe aussi.

Car il ne s'agit pas de moraliser mais de représenter impartialement une réalité essentiellement changeante, parfois décevante et qui

n'éprouve aucune pudeur à constamment se contredire, tel le soleil d'hiver.

Rythme, cadence, mesure spécifique, n'est-ce pas là une caractéristique du proverbe, dans toutes les langues?
Voici en français
— un octosyllabe : Ventre affamé n'a pas d'oreille;
— un alexandrin : On a souvent besoin d'un plus petit que soi;
— deux parties rimées : Qui vivra verra. — Tout ce qui rentre fait ventre. — Qui va à la chasse perd sa place; sans parler des assonances, des allitérations, des jeux de mots et autres procédés équivoques, certes, mais d'une efficacité mnémotechnique éprouvée.
Les *ohabolana* usent des mêmes moyens : symétries

binaires, triptyques suggestifs, tournures insolites ou prestigieuses, approximations douteuses.

Afin de départager nos deux groupes antagonistes, reprenons dans son entier le *hain-teny* par lequel nous avons commencé :

Je vous aime!
— Et comment m'aimez-vous?
— Je vous aime comme l'argent.
— C'est donc que vous ne m'aimez pas : affamé, vous m'échangeriez contre des vivres.
— Je vous aime comme la porte.
— C'est donc que vous ne m'aimez pas : est-ce l'aimer que de la malmener sans cesse?
— Je vous aime comme le lambamena (linceul) de soie (imputrescible).
— C'est donc que vous ne m'aimez pas : avec le lambamena *, on ne se rencontre que morte.
— Je vous aime comme la citrouille : fraîche, je vous mange; sèche, je fais de vous une tasse; brisée, je fais de vous un chevalet de valiha, j'en jouerai au bord des routes : tous ceux qui passeront l'entendront!

C'est là un dialogue dont chaque verset, chaque couple question-réponse est la version modulée d'un *ohabolana :*

N'aimez pas comme on aime l'argent : affamé, on l'échange contre des vivres.

N'aimez pas comme on aime la porte : on l'aime mais on la malmène.

C'est également le cas du *lambamena*, qui ne sera utilisé qu'après la mort, et — dans une version plus exhaustive du poème — celui du *paraky* (tabac en poudre), que l'on crache après l'avoir fait fondre sous la lèvre, ainsi que de la rabane où l'on ne peut se draper : elle glisse.

A lui seul, le dernier couplet (l'*ohabolana* de la citrouille) forme un *hain-teny* complet : c'est l'argument décisif qui comporte l'adhésion de l'interlocutrice :

> Oui, je reconnais que vous m'aimez vraiment.

Il existe des *hain-teny* qui ne sont qu'une succession d'*ohabolana* sans aucune modification, sans aucun arrangement : leur seule juxtaposition suffit au développement cohérent de la pensée.

C'est sans doute ce qui a conduit le P. Malzac à traduire *hain-teny* par « proverbe ».

C'est certainement ce qui a déterminé le révérend à donner séparément dans ses *Anganon'ny Ntaolo* (Contes des Aïeux) des *hain-teny* proprement dits (140 textes) et des *hain-teny Semary ohabolana* (*hain-teny* en forme d'*ohabolana* : 333 exemples). Seule la longueur des pièces semble justifier cette différence de traitement; et encore certains morceaux de la deuxième catégorie seraient-ils mieux à leur place dans la première.

A côté de ces poèmes à base exclusive de proverbes, il est des *hain-teny* où l'*ohabolana* n'est plus qu'une illustration du raisonnement ou une conclusion :

> Cette route là-bas, cette route
> tourne par-ci, tourne par-là
> et s'arrête devant la porte de Rasoa-la-patiente.
> « Pourquoi donc, Rasoa-la-patiente,
> souffrez-vous le mal que l'on vous fait?
> — Je ne souffre pas le mal que l'on me fait.
> Mais j'attends le bien qui doit encore venir. »

(Seuls les deux derniers vers forment un proverbe.)

Poèmes d'amour, poésie érotique : ainsi a-t-on l'habitude de définir le *hain-teny*, genre honni, pour cause d'immoralité, de certains missionnaires, dont le révérend Sibree, par exemple.

De fait, il n'est que de parcourir les deux éditions qu'en a données Jean Paulhan (1913 et 1939) pour en être persuadé.

L'amour à toutes ses étapes et sous toutes ses manifestations :

Déclaration

Puis-je entrer, Rasoa-la-délicate?
— Entrez donc, Gracieux jeune homme,
pour vous, je déroulerai une natte propre.
— Une natte propre n'est pas le siège que je désire,
c'est sur un coin de votre lamba que je veux m'asseoir.

Consentement

Si je dois être à vous,
je suis l'œuf d'alouette au bord du chemin.
Si je dois être à un autre,
je suis l'oisillon tapi dans une île lointaine.

Refus

Aux champs, la caille;
au village, la perdrix.
Ne viens pas larmoyer autour de la maison :
je te jetterais un os qui te frapperait de stupeur :
tu en serais surpris et ébahi.

Hésitation

Vers le nord, par là-bas,
se trouvent deux étangs pareils.
Si je jette un caillou à celui du sud,
celui du nord est vexé;
si je jette un caillou à celui du nord,
celui du sud est vexé.
Mais vous, douce jeune fille,
ne soyez pas embarrassée sans raison.

Séparation

Fermez la porte, jeune femme :
j'irai dormir chez moi.

> Si les jeunes gens ne s'entendent pas,
> qu'ils se respectent comme frère et sœur;
> si le frère et la sœur ne s'aiment pas,
> mieux vaut qu'ils meurent et rejoignent les aïeux.

Regrets, reproches

Combien as-tu parcouru de champs
pour rentrer si tard la nuit?
N'aurais-tu pas été séduit par la pintade aux beaux coloris,
et en aurais oublié le poulet qui attend au foyer?

J'en passe : le thème est fertile en sujets d'inspiration ou de développement. Mais d'autres sources peuvent également alimenter des idées. Ainsi cette discrétion d'une mère endeuillée :

> Qui marche devant vous?
> — Je ne sais : je n'ai pu le rattraper.
> — Qui marche derrière vous?
> — Je ne sais : il n'a pu m'atteindre.
> — Pourquoi restez-vous plantée debout?
> — Plantée ne suis : je viens de me lever.
> — Pourquoi soupirez-vous?
> — Je ne soupire pas, je bâille.
> — Pourquoi cet air égaré?
> — Point ne m'égare : je réfléchis.
> — Mais vous semblez pleurer?
> — Ce ne sont point larmes, mais poussière dans l'œil.
> — Les raisons de votre affliction?
> — Affligée? non; je suis enchifrenée [2].
>
> — D'où vient votre visage fermé?
> — C'est à mon corps défendant :
> j'ai perdu mon enfant.
> (Elle éclate en sanglots
> et fait de la peine aux gens.)

---

2. Ce poème avait déjà été envoyé pour Jean Paulhan à sa tante le 15 avril 1909. Voir p. 67.

Si donc vous avez un deuil,
ne vous en cachez pas.

La Mort
Vous, bleus troncs-canons [3],
vous, roseaux-aux-feuilles-ondulées [4],
profitez tant que vous êtes en vie,
car une fois morts
et casés dans le rocher-au-goulot-étroit [5],
ce ne sera pas un aller-et-retour,
ce sera un départ définitif;
vous ne serez pas en transit, mais à demeure.
Le rocher plat vous surplombera;
la latérite vous recouvrira la poitrine;
couchés côte à côte à même le sol,
séparés les uns des autres par vos linceuls
vous ne pourrez replier les jambes,
vous ne pourrez plus vous relever.

Hérédité
Le village aime mentir,
le hameau aime tromper;
les parents sont de mauvaise foi,
les consanguins sont des escrocs;
et les enfants sont des rapporteurs :
comment réussir à y être un homme de bien?

Conseil
Les arbres d'Andrarankasina :
penchés, ne les retenez pas;
pourris, n'y touchez pas;
tordus, ne les étayez pas.
Ne flattez pas trop les méchants,
mes amis,
de peur que les bons ne vous ignorent.

3. Les gros.
4. Les maigres.
5. La tombe.

Signalons, pour ne rien oublier, les calembours, les jeux de mots, les à-peu-près phonétiques : tous procédés dont la traduction ferait disparaître toute la saveur et l'ironie. Parodies et pastiches n'en contribuent pas moins à fixer l'original dans les mémoires.

. . . .

Amusement de jeunesse, apprentissage de l'art oratoire, ne limitons cependant pas le rôle du *hain-teny* à cet aspect frivole et passager.

Les adultes eux aussi y recourent volontiers, et Jean Paulhan n'hésite pas à parler de duels poétiques, de disputes d'affaires.

La diffusion de l'écriture aidant, des poètes se sont réveillés, qui ont repris le flambeau : le *hain-teny* n'est pas près de périr.

Il subsiste parce que sa facture est particulièrement adaptée au goût de l'auditeur puis du lecteur malgache.

> L'on peut imaginer, nous dit J. Paulhan, une langue dont les deux ou trois cents phrases rythmées, les quatre ou cinq cents vers types seraient fixés pour toujours, transmis sans modification par la tradition orale : l'invention poétique consisterait dès lors, prenant ces vers pour modèles, à créer à leur image d'autres vers de forme pareille, ayant même rythme, même structure, et dans la mesure du possible, même sens. L'on aurait ainsi une idée très approchée de ce qu'est la poésie malgache : ses vers sont les « mots-exemples », les proverbes ses poésies, imaginées à l'imitation des « mots-exemples », les reproduisant à des centaines d'exemplaires nouveaux, les développant ou les abrégeant, sont les *hain-teny*.

Et plus loin :

> Dans les discussions, le proverbe, à peine dit, est reconnu, acclamé par les assistants — comme, par des sportsmen européens, un beau coup dans un match de tennis. Comme le coup a la même valeur, quel que soit le joueur qui l'a donné, le proverbe a la même autorité, qu'il vienne de l'homme ou de la

femme : l'un ou l'autre triomphe, non pas tant parce que les proverbes se rattachent à sa cause et montrent, sur un point précis, son bon droit, que parce qu'il a su les citer, et que ce sont des proverbes, et que les avoir dits prouve sa science des paroles.

Science des paroles : voilà revenue l'expression que nous avons réfutée comme traduction du mot en commençant; elle est ici la bienvenue, convenant parfaitement à son objet.

D'où vient dès lors que le même Jean Paulhan qualifie les *hain-teny* de poèmes obscurs, lui qui les a si bien compris et interprétés?

On a souvent reproché un manque de logique dans l'argumentation du *hain-teny* (comme du *kabary*). En fait, qui prendrait la peine d'en dresser un plan minutieux, paragraphe par paragraphe, y constaterait un agencement des idées capable de satisfaire la rhétorique la plus rigoureuse.

C'est à l'intérieur du paragraphe que la suite des idées devient difficile à saisir pour un lecteur et surtout un auditeur non rompu à la souplesse de l'espace oriental : celui-ci, docile à suivre le même objet, la même pensée à travers les mille formes que lui donne la fantaisie de l'orateur, comprend sans fatigue ce qui semble une énigme indéchiffrable au raisonnement cartésien.

Le jeu des *ohabolana*, sans parler des autres tropes communs à toutes les rhétoriques, constitue en somme une sorte de calcul mental permanent : il faut donner un sens, une signification résumée en un mot, à chacun de ces éléments, à chacune de ces figures à mesure qu'elles se présentent; tous ces résultats partiels mis bout à bout donnent la solution du problème, à savoir la construction logique du raisonnement.

Ce genre de gymnastique intellectuelle est une vieille connaissance, même en Occident. Que l'on songe aux Grands Rhétoriqueurs du Moyen Age finissant : ceux-ci la mettaient par écrit, les Orientaux la font oralement : voilà toute la différence.

Un souvenir personnel pour finir :
Dans un exercice de dissertation française pour la licence, je m'étais permis de ponctuer un raisonnement par un proverbe (français). Le correcteur l'a rageusement rayé, écrivant en marge : « mauvais goût »!
Vérité en deçà de la Méditerranée, ...!
Nous ne ferons cependant à personne l'injure d'insinuer que la séquence suivante soit pour lui totalement hermétique :

> A cœur vaillant rien d'impossible;
> (mais) rien ne sert de courir, il faut partir à point,
> (car) pierre qui roule n'amasse pas mousse
> (et) qui veut voyager loin ménage sa monture.
> (Courage!) bon chien chasse de race...

Et bonne chance à ceux qui, comme Jean Paulhan, se mettront « à inventer et réciter [eux-mêmes] des *hain-teny* ».

E. Andriantsilaniarivo, 1980.

Sources

Rév. L Dahle, *Anganon'ny ntaolo.*
Impr. F.F.M.A. Antananarivo 1908.
Textes malgaches, p. 331-374 et 378-395.

Firaketana ny fiteny sy ny zavatra malagasy
Fascicule 164 (nov. 1952), p. 77-80.
Fascicule 165 (déc. 1952), p. 81-85.
Article : Hainteny. Textes malgaches. Imprimerie tananarivienne.

Bakoly Domenichini-Ramiaramanana
Hainteny d'autrefois. Haintenin'ny fahiny.
Poèmes traditionnels malgaches recueillis au début du règne de Ravanalona I
LXIV; 326 pages. Textes malgaches et traduction française.
Librairie mixte. Tananarive 1968.

Haïntény merina et pantun malais

Jacques Faublée démontre dans ce texte la généralité du phénomène « hain-teny », d'abord dans l'île de Madagascar, puis dans le monde austronésien. Il propose, lui aussi, son analyse du vocable « hain-teny ».
Jacques Faublée, né en 1912, s'est intéressé très jeune au monde austronésien. Diplômé de malgache et de malais, docteur ès lettres, professeur de malgache à l'École des Langues orientales, il a poursuivi des recherches ethnographiques et ethnologiques.
Outre de nombreux articles, il a publié une Ethnographie de Madagascar, *des* Récits bara, La Cohésion des sociétés bara *et* Les Esprits de la vie à Madagascar.

Dans l'abondante littérature orale et traditionnelle des Mérina du Centre de Madagascar des poésies nommées haïntény étaient employées comme arguments dans des joutes oratoires où s'opposaient deux récitants. Jean Paulhan les a révélées en 1910 aux malgachisants de Tananarive, puis, de 1911 à 1913, aux orientalistes d'Europe, et enfin, en 1939, à un public non spécialisé.

Des haïntény ont bien été notés avant les conférences et les publications de Jean Paulhan. Avant 1861 un Malgache instruit par les premiers missionnaires protestants a mis par écrit deux cent trois haïntény partagés en douze ensembles. Ceci prouve que cet homme, malgré son rang, tenait à noter, comme choses d'importance, des poésies transmises par la tradition orale. En 1877, le missionnaire norvégien Dahle a recueilli des haïntény dans ses « Specimens of Malagasy Folk-lore ». Sauf le titre et l'introduction en anglais, ce volume ne donne que le texte malgache, difficile à comprendre et à traduire. Les études de James Sibree, basées sur le texte de Dahle, publiées en anglais à Tananarive et en Grande-Bretagne, n'ont guère attiré l'attention.

Après 1861 la bonne société mérina adopte un cachet puritain. Dans ce milieu le caractère érotique de nombreux haïntény amène leur mise à l'écart. L'édition réalisée par Dahle (qui a peut-être copié des cahiers plus anciens) provoque un scandale : un missionnaire luthérien imprimant des textes licencieux! Cette attitude n'empêche pas Rainandriamampandry, un ministre du gouvernement malgache, de publier à son tour des haïntény, en 1896. L'absence de réactions n'est pas significative, car sa mort violente interdit tout commentaire sur son œuvre folklorique.

Quand Jean Paulhan s'installe à Tananarive, en janvier 1908, les dialogues en haïntény se trouvent seulement parmi le peuple ou les basses classes. Les lettrés comme les membres de l'Académie malgache les ignorent. Le 24 février 1910, un membre sociétaire présente à cet institut une communication de Jean Paulhan sur les haïntény. C'est ainsi que cette élite de malgachisants les découvre. En raison de l'importance de l'exposé, Jean Paulhan est élu à l'unanimité comme membre correspondant. A ce titre il lit un autre exposé portant sur les proverbes, avant de revenir en France. A Paris, chargé de cours à l'École des Langues orientales, il analyse une succession de haïntény à l'intention des membres de la Société asiatique, puis publie son ouvrage *Les hain-teny merina, poésies populaires malgaches*. Une introduction importante précède 163 de ces poésies choisies parmi les 800 transcrites à Madagascar. Des comptes rendus dans des revues scientifiques soulignent l'importance de ce travail, résultat d'une enquête, réalisée sur le terrain, pour la compréhension des littératures orales. Jousse en tient compte dans ses recherches comme le sociologue et sinologue Granet dans ses études de chants alternés dans la Chine antique.

En même temps ce volume montre aux Malgaches la valeur de leur poésie traditionnelle et on peut écrire que les publications ultérieures parues à Madagascar s'inspirent de cet ouvrage.

Avant de proposer des comparaisons, il me semble utile de donner des indications sur les haïntény déjà définis sommairement en tête de cet article.

Rythme et assonance découpent ces poésies en vers. Les deux premiers évoquent des images assez vagues :

> Tsiétsiéka, chant des oiseaux
> dans la forêt sombre.

La syllabe finale de chacun appelle des finales analogues pour les vers suivants. En des cas assez rares il y a une véritable rime. Les figures des troisième et quatrième vers sont plus précises :

> Les nuages descendent lentement
> sur la maison de Celle-que-j'aime-plus-que-les-autres.

Le rapport entre les deux groupes de deux vers est plus net dans le quatrain suivant. La femme qui parle se moque de l'homme qui s'est vanté de l'avoir pour maîtresse :

> Le feu de hautes herbes sèches flamboie —
> Avoir des pistaches et ne pas les griller?

> Le feu de hautes herbes sèches flamboie —
> Avoir une aimée et préférer dormir seul?

Les formules énigmatiques qui commencent cette poésie ont un sens qui échappe à celui qui ne connaît pas Madagascar. « Le feu de hautes herbes flamboie » suggère une idée d'éloignement car les brûlis de prairie illuminent l'horizon, bien loin du village, tandis que les deuxième et quatrième vers évoquent ce qui se passe dans la demeure. Ceci justifie la répétition de la même phrase, ce qui multiplie les assonances. Sans vouloir citer de malgache, je crois pourtant devoir noter que cette proposition comprend une dominante de voyelles *ou*, de timbre dit « sombre », et de consonnes labiales. Malgré les deux finales *-ou*, il n'y a pas de véritable rime. Les deux autres vers se terminent par *-di* et *-ri*, avec la voyelle *-i* de timbre clair. Il me semble également bon de signaler en ce cas, assez rare, que chaque vers débute par *m-*, avec la succession des syllabes *mi-* et *ma-*.

Après le motif de la raillerie, dit par une femme, voici un autre haïntény, prononcé par la femme abandonnée :

> Je suis une plante rampante au sommet de la colline,
> repas des enfants qui passent.
>
> J'avais un ami étranger
> que j'aimais encore et il m'a abandonnée.

Jean Paulhan a glosé ce texte « Tous ceux qui me désirent me prennent. Je suis... sans défense et je n'ai pas de maître, comme... » la plante rampante sauvage. En ce cas, l'assonance n'est pas marquée.

Dans une discussion en haïntény, chaque adversaire est libre d'attribuer à son rival des formules faibles, pour le vaincre facilement. La femme qui souhaite changer de compagnon lui attribue un quatrain modeste, puis reprend son rôle de femme et l'écarte par deux distiques :

Vision actuelle des hain-teny

> Là-bas à l'ouest de notre maison
> il y a deux oiseaux tout bleus.
>
> Cherchez mes poux — tressez mes cheveux
> si vous ne m'aimez pas, les autres m'aiment.

Le mot malgache *manga* signifie aussi bien bleu qu'excellent. Les oiseaux bleus sont les beaux jeunes hommes qui approchent de la porte, toujours située à l'ouest dans les demeures traditionnelles de jadis. La femme pousse ensuite le cynisme jusqu'à proposer à l'homme de la préparer à recevoir ses rivaux.

Pour comprendre les haïntény, il est indispendable de sentir leur symbolisme. Nous avons vu les oiseaux bleus, l'ouest qui est en même temps la direction opposée aux contraintes sociales, le geste d'affection de chercher les poux. Certaines images sont claires : la pintade est la fille légère et coquette; la poule est la femme fidèle. Ainsi, une femme reproche à un homme :

> Combien de vallées as-tu parcourues
> pour ne revenir qu'à la nuit?
>
> Peut-être as-tu tressailli pour la pintade bien tachetée
> et as-tu pu oublier la poule attendant à la maison?

La victoire dans une discussion en haïntény est acquise en citant des vérités incontestables énoncées dans des dictons. L'homme accumule ces proverbes :

> Vous étiez-vous crue le bois à brûler
> que le feu ne brûlera pas?
> . . . .
> où trouverez-vous
> le forgeron qui ne se brûlera pas?
> . . . .
> Où trouverez-vous
> le voyageur qui ne se fatiguera pas?

L'importance des sentences paraît dans des dictionnaires où haïntény est traduit par « proverbe ». En outre, le Père Weber, auteur d'un de ces dictionnaires, signale que le mot haïntény est connu seulement chez les Mérina. Des malgachisants décomposent haïntény en *haï* « savoir » et *tény* « paroles ». La valeur verbale de *haï* écarte cette analyse. Dans son compte rendu du volume de Jean Paulhan dans le *Journal asiatique*, l'orientaliste Gabriel Ferrand cherche une étymologie dans l'ancien malgache et le lexique malais. Dans cette langue *kaya* a un rôle de substantif. Il égale « richesse, science ». Dans le sud-est de Madagascar, ce mot se retrouve au xviie siècle sous la forme *haï*, qui a le même son que *haï* déjà cité, mais un sens différent, analogue à celui de *kaya* malais « richesse, science ». Ce n'est pas un verbe. C'est avec cette signification substantive que *haï* se trouve dans haïntény « science des paroles » ou « richesse des paroles », ce qui convient bien à des arguments dans une lutte d'éloquence.

Avant de chercher à rapprocher des poésies de diverses parties du monde austronésien, voyons s'il y en a d'analogues dans d'autres tribus malgaches. Chez les Antandroy de l'extrême sud, la *galéha* est une sorte de conversation chantée et dansée par un homme et une femme. Une tradition notée par R. Decary associe son origine aux plus anciennes croyances religieuses. Le cynisme des propos différencie la *galéha* des haïntény. Cette brutalité se manifeste, à l'ouest, dans les *saimbola* sakalaves étudiés par J.-C. Hébert. Ici, on retrouve la formule énigmatique qui précède la phrase significative. Au sud du pays mérina, Rainihifina, un Betsiléo, traduit le nom local de vingt spécimens poétiques par haïntény. Mais je ne vois guère de rapports entre ces deux types de poésie.

Par contre, des rapprochements sont probants. Chez les Bétsimisàraka, dans l'est de l'île, l'homme est vêtu d'un pagne, la femme d'un fourreau. La natte de vannerie servant de couche, normalement suspendue à une cloison de la demeure, est étendue sur celle qui couvre le sol quand il y a lieu :

Pagne d'homme qui se dénoue,
fourreau de femme qui glisse.

Suivons encore l'esprit de cette nuit.

Dents comme une coquille blanche dans la bouche :
C'est d'abord sans lumière qu'elles mènent à déployer la natte.

Cette poésie, recueillie en 1957 par R. Decary, est indépendante de la tradition mérina qui s'est probablement répandue récemment dans les basses terres. Les notes prises par Ardant du Picq chez les Antagnàla de la forêt de l'est, vers 1900, sont antérieures à cette expansion. Cet auteur a publié un dialogue entre une femme et un homme, protestation contre la timidité de celui-ci, une poésie ironique, critiquant les populations du sud, et un quatrain :

L'oiseau blanc s'approche de la forêt.
Celle que j'aime s'approche de moi.

Le gingembre est proche des pierres.
Celle que j'aime s'approche de ma poitrine.

La traduction, même avec des répétitions, ne rend pas l'ensemble des assonances. S'approcher se dit *manolotra*, s'approcher de la poitrine *manolo-tratra*.

Tout ceci amène à penser qu'il y a eu des poésies analogues aux haïntény dans tout Madagascar.

Nous avons maintenant à chercher des formes identiques parmi les populations des archipels du sud-est asiatique qui appartiennent à la même civilisation austronésienne que les Malgaches.

Chez les Hanuno'o de Mindoro, aux îles Philippines, étudiés par H. C. Conklin, des poésies sont appelées *'urukay*, où se retrouve la finale *-kay*, proche de *kaya* malais, mot déjà mentionné, et de *haï-* qui débute haïntény. Un chant d'amour groupe cinq vers de même longueur, rimant en *u'*, c'est-à-dire *ou* suivi d'un arrêt brutal du souffle. Je note également que les deux premiers vers et le dernier commencent par *sa*. Y aurait-il ici, comme dans des haïntény, une assonance initiale? Au point de vue sens, les trois premiers vers appellent la conclusion des deux derniers, combinaison qui se trouve également dans les haïntény :

> Noix d'arec et feuille de bétel
> avec de la chaux sont importants
> avec aussi un peu de tabac.
>
> Même si vous restez à la maison
> tous vos désirs sont satisfaits.

Noix d'arec et feuille de bétel constituent des dons entre amoureux. Pour mâcher la dernière, il est habituel de l'adoucir avec de la chaux. Le troisième vers est peut-être une addition postérieure à l'introduction du tabac. Il est possible de reconstituer un ancien quatrain.

Depuis des siècles, les Hanuno'o transmettent ces poésies par écrit, bien qu'elles représentent une ancienne tradition orale, peut-être parce qu'elles comportent un vocabulaire étranger au parler local actuel. Ils les gravent sur des bambous, employant des caractères issus d'un prototype venu de l'Inde. Dans le sud de Sumatra, des signes analogues notent des textes divers, dont des poèmes d'amour. J'insiste sur ce mode graphique de transmission, car les orientalistes de la fin du XVIIIe siècle et du début du XIXe ont connu les pantun malais sous leur forme écrite. Leurs informateurs étaient des lettrés qui leur communiquaient des textes transcrits selon le syllabaire arabo-persan. Ces musulmans érudits étaient amateurs de beau style malais, qu'ils cherchaient dans les dires populaires tout en se référant de préférence aux textes classiques, collectionnant les pantun cités dans des ouvrages réputés. Ainsi ont été sauvées ces poésies de souche populaire.

Les pantun sont les seules poésies malaises qui gardent un nom vernaculaire tandis que les autres formes poétiques ont des dénominations étrangères. Le recueil de R. J. Wilkinson et R. O. Winstedt réunit 1 255 spécimens. Il y a des mots proches de pantun dans nombre de langues du même groupe, avec un redoublement, tels *tuntun* ou *tonton*. Cette réduplication d'un ancien *tun* rapproche cette racine de *tény* et d'un autre mot malgache *tonona*, « articuler ».

Les Malais distinguent deux sortes de quatrains : ceux dont les vers forment un tout, avec une seule rime répétée quatre fois, et les pantun partagés en deux distiques. La définition donnée par l'orientaliste W. Marsden dans son dictionnaire malais, reproduite par Elout dans la traduction de cet ouvrage, est « pantun, épigramme ou sentence, ordinairement composée de quatre petits vers à rimes croisées, qui renferment une comparaison ou une allusion, comparaison, allusion, similitude, parabole, proverbe ». Il faut souligner le mot proverbe qui rappelle le rôle de ces formules dans les haïn-tény, puis « ordinairement » qui précise qu'il n'y a pas de règle absolue. La vue habituelle, devenue classique, est que le premier distique, où les sons ont plus d'importance que le fond, appelle une réplique où le sens domine l'eurythmie. C'est souvent vrai, mais, en comparant divers recueils de pantun, H. Overbeck a noté des variantes, des inversions, etc. Pour être plus clair, je choisis des exemples :

> Oiseau blanc volant vers un teck
> et chantant en gobant des fourmis

> Prunelle de l'œil — siège de l'amour.
> Vers quels cieux irons-nous ensemble?

Le distique initial suggère les rimes -*ati* et -*ut*. Il évoque surtout l'oiseau blanc, symbole d'union, sa montée vers le sommet d'un arbre et sa joie. Le troisième vers est le plus faible, tandis que le quatrième répond bien à la suggestion du début.

> Si vous me précédez en marchant
> cherchez pour moi une feuille de kambodja.
>
> Si vous me précédez dans la mort
> Attendez-moi à l'entrée des cieux.

Dans le texte malais, en italique, je distingue par des caractères romains les assonances et les rimes :

> kalau tuan *djalan* daulu
> *tchari*-kan sahaya *daun kambodja*
> kalau tuan *mati* daulu
> *nanti*-kan sahaya *di-pintu shurga*.

Le mot *kambodja* appelle une rime en -*a*, mais il est plus important qu'il fasse penser à la mort, car ce végétal est planté près des tombes. Ainsi, ce mot lie le second vers au troisième. Notons que « vous » ne traduit pas bien *tuan*, « terme employé par un amant s'adressant à sa maîtresse, ou vice versa ».

Il n'est pas question de dire que le premier distique n'a pas de sens, car il annonce le second qui donne la valeur profonde.

Il y a aussi des quatrains, avec le système des rimes alternées, où chaque distique a un sens complet. Quand deux quatrains forment un ensemble, il y a parfois reprise de la rime des vers pairs du premier dans les vers pairs du second.

La forme des haïntény est libre, celle des pantun rigide. Ceci vient probablement de la collecte par des lettrés pour lesquels les similitudes graphiques étaient aussi importantes que la prononciation. Jean Paulhan a recueilli les haïnteny dans leur état oral et populaire tandis que les malaïsants ont eu recours à des intermédiaires savants. Les modes d'enquête accentuent les différences entre haïnteny et pantun. Un haïnteny isolé doit être placé comme un élément de dialogue. N'en est-il pas de même pour les pantun? En appendice à sa grammaire du malais, Mardsen a publié des fragments d'une suite de pantun qui font penser à un dialogue. Normalement, c'est l'homme qui entame la discussion. Ici, sa demande a été sautée. En effet, au début du texte édité une succession de quatre quatrains indique le consentement de la femme. Je pense que, comme dans les haïnteny, l'homme, après sa première déclaration, s'est attribué le rôle de la femme, ce qui explique à la fois un accord aussi rapide et la suite du texte. Après une lacune, l'homme parle de séparation. A la suite d'une autre interruption, la femme réplique par un dicton bien connu en pays malais : prendre un tison ardent, c'est le lâcher immédiatement. La fin proverbiale est identique à celle des haïnteny.

Ceci explique que des auteurs de dictionnaires malais assimilent pantun et proverbes. Des malaïsants pensent que les premiers auraient évolué en dictons entre le XVIIe siècle et le XIXe. Au contraire, je suis convaincu par les travaux de Jean Paulhan que des adages étaient la fin normale d'une discussion en pantun. Cette conclusion est souvent ambiguë. Que signifie le proverbe malais *pagar makan padi*, « la protection mange le riz »? Pour certains c'est dire que le coût dépasse le profit. Des barrières protègent les rizières contre les animaux prédateurs, mais le prix de leur construction dépasse le produit de la récolte. Pour d'autres, c'est affirmer que les protecteurs naturels agissent en oppresseurs. La première interprétation est valable actuellement. La seconde convenait aux temps où des princes, loin de protéger leurs sujets, abusaient d'eux. Ce décalage entre époques n'apparaît pas à Madagascar puisque Jean Paulhan notait en même temps haïnteny et proverbes.

De telles sentences s'appliquent aussi bien, selon les cas, à une discussion poétique qu'à un conflit réel, juridique. Des haïntény et des pantun sont également proches de formules magico-religieuses. N'oublions pas que les Antandroy du sud de Madagascar attribuent la *galéha* à des génies qui sont à la fois des esprits de l'amour et des sources du droit.

La recherche d'origines lointaines, des expansions d'un type poétique caractéristique de l'ensemble austronésien occidental pousserait trop loin. Mais je tiens à souligner que la compréhension des pantun reste limitée parce que les spécialistes de l'Asie du sud-est négligent aussi bien les documents anciens que l'apport des enquêtes de Jean Paulhan à Madagascar.

Jacques Faublée
Paris, juin-décembre 1979.

Note sur la transcription : Selon l'usage, je ne marque pas le pluriel des mots étrangers. Je suis le plus possible l'usage établi, c'est-à-dire que le son *ou* est noté *o* en malgache, *u* dans les autres langues austronésiennes. Le signe ' note un arrêt brutal du souffle en tête de mot ou entre deux voyelles.

NOTES BIBLIOGRAPHIQUES

D'intéressantes précisions à la lecture de ce cahier seront apportées par les ouvrages suivants :
Les Repas et l'Amour chez les Merina
par Jean Paulhan
Fata Morgana 1970

Journal de la Société des Africanistes
XL, 2, 1970, p. 151-159
Jean Paulhan malgachisant, par Jacques Faublée

Littérature et Anthologie de l'océan Indien
par Camille de Rauville
Ch. 20 : *La Transcription poétique de Jean Paulhan et J. J. Rabearivolo à Bakoly Domenichini-Ramiaramanana.*

Cahier Jean Paulhan n° 1
Correspondance Jean Paulhan-Guillaume de Tarde.
Lettres de Madagascar
p. 58 à 81.

Ornicar?
n°s 17-18, p. 45 à 54.
L'Expérience du proverbe et le Discours psychanalytique
par Roland Chemama

L'Univers de la Parole (Gallimard, 1944, 5e édition).
p. 133-152
Jean Paulhan et l'expression poétique (A propos des Hain-teny).
par A. Rolland de Renéville

En préparation :
L'Ombre de Madagascar dans l'œuvre de Jean Paulhan par Bakoly Domenichini-Ramiaramanana. Ce texte important, tant par son contenu que par sa longueur, devait initialement faire partie de ce cahier. Les adhérents de la S.L.J.P. seront avertis de sa parution et bénéficieront sans doute de conditions particulières d'achat.

GLOSSAIRE

Ambohimanga est un petit village situé à une quinzaine de kilomètres au nord de Tananarive. C'était la ville royale.

Andriamanitra : Dieu, littéralement le seigneur parfumé, le seigneur qui sent bon.

L'*Angady* est une sorte de bêche dont le fer est long et étroit et qui est lancée à la volée.

Boto : serviteur.

Bourjanes : ce mot désigne tous les gens de castes libres, astreints aux corvées; en fait, on l'emploie surtout pour les porteurs.

Les brèdes sont les herbes potagères et les feuilles que l'on peut faire bouillir. Elles servent, ainsi que le bouillon produit, à accompagner le riz. (Mot d'origine portugaise.)

Le filanzane (malg. *filanjana*) était très employé à Madagascar pour les courts comme pour les longs déplacements des personnages importants. Il était fait d'une sorte de fauteuil plus ou moins orné, fixé sur deux longs brancards. L'ensemble, assez lourd, était porté sur l'épaule par quatre hommes (deux ou trois équipes se relayaient). Pendant la marche, les porteurs ou bourjanes avaient l'habitude de changer tous ensemble d'épaule, ce qui faisait quelque peu sursauter le voyageur. Les bagages du voyageur ainsi que ceux des porteurs de filanzane étaient portés par d'autres bourjanes, selon une hiérarchie compliquée. Un seul voyageur déplaçait donc avec lui beaucoup de monde. Les voyages se faisaient dans une grande gaieté et selon des coutumes bien précises. Il y a vingt ans, le filanzane était encore d'usage courant en brousse. Il était déjà remplacé dans les villes par le pousse-pousse.

Les Hova représentent une division de la société merina correspondant aux roturiers, par opposition aux Andriana (nobles) et aux Andevo (esclaves). Par extension, on appelle ainsi les Merina hors de leur pays.

L'Ikopa est une importante rivière qui coule non loin de Tananarive.

Le lamba est une sorte de toge ou d'écharpe longue et large, de couleur blanche le plus souvent dont la qualité, la couleur, la broderie sont un signe de richesse ou de dignité. Il est porté par les hommes et les femmes, de l'enfance jusqu'à la mort et au-delà. Drapé simplement autour du corps, ramené sur l'épaule, et mal retenu, le lamba se déroule souvent et glisse, mais les femmes malgaches le réajustent avec beaucoup de grâce et une infinie patience. Élément fondamental de l'habillement malgache, porté avec ou sans autres vêtements, le lamba permet également au voleur de cacher son larcin, à la jeune femme de porter dans son dos son petit enfant. C'est un cadeau très apprécié.

La ramatoa est la femme, l'épouse.

Le rova était une enceinte fortifiée au centre de laquelle se trouvait la demeure royale.

Le tandraka est une sorte de petit hérisson (le tenrec), constituant un mets recherché.

Le toaka est un alcool indigène, obtenu par distillation, à partir de la canne à sucre ou du miel.

Sakafo : repas.

Salaka : ceinture-tablier, cache-sexe.

La soubique (malg. *sobika*) est une corbeille en écorce tressée dont le fond est carré et l'orifice circulaire.

La valiha est une cithare en bambou, instrument à cordes pincées. La caisse est un large bambou à la surface duquel des fibres soulevées forment les cordes. L'accord se fait à la tierce au moyen de petites cales de bois, mobiles. Le son aigrelet en est fort agréable.

Varangue : véranda.

Vazaha : c'est l'étranger, surtout le Blanc.

Le zozoro (en français, souchet) est une sorte de papyrus à tige épaisse dont on fait les cloisons intérieures des maisons, les berceaux, etc.

Introduction par Roger Judrin 11

JEAN PAULHAN À MADAGASCAR. D'UNE LETTRE À L'AUTRE 15

VOYAGES — LA VIE QUOTIDIENNE 91
  Ambohimanga 93
  Pages de carnet 108

PREMIÈRES APPROCHES : RÉCITS LÉGENDAIRES 125
  Ikotofetsy et Imahaka 128
  La colère et l'amour 135

JEAN PAULHAN PROFESSEUR 139
  Discours de Jean Paulhan 143
  Discours de M. Garbit 158
  Entretien avec Philippe Micouin et témoignage 165

L'ÉCOLE DES LANGUES ORIENTALES 173
  Cours de malgache par Jean Paulhan 175
  Première leçon de malgache 188

PREMIERS TRAVAUX 191
  Un fady malgache 193
  Note sur le sens de quelques hain-teny 197

LA PERSISTANCE DU SOUVENIR 211
  Les mots-de-science 213

« La Vie »	218
« Résonances »	224
Joutes malgaches (1951)	231
LES LECTEURS DE JEAN PAULHAN	235
Pierre Mac Orlan (1917)	238
Paul-Louis Couchoud (1917)	238
André Breton (1918)	239
J. H. Rosny aîné (1918)	240
Guillaume Apollinaire (1918)	240
Joseph Vendryès (1926)	241
Lucien Lévy-Bruhl (1926)	242
Max Jacob (1926)	243
Georges Duhamel (1926)	245
Jules Supervielle (1930)	246
Joë Bousquet (1933 ou 1934)	247
LA THÈSE DE JEAN PAULHAN	251
Lucien Lévy-Bruhl à Jean Paulhan (1912)	254
Lucien Lévy-Bruhl à Jean Paulhan (1936)	255
Jean Paulhan à Léon Brunschwicg [1936]	257
Jean Wahl à Jean Paulhan (1936)	264
Thèse de Jean Paulhan. Introduction et premier chapitre	266
D'un langage sacré	312
Silvio Yeshua : Jean Paulhan et les hain-teny : de l'étude savante au récit initiatique	337
VISION ACTUELLE DES HAIN-TENY	357
Flavien Ranaivo : Les hain-teny	359
Andriantsilaniarivo : Hain-teny	377
Jacques Faublée : Haïntény merina et pantun malais	397
Notes bibliographiques	409
Glossaire	411

CAHIERS JEAN PAULHAN

Cahier n° 1 : Correspondance Jean Paulhan-Guillaume de Tarde (1904-1920).
Présentation de Jacqueline Paulhan.
Gallimard, 1980.

Cahier n° 3 : Correspondance Paulhan-Ungaretti (1919-1968).
Notes et présentation de Luciano Rebay.
A paraître en 1984.

Cahier n° 4 : Le centenaire de Jean Paulhan.
A paraître.

SOCIÉTÉ DES LECTEURS DE JEAN PAULHAN
(Loi du 1er juillet 1901)
à *l'Artisan du Livre*
2, rue de Fleurs, 75006 Paris

COMITÉ D'HONNEUR

Marcel Arland, Jean Blanzat †, Roger Caillois †, Claude Gallimard, Florence Gould, Francis Ponge, Guillaume de Tarde, Henri Thomas.

COMITÉ

Président : Roger Judrin.
Secrétaire général : Georges Lambrichs.
Trésorière : Jacqueline F. Paulhan.
Conseil juridique : Jean-Claude Zylberstein.
Dominique Aury, Yvon Belaval, André Berne-Joffroy, Jacques Bersani, Marguerite Blanzat, Michel Léon, Pierre Oster, Jean-K. Paulhan, Pierre Paulhan, Paule Thévenin.

Jean Paulhan, si connu mais si mal, tant visité mais trop peu lu, nous a laissé, dans une vaste correspondance, de quoi le connaître et le lire.

On sait toutefois que des lettres touchent à trop de choses et à trop de gens pour tomber telles quelles dans la librairie. Reste le biais, que nous vous offrons, de réunir dans un cahier, *tous les deux ans, sur un point précis, indépendamment des personnes, un thème de réflexion tel que la première guerre universelle, la seconde, le langage, la peinture, la métaphysique, l'esprit de la N.R.F., et ainsi de suite.*

L'entreprise trahirait d'autant moins l'auteur que l'apparente diversité des adresses n'était ordinairement qu'un prétexte à l'unité de la méditation. Mais des lettres ne sauraient tenir lieu des ouvrages publiés de Paulhan. Nous joindrions à sa prose, toujours présente à notre mémoire, des éclaircissements, des gloses, des études, qui vous rapprocheraient d'elle.

Un Bulletin, *plus fréquent que les* Cahiers, *les annoncerait. Il établirait entre nous une indispensable liaison. La* Société des lecteurs de Jean Paulhan *serait formée.*

Il y faudra beaucoup de ferveur et assez d'argent.

Mais nous sommes persuadés, et vous l'êtes déjà, que le feu persévérant d'une connaissance plus étendue et mieux entendue portera juste et loin.

ROGER JUDRIN
Octobre 19

SOCIÉTÉ DES LECTEURS
DE JEAN PAULHAN
(Loi du 1er juillet 1901)
à l'Artisan du Livre
2, rue de Fleurus, 75006 Paris

COMITÉ D'HONNEUR

Marcel Arland, Jean Blanzat †, Roger Caillois †,
Claude Gallimard, Florence Gould, Francis Ponge,
Guillaume de Tarde, Henri Thomas.

COMITÉ

Président : Roger Judrin.
Secrétaire général : Georges Lambrichs.
Trésorière : Jacqueline F. Paulhan.
Conseil juridique : Jean-Claude Zylberstein.
Dominique Aury, Yvon Belaval, André Berne-Joffroy,
Jacques Bersani, Marguerite Blanzat, Michel Léon, Pierre Oster,
Jean-K. Paulhan, Pierre Paulhan, Paule Thévenin.

Jean Paulhan, si connu mais si mal, tant visité mais trop peu lu, nous a laissé, dans une vaste correspondance, de quoi le connaître et le lire.

On sait toutefois que des lettres touchent à trop de choses et à trop de gens pour tomber telles quelles dans la librairie. Reste le biais, que nous vous offrons, de réunir dans un cahier, *tous les deux ans, sur un point précis, indépendamment des personnes, un thème de réflexion tel que la première guerre universelle, la seconde, le langage, la peinture, la métaphysique, l'esprit de la N.R.F., et ainsi de suite.*

L'entreprise trahirait d'autant moins l'auteur que l'apparente diversité des adresses n'était ordinairement qu'un prétexte à l'unité de la méditation. Mais des lettres ne sauraient tenir lieu des ouvrages publiés de Paulhan. Nous joindrions à sa prose, toujours présente à notre mémoire, des éclaircissements, des gloses, des études, qui vous rapprocheraient d'elle.

Un Bulletin, *plus fréquent que les* Cahiers, *les annoncerait. Il établirait entre nous une indispensable liaison. La* Société des lecteurs de Jean Paulhan *serait formée.*

Il y faudra beaucoup de ferveur et assez d'argent.

Mais nous sommes persuadés, et vous l'êtes déjà, que le feu persévérant d'une connaissance plus étendue et mieux entendue portera juste et loin.

ROGER JUDRIN.
Octobre 1977

CONDITIONS D'ADHÉSION

Membres actifs : 60 F et plus.
Étudiants   : 40 F.

Cotisations à envoyer (et à renouveler en début d'année) à l'ordre de la trésorière : Madame J. F. PAULHAN
    3, rue des Reculettes
    75013 PARIS
    CCP : 17 245 49 R PARIS.

Les cahiers paraissent tous les deux ans et sont envoyés aux membres de la Société. Ils peuvent également être achetés en librairie.

RÉDACTION DES CAHIERS

La Société recherche des textes (ou projets de textes) inédits, rédigés en langue française, dactylographiés en double interligne (notes en fin d'article) concernant Jean Paulhan.

Deux cahiers seront envoyés à chacun des auteurs dont les contributions auront été retenues.

Sujets traités dans les prochains cahiers :
La guerre de 14-18.
Correspondance Saint-John Perse - Jean Paulhan (en collaboration avec la Fondation Saint-John Perse).
Lettres de Jacques Audiberti à Jean Paulhan (en collaboration avec la Société Audiberti).

Articles promis :

R. JUDRIN
J. BERSANI
J. CHESSEX
P. REUMAUX : Les sophismes dans *Les Fleurs de Tarbes*.
S. YESHUA : Rêve, texte et vie éveillée.
B. DOMENICHINI
F. GROVER : Les rapports entre Drieu la Rochelle et Jean Paulhan.
G. FLAIBANI : Le fantastique dans les récits de Jean Paulhan.

*Composé et achevé d'imprimer
par l'Imprimerie Floch
à Mayenne, le 11 octobre 1982.
Dépôt légal : octobre 1982.
Numéro d'imprimeur : 20080.*
ISBN 2-07-023158-5 / Imprimé en France.

30959